딥 워크

DEEP
딥 워크
강렬한 몰입, 최고의 성과
WORK

칼 뉴포트

김태훈 옮김

민음사   RULES FOR FOCUSED SUCCESS   **CAL NEWPORT**

IN A DISTRACTED WORLD

RULES FOR FOCUSED SUCCESS
IN A DISTRACTED WORLD

차례

2부   딥 워크를 실행하는 네 가지 규칙

머리말

탁월한 성과의 비밀

스위스 장크트갈렌주, 취리히 호수의 북쪽 기슭에 볼링겐이라는 마을이 있다. 1922년에 정신과 의사인 카를 융은 조용히 지낼 곳으로 여기를 골랐다. 그는 소박한 2층짜리 돌집을 짓고 타워Tower라는 이름을 붙였다. 인도를 여행하면서 집에 명상실을 두는 관습을 본 그는 타워에 집필실을 추가했다. 융은 이 공간에 대해 이렇게 말했다. "집필실에서 나는 혼자다. 열쇠는 항상 내가 가지고 다닌다. 누구도 내 허락 없이 그 방에 들어가지 못한다."[1]

저널리스트 메이슨 커리Mason Currey는 『리추얼Daily Rituals』에서 다양한 자료를 토대로 융이 일하는 방식을 소개했다. 그 내용에 따르면 융은 오전 7시에 일어나 아침을 든든히 먹은 후 두 시간 동안 집필실에서 방해받지 않고 글을 썼다. 오후 시간은 명상을 하거나 마을을 산책하면서 보냈다. 타워에는 전기가 들어오지 않았기 때문에 밤이 되면 석유 램프로 불을 켜고 벽난로로 난방을 했다. 취침 시간은 10시였다. 융은 "타워에서 얻는 안식과 회복의 느낌은 처음부터 아주 강렬했다."라고 말하고 있다.[2]

타워를 별장으로 생각하기 쉽지만 당시 융의 상황을 보면 전혀 그렇지 않다는 사실이 분명해진다. 터를 사들인 1922년에 융은 휴가를 떠날 형편이 아니었다. 그는 불과 한 해 전인 1921년에 『심리 유형 *Psychologische Typen*』을 발표해, 한때 친구이자 멘토였던 지크문트 프로이트와의 사상적 차이를 확고하게 드러냈다. 1920년대에 프로이트와 다른 견해를 표명하는 것은 용기가 필요한 일이었다. 융은 책의 논지를 입증하기 위해 정신을 바짝 차리고 후에 분석심리학으로 불리게 될 새 학설을 더 구축하고 뒷받침하는 논문과 저서들을 써내야 했다.

융은 취리히에서 강의와 상담을 하느라 바쁜 시간을 보냈다. 이 점은 분명하다. 그러나 그는 바쁜 생활만으로 만족하지 않았다. 그는 우리가 무의식을 이해하는 방식을 바꾸고 싶어 했다. 그러기 위해서는 숨가쁜 취리히의 도시 생활에서 벗어나 더 깊고 신중하게 생각할 수 있는 곳이 필요했다. 융은 일에서 탈출하기 위해서가 아니라 일을 진전시키기 위해 볼링겐에 안식처를 만들었다.

이후 카를 융은 20세기의 가장 영향력 있는 사상가 중 한 명이 되었다. 물론 그가 성공한 데에는 여러 이유가 있다. 그중에서도 나는 그의 업적에 결정적인 역할을 한 것이 틀림없는 다음 능력에 대한 융의 노력에 관심이 있다.

_____ **딥 워크**Deep Work: 인지능력을 한계까지 밀어붙이는 완전한 집중의 상태
에서 수행하는 직업적 활동. 딥 워크는 새로운 가치를 창출하고, 능력을
향상시키며, 따라 하기 어렵다.

딥 워크는 현재의 지적 역량에서 마지막 한 방울까지 가치를 짜내
는 데 필요한 것이다. 심리학과 신경과학 분야에서 수십 년 동안 축적된
연구를 통해 이제는 능력을 향상시키는 데에도 딥 워크에 따르는 정신
적 긴장 상태가 필요하다는 사실이 알려져 있다. 다시 말해서 딥 워크
는 20세기 초의 정신의학처럼 높은 지적 능력이 요구되는 분야에서 두
각을 드러내는 데 필요한 요소다.

딥 워크, 즉 심층적 작업이라는 용어는 내가 만든 것이며, 아마 융
은 쓰지 않았을 것이다. 그러나 이 시기의 행동을 보면 그는 딥 워크의
개념을 근본적으로 이해하고 있었다. 융은 딥 워크를 촉진하려고 숲속
에 돌집을 만들었다. 딥 워크에는 시간과 에너지 그리고 금전적 비용이
들었다. 또한 당면한 일도 할 수 없었다. 메이슨 커리가 쓴 바에 따르면
그는 취리히와 볼링겐을 오가느라 진료 시간을 줄여야 했다. "융은 자
신에게 의지하는 환자들이 많았지만 주저하지 않고 안식의 시간을 가
졌다."[3] 딥 워크는 우선하기에 부담스러웠지만 세상을 바꾸겠다는 그의
목표를 달성하는 데 필수적이었다.[4]

실로 멀고 가까운 과거에 활동한 영향력 있는 인물들의 삶을 들여
다보면 딥 워크에 헌신했다는 공통점을 발견하게 된다.[5] 가령 16세기의
수필가 미셸 드 몽테뉴는 융보다 앞서 대저택의 돌담을 지키는 남쪽 탑
에 서재를 마련해 글을 썼다. 소설가 마크 트웨인은 여름을 보내던 뉴

욕의 퀘리 농장에 있는 오두막에서 『톰 소여의 모험』 중 상당 부분을 집필했다. 이 오두막은 본체에서 너무 멀리 떨어져 있어서 가족들은 나팔을 불어 식사 시간을 알려야 했다.

　　후대로 오면 시나리오 작가이자 영화감독인 우디 앨런이 있다. 그는 1969년부터 2013년까지 44년 동안 영화 마흔네 편을 쓰고 연출하여 아카데미상 후보에 스물세 번이나 올랐다. 예술가의 생산성 면에서 엄청난 양이 아닐 수 없다. 이 기간에 그는 컴퓨터를 쓴 적이 없다. 모든 작품을 전자 기기의 방해를 받지 않고 독일제 올림피아 SM3 타자기로 완성했다. 이론물리학자인 피터 힉스도 우디 앨런처럼 컴퓨터를 거부한 인물이다. 그는 너무나 단절된 환경에서 연구한 나머지 노벨상을 받았다는 발표가 난 후에도 기자들이 소재를 찾을 수 없었다. 다른 한편 조앤 롤링은 컴퓨터를 사용했지만 널리 알려진 대로 해리 포터 시리즈를 집필하는 동안에는 소셜 미디어를 끊었다. 당시 관련 기술이 부상하고 미디어 인사들 사이에서 소셜 미디어의 인기가 높아지고 있었는데도 말이다. 롤링이 『캐주얼 베이컨시*The Casual Vacancy*』를 쓰던 2009년 가을이 되어서야 직원이 대신 트위터 계정을 열었다. 1년 반 동안 그녀가 올린 트윗은 이것이 유일하다. "이건 제가 직접 쓰는 글이지만 지금은 펜과 종이가 더 좋아서 아마 자주 올리지는 못할 것 같습니다."

　　물론 딥 워크는 역사 속 인물이나 전자 기기를 꺼리는 사람에게만 해당되는 것이 아니다. 마이크로소프트의 창업자 빌 게이츠는 널리 알려진 대로 1년에 두 번 생각 주간Think Weeks을 가진다. 이 동안 그는 (종종 호숫가 오두막에) 홀로 머물며 책을 읽고 원대한 생각을 하는 일 외에는 아무것도 하지 않는다. 마이크로소프트가 신생 기업 넷스케이프 커뮤니케이션스Netscape Communications에 주목한 계기가 된 유명한 글 「인터넷의 조류」도 1995년의 생각 주간에 쓰였다. 또한 저명한 사이버펑크 작가이자 인터넷 시대라는 개념을 대중에게 널리 각인시킨 닐 스티븐슨Neal Stephenson은 아이러니하게도 인터넷을 통해서는 거의 접촉할 수 없다. 그의 웹 사이트에는 이메일 주소가 없고 소셜 미디어를 일부러 멀리하는 이유에 대한 글이 올라와 있다. 그는 다음과 같이 설명했다. "길고, 연속적이며, 방해받지 않는 시간을 많이 갖도록 생활을 정리하면 소설을 써낼 수 있다. 그렇지 않고 방해를 많이 받으면 무엇이 바뀔까? 길이 남을 소설 대신 다른 사람들에게 보낸 이메일 뭉치만 굴러다닐 것이다."

영향력 있는 인물들이 두루 딥 워크에 헌신했다는 사실은 강조할 만하다. 몰입의 가치를 빠르게 잊어 가는 현대의 대다수 지식 노동자들의 행동과 뚜렷하게 대조되기 때문이다.

지식 노동자들이 딥 워크에서 멀어지는 이유는 분명하다. 바로 네트워크 도구 때문이다. 네트워크 도구는 이메일과 문자메시지 같은 통신 서비스, 트위터와 페이스북 같은 소셜 네트워크 서비스SNS, 버즈피드BuzzFeed와 레딧Reddit 같은 인포테인먼트 사이트를 포괄하는 폭넓은 범주다. 네트워크 도구의 부상은 스마트폰이나 사무실 컴퓨터를 통해 어디서나 접속할 수 있는 환경과 결합해 대다수 지식 노동자들의 집중력을 무너뜨렸다. 2012년 맥킨지의 조사에 따르면 현재 지식 노동자들은 평균적으로 업무 시간의 60퍼센트 이상을 전자 통신과 인터넷 검색에 쓰며, 이메일을 읽고 쓰는 데만 거의 30퍼센트를 쓴다.[6]

이처럼 산만한 정신 상태로는 장시간 방해받지 않고 생각을 해야
하는 딥 워크를 할 수 없다. 그렇다고 해서 현대의 지식 노동자들이 빈
둥대는 것은 아니다. 사실 그들은 그 어느 때보다 바쁘다고 말한다. 이
간극은 어디서 생기는 것일까? 딥 워크와 대척을 이루는 피상적 작업
이 많은 부분을 설명해 준다.

_____ **피상적 작업**Shallow Work: **지적 노력이 필요하지 않고, 종종 다른 곳에 정
        신을 팔면서 수행하는 부수적 작업. 피상적 작업은 새로운 가치를 많이
        창출하지 않으며, 따라 하기 쉽다.**

다시 말해서 네트워크 도구의 시대에 지식 노동자들은 인간 네트
워크 중계기처럼 끊임없이 이메일을 주고받고 딴짓에 자주 정신이 팔
려 갈수록 딥 워크를 피상적 작업으로 대체해 간다. 그래서 새로운 사
업 전략을 수립하거나 중요한 기획안을 작성하는 것처럼 깊이 생각해
야 하는 더 큰 규모의 작업도 건성으로 처리하는 질 낮은 작업들로 파
편화된다.

문제는 이 피상적 작업으로의 전환은 쉽게 되돌릴 수 없다는 것이
다. 산만한 정신 상태를 오래 지속하면 딥 워크를 수행하는 능력이 **영구
적으로 약화된다**. 저널리스트인 니컬러스 카Nicholas Carr는 종종 인용되
는 2008년《애틀랜틱Atlantic》기사에서 이렇게 썼다. "인터넷은 집중하고
사고하는 능력을 갉아먹는 듯하다. 나만 그런 것이 아니다."[7] 그는 퓰리
처상 최종심에 오른『생각하지 않는 사람들The Shallows』에서 이 문제를 심
도 있게 다뤘다. 실제로 그는 이 책을 집필하느라 인터넷이 연결되지 않

는 오두막으로 거처를 옮겨야 했다.

　네트워크 도구가 딥 워크를 피상적 작업으로 변질시킨다는 생각은 새로운 것이 아니다. 『생각하지 않는 사람들』은 인터넷이 두뇌와 업무 습관에 미치는 영향을 분석한 책 중 가장 먼저 나왔을 뿐이다. 뒤이어 나온 책으로는 윌리엄 파워스William Powers의 『속도에서 깊이로*Hamlet's Blackberry*』, 존 프리먼John Freeman의 『이메일의 폭정*The Tyranny of E-mail*』, 알렉스 수정 김 방Alex Soojung-Kim Pang의 『나는 왜 이렇게 산만해졌을까*The Distraction Addiction*』가 있다. 이 책들은 한목소리로 네트워크 도구가 집중을 요하는 작업을 방해할 뿐만 아니라 초점을 유지하는 능력을 약화시킨다고 말한다.

　이런 증거들을 감안할 때 나의 요점을 설명하기 위해 시간을 더 들일 필요는 없을 것이다. 요컨대 네트워크 도구는 딥 워크에 부정적인 영향을 미친다. 또한 이 전환이 장기적으로 사회에 미치는 영향에 대한 거창한 논의도 피할 것이다. 이런 논의는 건널 수 없는 간극을 만드는 경향이 있다. 한편에는 재런 래니어Jaron Lanier와 존 프리먼처럼 적어도 현재 상태에서는 네트워크 도구들이 사회에 해를 입힌다고 보는 기술 회의론자들이 있고, 다른 한편에는 네트워크 도구들이 당연히 사회를 바꾸지만 도움이 되는 방향으로 바꾼다고 보는 클라이브 톰슨Clive Thompson 같은 기술 낙관론자들이 있다. 낙관론자들은 가령 구글이 기억력을 감퇴시킬 수도 있지만 이제 알아야 할 것은 무엇이든 검색할 수 있으므로 좋은 기억력이 더 이상 필요하지 않다고 주장한다.

　이런 철학적 논쟁에 끼어들 생각은 없다. 나의 관심사는 훨씬 더 실용적이고 개인적인 데 있다. 바로 (긍정적이든 부정적이든) 피상적인 방향

으로 변화하는 업무 문화가 이런 추세에 맞서서 심층성을 지향하는 일
의 잠재력을 깨달은 소수에게는 경제적으로나 개인적으로 엄청난 기회
가 되리라는 점이다. 이 기회를 경력의 지렛대로 삼은 이가 버지니아 출
신의 젊은 컨설턴트 제이슨 벤이다.

　우리는 여러 계기를 통해 현재 경제 체제에서 자신의 가치가 그다
지 높지 않다는 사실을 깨닫게 된다. 제이슨 벤은 금융 컨설턴트 일을
시작한 지 얼마 되지 않아서 "얼기설기 엮은" 엑셀 스크립트로 대다수
업무를 자동화할 수 있다는 사실을 깨달았다.

　벤이 일하던 회사는 복잡한 계약을 진행하는 은행을 위해 보고서
를 만들었다.(벤은 인터뷰에서 "짐작하다시피 참 재미있는 일이었죠."라고 농담
했다.) 보고서를 작성하려면 몇 시간 동안 엑셀 스프레드시트에서 데이
터를 수동으로 처리해야 했다. 처음에는 이 작업에 보고서당 최대 여섯
시간이 걸렸다.(회사에서 가장 업무 효율이 뛰어난 고참 직원은 약 절반의 시간
에 작업을 끝낼 수 있었다.) 이런 실정은 벤과 잘 맞지 않았다.

　벤은 이렇게 회고했다. "제가 배운 방식을 따르면 절차가 번거롭고
손이 많이 갔습니다." 그는 엑셀에 작업을 자동으로 처리하는 매크로
기능이 있다는 사실을 알았다. 그래서 관련된 글을 읽은 다음 일련의
매크로를 엮어 새 워크시트를 만들었다. 덕분에 여섯 시간이 걸리는 데
이터 처리 작업을 클릭 한 번으로 끝낼 수 있었다. 종일 매달려야 했던
보고서 작성이 한 시간 안에 마무리된 것이다.

　벤은 똑똑한 사람이다. 명문 버지니아대에서 경제학 학위를 받았
고, 비슷한 상황에 있는 다른 많은 사람들처럼 경력을 키우고 싶은 야

심이 있었다. 그러나 엑셀 매크로로 대신할 수 있는 업무를 하는 한 야심을 달성할 수 없다는 사실은 명백했다. 그는 자신의 가치를 높여야겠다고 결심하고, 한동안 조사를 거친 후 결론을 내렸다. 그는 가족들에게 인간 스프레드시트 역할을 하는 직장을 그만두고 컴퓨터 프로그래머가 되겠다고 선언했다. 다만 이처럼 거창한 계획이 종종 그렇듯이 한 가지 문제가 있었다. 벤은 코드를 작성하는 법을 전혀 몰랐다.

나는 컴퓨터공학자로서 확실하게 말할 수 있다. 프로그래밍은 어렵다. 대다수 개발자들은 취업하기 전에 4년 동안 대학에서 프로그래밍을 배운다. 이후에도 좋은 일자리를 두고 치열한 경쟁을 벌인다. 벤은 프로그래밍을 배우지 않았다. 그래도 엑셀을 통한 깨달음을 얻은 후 회사를 그만두고 다음 단계를 준비하기 위해 본가로 들어갔다. 부모는 벤이 그 나름의 계획을 세운 것을 다행으로 여기면서도 그가 오래 얹혀살게 될까 걱정했다. 벤은 어려운 기술을 아주 **빨리** 익혀야 했다.

여기서 벤은 많은 지식 노동자들이 경력 관리를 강하게 추진하지 못하도록 발목을 잡는 문제에 부딪혔다. 프로그래밍처럼 복잡한 기술을 익히려면 방해받지 않고 어려운 개념들을 파악할 수 있는 집중력이 필요하다. 카를 융을 취리히 호숫가의 숲속으로 들어가게 만든 집중력 말이다. 다시 말해서 딥 워크가 필요하다. 그러나 앞서 주장한 대로 대다수 지식 노동자들은 딥 워크를 수행하는 능력을 잃어버렸다. 벤도 예외는 아니었다.

벤은 회사를 그만두기 전까지 일하던 방식에 대해 이렇게 말했다. "항상 인터넷에 들어갔고, 이메일을 확인했어요. 멈출 수가 없었습니다. 충동적으로 하게 되더라고요." 그는 몰입하지 못하는 문제를 단적으로

보여 주는 사례로서 상사가 맡긴 프로젝트에 대한 이야기를 들려주었
다. 그가 맡은 일은 사업 계획을 작성하는 것이었다. 경험이 없는 그는
기존 사업 계획 다섯 개를 읽고 대조해서 방법을 알아내기로 했다. 좋
은 생각이었지만 문제가 있었다. 집중할 수가 없었다. 벤은 당시 대부분
의 시간("업무 시간의 98퍼센트")을 인터넷 서핑에 썼다고 인정했다. 결국
두각을 드러낼 기회였던 사업 계획 작성은 실패로 돌아갔다.

　회사를 그만둘 무렵 벤은 딥 워크를 못 하는 문제를 잘 인지하고
있었다. 그래서 코딩을 배우기로 마음먹었을 때 몰입하는 방법도 같이
익혀야 한다는 사실을 알았다. 그가 택한 방법은 극단적이었지만 효과
가 있었다. 그는 컴퓨터 없이 교과서와 메모용 카드 그리고 형광펜만 있
는 방에 자신을 가뒀다. 교과서에서 중요한 부분을 형광펜으로 표시하
고, 핵심 내용을 메모용 카드로 옮기며, 실습을 통해 익혔다. 처음에는
전자 기기 없이 지내기가 힘들었지만 다른 방법이 없었다. 반드시 프로
그래밍을 익혀야 했기에 방해될 만한 요소는 전부 치워 버렸다. 그러자
시간이 지나면서 집중력이 향상되었고, 나중에는 하루에 다섯 시간 넘
게 집중을 유지하면서 꾸준히 공부할 수 있는 수준에 이르렀다. 그는
"공부를 마쳤을 때는 열여덟 권 정도를 뗐어요."라고 회고했다.

　벤은 두 달 동안 골방에 틀어박혀 공부한 후 어렵기로 악명 높은
데브 부트캠프Dev Bootcamp 과정에 들어갔다. 일주일에 100시간을 들여
서 웹 애플리케이션 프로그래밍을 배우는 집중 코스였다.(프린스턴에서
박사 학위를 받은 한 수강생은 벤에게 "지금까지 배운 것 중에 가장 어려운 일"이
라고 했다.) 그러나 벤은 철저한 준비와 새롭게 얻은 집중력 덕분에 뛰어
난 성적을 거뒀다. "어떤 사람들은 준비가 안 된 상태였어요. 집중하지

못했고, 빠르게 배우지 못했어요." 벤과 함께 시작한 수강생 중 절반만 제때 과정을 수료했다. 벤은 단지 수료만 한 것이 아니라 가장 뛰어난 성적을 기록했다.

딥 워크는 보상을 안겼다. 벤은 2500만 달러의 창업 자금을 투자받은 샌프란시스코의 기술 스타트업에 개발자로 금세 취업했다. 6개월 전에 금융 컨설턴트로 일할 때 그가 받은 연봉은 4만 달러였다. 그러나 새 일자리에서는 10만 달러를 받았다. 게다가 경력이 쌓이면 실리콘 밸리에서 받을 수 있는 연봉은 사실상 끝없이 올라갈 수 있었다.

마지막으로 대화를 나눴을 때 벤은 새 직장에서 잘하고 있었다. 딥 워크의 새로운 신도가 된 그는 누구보다 일찍 출근하여 방해받지 않고 일하려고 회사 맞은편에 있는 아파트를 빌렸다. "상황이 좋으면 첫 회의 전에 네 시간 동안 집중할 수 있어요. 오후에도 서너 시간을 더 집중할 수 있죠. 집중할 때는 정말로 집중합니다. 이메일도, 해커 뉴스Hacker News(기술 계통 사람들에게 인기 있는 웹 사이트다.)도 확인하지 않고 프로그래밍만 합니다." 지난 직장에서 업무 시간의 98퍼센트를 웹 서핑으로 허비했다는 사실을 감안하면 벤의 변신은 놀랍기 그지없다.

제이슨 벤의 이야기는 중요한 교훈을 전해 준다. 딥 워크가 저술가와 20세기 초반의 철학자들이나 집착하는 향수의 대상이 아니라는 교훈 말이다. 몰입은 지금도 높은 가치를 지닌 능력이다.

거기에는 두 가지 이유가 있다. 첫 번째 이유는 학습과 관련이 있다. 정보 경제는 빠르게 변하는 복잡한 시스템에 의존한다. 가령 벤이 익힌 프로그래밍 언어 중 일부는 10년 전에 존재하지 않았으며, 아마

10년 후에는 낡아질 것이다. 마찬가지로 1990년대에 마케팅 분야에서 성공한 사람들은 이제 데이터 분석에 통달해야 한다는 사실을 몰랐을 것이다. 오늘날의 정보 경제에서 가치를 유지하려면 복잡한 것을 빠르게 익히는 능력을 습득해야 한다. 여기에는 딥 워크가 필요하다. 이 능력을 익히지 않으면 기술 진보에 뒤처질 가능성이 높다.

딥 워크가 귀중한 두 번째 이유는 디지털 네트워크 혁명이 상반된 영향을 미치기 때문이다. 즉 유용한 가치를 하나 창조하면 거의 무한한 소비자(가령 고용주나 고객)에게 도달할 수 있어서 보상이 엄청나게 커진다. 반면 결과물이 뛰어나지 않으면 문제가 생긴다. 소비자가 온라인으로 더 나은 대안을 아주 쉽게 찾을 수 있기 때문이다. 프로그래머든, 저술가든, 마케터든, 컨설턴트든, 창업자든 당신이 처한 상황은 프로이트를 넘어서려는 융 혹은 주목받는 스타트업에 자리를 잡으려는 벤이 처한 상황과 비슷하다. 성공하려면 능력의 한도 내에서 최선의 성과를 내야 한다. 이 일에는 몰입이 필요하다.

딥 워크의 필요성이 높아지는 것은 새로운 현상이다. 산업 경제에서는 소수의 숙련된 노동자와 전문직 종사자에게만 딥 워크가 중요할 뿐 대다수 노동자들은 집중력을 기르지 않아도 괜찮았다. 그들은 단지 기계를 돌리는 일만으로도 급여를 받았다. 이런 방식은 그들이 일하는 동안 별로 바뀌지 않았다. 그러나 정보 경제로 넘어가면서 갈수록 많은 사람들이 지식 노동자가 되고, 대다수 사람들은 아직 깨닫지 못했지만 딥 워크가 핵심 역량이 되고 있다.

다시 말해서 몰입은 의미 없는 낡은 능력이 아니라 밥값을 못하는 사람들을 몰아내려 하는 정보 경제에서 앞으로 나아가기 위해 반드시 필요한 능력이다. 진정한 보상은 페이스북을 잘 쓰는(따라 하기 쉬운 피상적 작업) 사람이 아니라 혁신적으로 분산된 시스템을 잘 구축하는(따라 하기 어려운 딥 워크) 사람에게 주어진다. 딥 워크는 너무나 중요해서 비즈니스 저술가인 에릭 바커Eric Barker의 표현을 빌리면 "21세기의 초능력"으로 간주해야 한다.[8]

지금까지 우리는 두 가지 생각의 가닥을 접했다. 하나는 딥 워크가 갈수록 드물어진다는 것이고, 다른 하나는 그 가치가 갈수록 높아진다는 것이다. 이제 이 가닥들을 합쳐서 이 책의 토대가 될 개념을 정립할 수 있다.

———— **딥 워크 가설:** 일에 몰두하는 능력은 점점 희귀해지고 있다. 동시에 우리 경제에서 가치가 점점 높아지고 있다. 그 결과 이 능력을 신장하고 삶의 핵심으로 만든 소수는 크게 번창할 것이다.

이 책은 2부에 걸쳐 두 가지 목표를 추구한다. 1부에서 다루는 첫 번째 목표는 딥 워크 가설이 사실임을 밝히는 것이다. 2부에서 다루는 두 번째 목표는 두뇌를 훈련하고 업무 습관을 바꿔 딥 워크를 일의 중심에 두도록 가르치는 것이다. 자세한 내용으로 들어가기 전에 먼저 내가 몰입의 신도가 된 이유를 설명하겠다.

나는 지난 10년 동안 어려운 일에 집중하는 능력을 길렀다. 내가 MIT의 유명한 계산이론 그룹에서 박사과정을 밟은 이론 컴퓨터공학자라는 사실이 그 이유를 이해하는 데 도움을 준다. 집중력이 절대적으로 필요한 능력으로 여겨지는 환경에 있었던 것이다.

당시 내가 공부하던 박사과정 연구실 근처에는 일명 '천재상'이라 불리는 맥아더 펠로십 수상자로서 법적으로 음주가 가능한 나이가 되기도 전에 MIT에 채용된 교수의 연구실이 있었다. 이 교수는 학교를 방문한 다른 학자들에게 둘러싸인 채 공용 공간에 앉아서 화이트보드에 그린 표를 보거나, 조용히 허공을 응시하는 모습을 자주 보였다. 그의 응시는 아주 오래 이어졌다. 내가 점심을 먹고 온 후에도 여전히 같은 모습일 정도였다. 이 교수는 접촉하기가 어려웠다. 트위터를 쓰지 않았고, 모르는 사람의 이메일에는 답장을 보내지 않았다. 작년에 그는 논문 열여섯 편을 발표했다.

박사과정생 시절에는 이처럼 강하게 집중하는 분위기가 주위에 가득했다. 당연히 나도 곧 몰입을 위한 노력을 하게 되었다. 친구들 그리고 출간 작업을 함께한 여러 편집자에게는 짜증스러운 일이지만 나는 블로그 외에 페이스북이나 트위터 계정 혹은 다른 소셜 미디어 계정을 연 적이 없었다. 웹 서핑도 하지 않으며, 뉴스는 대부분 집으로 배달되는《워싱턴 포스트》와 공영 라디오 방송을 통해 접했다. 또한 내가 운영하는 저술 관련 홈페이지에는 개인 이메일 주소가 없다. 그리고 (임신한 아내가 "우리 아들이 태어나기 전에 제대로 된 전화기를 사라."라고 최후통첩을 한) 2012년이 되어서야 처음으로 스마트폰을 썼다.

다른 한편 몰입에 대한 헌신은 보상을 안겼다. 나는 대학을 졸업한 후 10년 동안 책 네 권을 펴냈고, 박사 학위를 취득했으며, 빠른 속도로 학계 심사를 거친 논문들을 썼고, 조지타운대에 조건부 종신 교수로 채용되었다. 그것도 주중 저녁 5~6시 이후에는 일을 거의 하지 않았는데도 이처럼 엄청난 생산성을 발휘했다.

이토록 압축된 일정을 소화할 수 있었던 이유는 피상적 작업을 최소화하는 데 상당한 노력을 들인 한편 그로 인해 생긴 여유 시간을 최대한 활용했기 때문이다. 나는 신중하게 선택한 딥 워크를 중심으로 일과를 짰고, 피할 수 없는 피상적 작업은 자투리 시간에 신속하게 해치웠다. 결과적으로 하루에 서너 시간, 일주일에 5일을 방해받지 않고 신중하게 방향을 설정하여 집중함으로써 귀중한 성과를 많이 낼 수 있었다.

딥 워크를 위한 노력은 일 외적인 면에서도 보상을 안겼다. 대개 나는 퇴근하면 새로운 일과가 시작되는 다음 날 아침까지 컴퓨터를 건드리지 않는다.(아이들이 잠든 후 블로그에 글을 올리는 경우만 예외다.) 업무 관련 이메일이나 소셜 미디어 사이트를 확인하지 않고 완전히 인터넷을 끊는 일은 가족과 저녁 시간을 충실하게 보내도록 해 주고, 두 아이를 둔 바쁜 아버지로서는 놀라울 만큼 많은 책을 읽을 수 있도록 해 준다. 더욱 폭넓게 보면 생활에서 산만한 요소를 없애는 일은 사람들의 일상을 갈수록 잠식해 가는 정서 불안에 따른 배경 소음을 줄여 준다. 나는 무료한 상태에 익숙하다. 이는 놀라울 정도로 유익한 능력이다. 특히 라디오에서 천천히 흘러나오는 워싱턴 내셔널스의 야구 중계를 듣는 느긋한 여름밤에는 더욱 그렇다.

이 책은 내가 피상성보다 심층성에 이끌린 이유와 그에 따라 행동하도록 도운 전략들을 설명하기 위한 것이다. 여러분이 딥 워크를 중심으로 생활을 재구성하도록 이끄는 것이 나의 생각을 글로 옮긴 한 가지 이유다. 그러나 그것이 전부는 아니다. 딥 워크에 대한 생각을 가다듬고 명료하게 함으로써 나 스스로 더욱 연습하기 위해서다. 딥 워크 가설에 대한 깨달음은 성공하는 데 도움을 주었지만 나는 아직 가치를 생산할 수 있는 잠재력을 완전히 다 발휘하지 못했다. 여러분이 이 책의 주장과 규칙을 따르기 위해 노력하고 궁극적으로 성공을 거둘 때, 나 역시 피상적 작업을 가차 없이 걸러내고 딥 워크의 강도를 힘들게 높여 가면서 같은 노력을 기울이고 있을 것이다.(어떻게 되어 가는지는 책의 맺음말에서 알게 될 것이다.)

카를 융은 정신의학 분야에서 혁명을 일으키고자 했을 때 숲속에 은신처를 지었다. 볼링겐 타워에서 그는 깊이 사고하는 능력을 유지하고 뒤이어 그 능력을 발휘하여 세상을 바꿀 만큼 놀라운 독창성을 지닌 성과를 낼 수 있었다. 이 책을 통해 자신만의 볼링겐 타워를 짓고, 갈수록 산만해지는 세상에서 진정한 가치를 창출하는 능력을 기르며, 역사상 가장 생산적이고 중요한 인물들이 받아들인 진실, 바로 깊이 있는 삶이 좋은 삶이라는 진실을 깨닫기 위한 노력에 여러분도 동참하리라 확신한다.

1

왜 딥 워크인가

**RULES FOR FOCUSED SUCCESS
IN A DISTRACTED WORLD**

1

대체 불가능한
전문가가 되는 법

2012년 미국 대통령 선거일이 다가오자 국가적 중대사를 앞둔 시점이면 으레 그렇듯이《뉴욕 타임스》웹 사이트의 방문자가 크게 늘었다. 그런데 이번에는 양상이 조금 달랐다. 일부 보도에 따르면 70퍼센트가 넘는 대다수 방문자가 이 복잡한 웹 사이트에서 특정한 페이지로 몰려들었다.[1] 그것은 첫 화면에 나오는 속보도, 퓰리처상을 받은 칼럼니스트들이 쓴 사설도 아닌 야구 통계 전문가 출신으로 선거 예측 전문가가 된 네이트 실버Nate Silver가 운영하는 블로그였다. 그로부터 1년이 채 못 되어 ESPN과 ABC 뉴스는 대형 계약을 통해《뉴욕 타임스》로부터 실버를 가로채 갔다. 계약에 따르면 실버는 스포츠부터 날씨, 네트워크 뉴스, 아카데미상 중계까지 모든 분야에 참여할 수 있었다.(《뉴욕 타임스》도 10여 명의 작가를 붙여 주겠다고 약속하며 그를 잡으려고 노력했다.)[2]

실버가 직접 조정하는 모델의 방법론적 엄격성을 두고 논란이 벌어졌지만[3] 35세의 이 데이터 도사가 당시 승자였다는 데는 이견이 없다.

또 다른 승자는 트위터와 훌루Hulu 등 인기 인터넷 플랫폼의 토대를 구성하는 웹 사이트 개발 프레임워크인 루비 온 레일스Ruby on Rails를 만든 스타 프로그래머 데이비드 하이네마이어 핸슨David Heinemeier Hansson이다.[4] 핸슨은 영향력 있는 개발사인 베이스캠프Basecamp(2014년에 37시그널스37Signals에서 사명을 바꾸었다.)의 파트너다. 그는 베이스캠프의 이익을 얼마만큼 가져가는지, 다른 수입원은 있는지 공개한 적이 없다. 그러나 시카고와 말리부 그리고 고성능 경주용 자동차를 몰러 가는 스페인의 마르베야를 오가며 산다는 점을 고려하면 상당한 돈을 번다고 추측할 수 있다.

세 번째이자 마지막 승자는 실리콘 밸리의 유명 창업 투자 펀드인 클라이너 퍼킨스 코필드 앤드 바이어즈Kleiner Perkins Caufield & Byers의 총괄 파트너 존 도어John Doerr다. 도어는 트위터, 구글, 아마존, 넷스케이프, 선 마이크로시스템스를 비롯하여 기술 혁명을 촉진한 핵심 기업들에 자금을 지원했다.[5] 투자 수익은 엄청났다. 이 글을 쓰는 시점을 기준으로 그의 자산은 30억 달러 이상이다.[6]

기계와의 경쟁에서
살아남는 세 그룹

실버, 핸슨, 도어가 큰 성공을 거둔 이유는 무엇일까? 이 질문에는 두 가지 유형의 답이 있다. 첫 번째는 이 세 사람의 성공을 이끈 성격과 전략에 초점을 맞추는 미시적 답이다. 두 번째는 개인적 측면보다 일하는 방식에 초점을 맞추는 거시적 답이다. 두 가지 답이 모두 중요하지만 현재의 경제가 무엇에 보상을 안기는지 조명하는 거시적 답이 우리의 논의에서 더 큰 의미가 있을 것이다.

이 거시적 관점을 살펴려면 MIT 경제학자인 에릭 브리뇰프슨Erik Brynjolfsson과 앤드루 맥아피Andrew McAfee를 주목해야 한다. 두 사람은 2011년에 펴낸 영향력 있는 저서인 『기계와의 경쟁Race Against the Machine』에서 노동 시장을 예기치 못한 방향으로 바꾸는 다양한 요소들 중에서 디지털 기술의 부상이 특히 중요하다고 주장했다. 그들은 서두에서 이렇게 밝혔다. "우리는 대구조조정Great Restructuring의 초기 단계에 있다. 기술은 빠르게 앞서가지만 인간의 기량과 조직은 대부분 뒤처지고 있다."[7] 많은 노동자들에게 이런 지체는 나쁜 소식을 예고한다. 지능형 기계가 개량되고 기계와 인간의 능력 격차가 줄어들면 고용주들이 '새 인력'보다 '새 기계'를 쓸 가능성이 높아진다. 사람만 할 수 있는 일도 예외가 아니다. 통신과 협업 기술이 발달해 원격 작업이 그 어느 때보다 쉬워지면, 기업은 외부의 우수 인력에게 핵심 역할을 외주로 맡기고 현지 인재들은 일자리를 잃을 가능성이 높다.

이런 현실이 모두에게 암울한 것은 아니다. 브리뇰프슨과 맥아피가 강조한 대로 이 대구조조정은 일자리를 줄이는 것이 아니라 가른다. 신경제new economy에서는 기술 자동화와 외주화로 갈수록 많은 사람들이 일자리를 잃을 것이다. 그러나 여기서도 살아남을 뿐만 아니라 전보다 가치를 인정받으며(그에 따라 더 많은 보상을 받으며) 성공하는 사람들도 있을 것이다. 이런 이원화 양상을 제시하는 것은 브리뇰프슨과 맥아

피만이 아니다. 가령 2013년에 조지메이슨대의 경제학자 타일러 코웬
Tyler Cowen도 디지털 격차 개념을 제시한 『평균은 끝났다*Average Is Over*』라
는 책을 펴냈다. 브리뇰프슨과 맥아피의 분석이 특히 유용한 이유는 성
공하는 부류에 속하여 지능형 기계 시대가 주는 혜택의 대부분을 누리
게 될 세 집단을 지목했기 때문이다. 예상대로 실버와 핸슨 그리고 도
어가 이 세 집단에 속한다. 각 집단을 하나씩 살펴보면서 그들이 왜 그
토록 높은 가치를 얻는지 알아보자.

신기술을 활용해 일할 수 있는 고숙련 노동자

브리뇰프슨과 맥아피는 네이트 실버로 대표되는 집단을 '고숙련'
노동자라고 부른다. 로봇공학과 음성 인식 기술은 여러 저숙련 일자리
를 자동화할 것이다. 그러나 두 사람이 강조하는 대로 "데이터 시각화,
데이터 분석, 고속 통신, 신속 시제품화 같은 다른 기술들은 추상적인
데이터 기반 추론의 역할을 강화하여 이에 해당하는 일자리의 가치를
높인다."[8] 다시 말해서 갈수록 복잡해지는 기계를 활용하고 가치 있는
결과를 추출하는 능력을 지닌 사람들은 성공할 것이다. 타일러 코웬은
이런 현실을 더욱 직설적으로 요약한다. "핵심 질문은 이것이다. 당신은
지능형 기계를 잘 활용할 수 있는가?"[9]

물론 데이터를 대규모 데이터베이스에 입력해 몬테카를로 시뮬레
이션으로 뽑아내는 데 능숙한 네이트 실버는 고숙련 노동자의 전형이
다. 즉 지능형 기계는 실버의 성공을 가로막는 장애물이 아니라 성공의
전제 조건이다.

업계 최고의 능력을 가진 슈퍼스타

정상급 프로그래머인 데이비드 하이네마이어 핸슨은 브리뇰프슨과 맥아피가 신경제에서 성공할 것이라고 예측한 두 번째 집단인 '슈퍼스타'에 속한다. 고속 데이터 네트워크와 이메일, 가상 회의 소프트웨어 같은 협업 도구는 지식 노동의 여러 분야에서 지역주의를 무너트렸다. 가령 핸슨 같은 최고의 프로그래머에게 프로젝트에 소요된 시간만큼만 보수를 지불할 수 있다면 정직원 프로그래머를 고용해 사무 공간을 마련해 주고 수당을 지급하는 방식을 택할 이유가 없다. 전자의 경우에 더 적은 비용으로 더 나은 결과를 얻을 수 있다. 핸슨의 입장에서도 더 많은 고객을 위해 일할 수 있으므로 더 낫다.

당신의 회사가 아이오와주 디모인에 있고 핸슨은 스페인의 마르베야에서 일한다는 사실은 문제되지 않는다. 통신과 협업 기술이 발전하면서 업무가 거의 끊김 없이 원활하게 이뤄지기 때문이다.(그러나 디모인에 살며 정기적인 수입이 필요한 평범한 프로그래머에게는 이런 현실이 문제가 된다.) 컨설팅, 마케팅, 저술, 디자인 등 기술 덕분에 원격 작업으로도 생산성을 올릴 수 있는 분야에서 이런 추세가 두드러지고 있다. 인재 접근에 제약이 사라진다면 시장의 정상에 있는 사람들은 큰 혜택을 누리는 반면 나머지는 처지가 곤란해질 것이다.

경제학자인 셔윈 로젠Sherwin Rosen은 1981년에 발표한 획기적인 논문[10]에서 '승자 독식' 시장의 이면에 작용하는 수학을 풀어냈다. 이 논문에 담긴 핵심 통찰 중 하나는 (공식에서 q라는 변수로 제시되는) 재능을 '불완전 대체재'라는 요소로 명시한 것이다. 그의 설명에 따르면 "평범한 가수들의 노래를 연이어 듣는다고 해서 걸출한 공연이 되는 것은 아니다."[11] 다시 말해서 재능은 대량으로 사서 필요한 수준까지 합칠 수 있는 일상품이 아니다. 최고에는 프리미엄이 붙는다. 모든 공연자에게 접근할 수 있고 모두의 q값이 분명한 시장에서 소비자는 최고를 고르기 마련이다. 능력 면에서 1위와 2위의 차이가 작다고 해도 슈퍼스타는 시장의 대부분을 차지한다.

로젠은 1980년대에 이 효과를 연구할 때 분명한 시장이 존재하고, 청중이 여러 공연자에게 접근할 수 있으며, 구매를 결정하기 전에 공연자의 재능을 정확하게 추정할 수 있는 영화계와 음악계에 초점을 맞췄다. 그러나 통신 및 협업 기술이 빠르게 부상하면서 이전에는 지역에 한정되었던 다른 많은 시장들이 마찬가지로 전 세계적인 시장으로 변했다. 음반 매장이 들어서면서 현지 음악가들이 아니라 세계 정상급 밴드의 음반을 살 수 있게 된 소도시의 음악 팬들처럼 프로그래머나 홍보 컨설턴트를 찾는 소기업도 이제 국제 시장에 접근할 수 있다. 슈퍼스타 효과는 로젠이 30년 전에 예측한 것보다 훨씬 폭넓게 적용되고 있다. 지금은 갈수록 많은 사람들이 해당 부문의 스타와 경쟁하고 있다.

신기술에 투자할 수 있는 자본가

신경제에서 성공할 마지막 집단은 대구조조정을 이끄는 신기술에 투자할 자본을 가진 사람들로, 존 도어가 전형적인 사례다. 마르크스 이후 알려진 바와 같이 자본에 대한 접근은 엄청난 이점을 제공한다. 그 정도는 시대에 따라 달라진다. 브리뇰프슨과 맥아피가 지적한 대로 전후 유럽은 현금을 쥐고 있기에 나쁜 시기였다. 급격한 인플레이션과 공격적인 과세로 과거의 자산이 놀라울 만큼 빠르게 사라졌기 때문이다.(이른바 '다운튼 애비 효과'다.)

대구조조정은 전후 시기와 달리 자본에 접근하기에 아주 좋은 기회다. 그 이유를 알려면 먼저 표준 경제학의 핵심 요소인 협상 이론을 참고해야 한다. 협상 이론에 따르면 자본 투자와 노동력의 결합으로 돈을 버는 경우 보상은 대개 투입량에 비례한다. 그러나 많은 산업에서 디지털 기술이 노동력에 대한 필요성을 줄이면서, 지능형 기계를 보유한 사람들이 얻는 보상의 비율이 커지고 있다. 창업 투자자들은 직원이 열세 명에 불과한데도 10억 달러에 팔린 인스타그램 같은 기업에 투자할 수 있다.[12] 역사적으로 이처럼 적은 노동력을 투입하고도 엄청난 가치를 얻은 때가 있었는가? 노동 투입량이 아주 적은 가운데 소유주, 이 경우에는 창업 투자자들에게 돌아가는 몫은 유례가 없을 정도로 크다. 그러니 내가 지난번 책을 쓰기 위해 만났던 창업 투자자가 "모두가 우리가 하는 일을 원해요."라고 말할 만도 하다.

지금까지 다룬 내용을 정리해 보자. 내가 조사한 바에 따르면 현재 경제학자들은 유례없는 기술 발전과 그 영향이 경제 구조를 완전히 바꾸고 있다고 주장한다. 이 신경제에서는 세 집단이 특별한 우위를 누린다. 바로 지능형 기계를 창의적으로 활용할 수 있는 사람들, 각 분야에서 최고의 능력을 지닌 사람들, 자본에 접근할 수 있는 사람들이다.

사실 브리뇰프슨과 맥아피 그리고 코웬 같은 경제학자들이 파악한 대구조조정이 지금 중요한 유일한 경제적 추세는 아니다. 또한 앞서 언급한 세 집단이 앞으로 잘나갈 유일한 집단은 아니다. 그러나 이 책이 주장하는 맥락에서 중요한 점은 유일하지는 않더라도 이 추세가 중요하며, 이 집단들이 성공을 거둔다는 것이다. 따라서 이 세 집단에 속할 수 있다면 성공할 것이다. 속하지 못한다 해도 여전히 성공할 수는 있지만, 입지는 취약해질 것이다.

이제 우리가 직면해야 하는 질문은 명백하다. 어떻게 승자의 무리에 합류할 수 있을까? 당신의 솟아나는 열망에 재를 뿌릴 수도 있지만 우선 자본을 빨리 모아서 차세대 존 도어가 되는 비법은 나도 모른다는 사실을 털어놓아야겠다.(안다고 해도 이 책에서 나누지는 않을 것이다.) 그러나 다른 두 집단에는 접근할 수 있다. 그 방법을 파악하는 것이 지금부터 추구할 목표다.

신경제에서 승자가 되는 법

방금 앞으로 성공할 것으로 보이며, 우리도 접근할 수 있는 두 집단이 있다고 밝혔다. 바로 지능형 기계를 창의적으로 활용할 수 있는 집단과, 해당 분야에서 스타로 부상한 집단이 그들이다. 디지털 격차가 커지는 가운데 잘되는 쪽에 서는 비법은 무엇일까? 내가 보기에 다음 두 가지 핵심 능력을 반드시 갖추어야 한다.

신경제에서 성공하기 위한 두 가지 핵심 능력

1 어려운 일을 신속하게 습득하는 능력
2 질과 속도 면에서 최고 수준의 성과를 올리는 능력

첫 번째 능력부터 살펴보자. 먼저 우리가 트위터와 아이폰 같은 소비자 대상 기술들이 지닌 직관적이고 단순한 사용자 경험에 익숙해졌다는 점을 상기해야 한다. 이런 기술들은 소비자용 제품일 뿐 본격적인 도구tool가 아니다. 대구조조정을 이끄는 대다수 지능형 기계는 이해하고 습득하기가 훨씬 어렵다.

앞서 복잡한 기술을 잘 활용하여 성공한 사례로 든 네이트 실버를 생각해 보라. 그가 쓰는 방법론을 깊이 파고들면 데이터를 기반으로 선거 결과를 예측하는 일이 검색창에 '누가 당선될까?'라고 입력하는 일처럼 쉬운 게 아니라는 사실을 알게 된다.[13] 그는 여론조사 결과를 모은 방대한 데이터베이스(250여 명의 여론조사 요원이 실시한 수천 건의 여론조사 결과)를 스타타코프StataCorp에서 만든 통계 분석 시스템인 스타타Stata에 입력한다. 스타타는 쉽게 습득할 수 있는 도구가 아니다. 아래는 데이터베이스를 활용하기 위해 실버가 쓰는 명령어들이다.

CREAT VIEW cities AS SELECT name, population, altitude
FROM capitals UNION SELECT name, population, altitude
FROM non_capitals;[14]

이런 유형의 데이터베이스는 SQL이라는 언어로 조작한다. 데이터베이스에 저장된 정보를 활용하려면 위와 같은 명령어를 입력해야 한다. 이처럼 데이터베이스를 조작하는 방법은 교묘하다. 가령 위에 나온 명령어는 복수의 테이블에서 데이터를 모으며, 일반 테이블처럼 SQL 명령어로 지정할 수 있는 가상 데이터베이스 테이블인 뷰view를 생성한다. 뷰를 생성하는 시기와 방법은 까다로운 문제인데, 현실 세계의 데이터베이스로부터 타당한 결과를 추출하기 위해 이해하고 습득해야 하는 많은 문제 중 하나에 불과하다.

네이트 실버가 활용하는 다른 도구로는 스타타가 있다. 스타타는 강력한 도구로서 이리저리 만져 보고 직관적으로 익힐 수 있는 대상이 아니다. 가령 다음은 스타타의 최신 버전에 추가된 기능에 대한 설명이다. "스타타 13은 처리 효과, 복수 층위 GLM, 검증력 및 샘플 크기, 일반화 SEM, 예측, 효과 크기, 프로젝트 관리자, 긴 문자열 및 BLOB 같은 여러 새로운 기능을 추가했습니다." 실버는 일반화 SEM 및 BLOB 기능을 갖춘 이 복잡한 소프트웨어를 활용하여 구성 요소가 서로 맞물려 있는 정교한 모델을 구축한다. 가령 맞춤형 변수에 따른 다중 회귀 분석을 한 다음 확률식에 사용된 맞춤형 가중치로 참조하는 식이다.

이렇게 세부적인 내용을 제시하는 이유는 지능형 기계가 복잡하고 습득하기 어렵다는 점을 강조하기 위해서다.[*] 따라서 지능형 기계를 잘 활용하는 집단에 속하려면 어려운 일을 습득하는 능력을 길러야 한다. 이런 기술은 빠르게 변하므로 어려운 일을 습득하는 과정은 결코 끝나지 않는다. 즉 신속하게 그리고 반복적으로 해낼 수 있어야 한다.

물론 어려운 일을 신속하게 익히는 능력은 단지 지능형 기계를 잘

---

[*] 실제 기업들이 앞서가기 위해 복잡한 기술을 활용하는 현실은 특히 학교에서 단순한 소비자용 제품을 접하는 것이 고도 기술 경제에서 성공하는 데 도움이 된다는 통념이 얼마나 비합리적인지 말해 준다. 학생들에게 아이패드를 지급하고 숙제로 유튜브 영상을 찍게 해서 고도 기술 경제를 준비한다는 말은 자동차 경주 게임으로 정비사를 준비한다는 말이나 다름없다.

활용하기 위해서만 필요한 것이 아니다. 이 능력은 거의 모든 분야에서 슈퍼스타가 되는 데 핵심적인 역할을 한다. 설령 기술과 거의 관계없는 분야라고 해도 말이다. 가령 세계적인 수준의 요가 강사가 되려면 복잡한 육체적 능력을 습득해야 한다. 또한 특정한 의학 분야에서 두각을 드러내려면 관련 치료법에 대한 최신 연구 결과를 신속하게 습득해야 한다. 이런 사실들을 더욱 간결하게 정리하면 다음과 같다. '익힐 수 없으면 성공할 수 없다.'

앞서 제시한 목록의 두 번째 능력, 최고 수준의 성과를 올리는 능력을 살펴보자. 슈퍼스타가 되려면 연관된 기술을 습득하는 것으로는 충분치 않다. 잠재된 능력을 사람들이 가치 있게 여기는 유형의 결과물로 바꿔야 한다. 가령 많은 개발자들은 프로그래밍을 잘한다. 그러나 슈퍼스타의 사례로 든 데이비드 핸슨은 프로그래밍 능력을 발휘하여 '루비 온 레일스'라는 프로그램을 개발했다. 그는 루비 온 레일스를 개발하기 위해 능력을 한계까지 밀어붙여서 누가 봐도 가치가 분명한 구체적인 결과물을 만들어 냈다.

이런 생산 능력은 지능형 기계를 습득하려는 사람에게도 적용된다. 네이트 실버의 경우 대규모 데이터 세트를 조작하고 통계적 분석을 실행하는 방법을 익히는 것으로는 충분치 않았다. 이 능력을 활용하여 많은 사람들이 관심을 가진 정보를 추출할 수 있음을 증명해야 했다. 베이스볼 프로스펙터스Baseball Prospectus에는 실버와 어깨를 나란히 하는 통계의 고수들이 여럿 있었지만, 이 능력을 선거 결과 예측이라는 새롭고 더 수지맞는 분야에 적용한 것은 실버뿐이었다. 이는 현대 경제의 승자 집단에 합류하기 위한 또 다른 일반적인 사실을 말해 준다. 아무리

능력과 재능이 뛰어나더라도 가치를 생산하지 못하면 성공할 수 없다는 사실 말이다.

　기술이 뒤흔드는 새로운 세상에서 앞서가는 데 필요한 두 가지 능력을 파악했다면 뒤이어 던질 질문은 명백하다. 어떻게 하면 이 핵심 능력들을 배양할 수 있을까? 이 대목에서 우리는 이 책의 핵심 논지에 이르게 된다. 앞서 설명한 두 가지 핵심 능력은 딥 워크를 할 수 있는 능력에 좌우된다. 이 근본적인 능력을 습득하지 못하면 어려운 일을 익히거나 최고 수준의 성과를 내기 힘들다.

　두 가지 핵심 능력이 딥 워크에 의존한다는 사실은 명백하게 드러나지 않는다. 지금부터 학습과 집중 그리고 생산성에 대한 연구 결과를 더 자세히 살필 것이다. 이는 처음에는 예상치 못했던 딥 워크와 경제적 성공의 관계를 부인할 수 없는 사실로 바꾸는 데 도움을 줄 것이다.

어려운 일을 빠르게 익힌다

"두뇌를 렌즈로 만들어 주의를 모으고, 무엇이든 머릿속에 떠오른 생각에 온전히 정신을 집중하라."[15]

　이는 도미니크회 수도사이자 도덕철학자로서 20세기 초에 『공부하는 삶The Intellectual Life』이라는 얇지만 영향력 있는 책을 쓴 앙토냉 세르티양주Antonin-Dalmace Sertillanges의 조언이다. 세르티양주는 이 책을 사상의 세계에서 살아가려는 사람들을 대상으로 "정신의 개발과 심화를 위한"[16] 지침서로 썼다. 그는 책 전반에 걸쳐 복잡한 내용을 습득해야 하는 필요성을 인지하고 독자들이 그에 대한 준비를 하도록 돕는다. 그래서 그의 책은 어려운 (인지적) 기술을 신속하게 습득하는 방법을 찾기 위한 우리의 탐구에 유용하다.

세르티양주의 조언을 이해하기 위해 앞에 나온 인용구를 살펴보자. 그는 『공부하는 삶』에서 여러 형태로 제시된 이 말을 통해 몸담고 있는 분야에 대한 이해를 높이려면 관련 주제를 체계적으로 습득함으로써 "주의를 한데 집중하여" 보이지 않는 진리를 드러내야 한다고 주장한다. 다시 말해서 배움에는 **강한 집중력**이 필요하다고 가르친다. 이 생각은 시대를 앞서는 것이었다. 세르티양주는 1920년대에 정신의 삶을 돌아보면서 그 후 70년이 지나서야 학계에서 공식화될 인지적 과제의 습득에 대한 사실을 드러냈다.

이 공식화 작업은 1970년대에 성과심리학이라고도 부르는 심리학의 한 분파가 여러 분야에서 전문가와 일반인을 가르는 요소가 무엇인지 체계적으로 탐구하면서 시작되었다. 1990년대 초에 플로리다 주립대 교수인 앤더스 에릭슨K. Anders Ericsson은 관련 연구 성과들을 모아서 하나의 답으로 제시하고 의식적 훈련deliberate practice이라는 인상적인 이름을 붙였다.[17] 이 답은 이어진 다른 연구들의 결론과도 부합했다.

에릭슨은 이 주제를 다룬 주요 논문의 서두에서 다음과 같은 강력한 주장을 제시했다.[18] "우리는 전문가와 일반인의 차이를 극복할 수 없다는 사실을 부정한다. …… 우리는 그 차이가 특정 분야에서 성과를 향상하기 위한 평생에 걸친 의식적 노력을 반영한다고 생각한다."[19]

미국 문화는 신동 이야기를 특히 좋아한다.(영화 「굿 윌 헌팅」에서 맷 데이먼이 연기한 주인공은 세계 정상급 수학자들도 어려워하던 증명을 금세 풀어

내면서 "이게 나한테 얼마나 쉬운 줄 알아요?"라는 유명한 대사를 외친다.) 에릭슨이 촉발하고 현재 (단서 조항[20]이 붙기는 하지만) 폭넓게 수용되는 연구 결과들은 이 신화를 무너트린다. 인지적으로 어려운 일을 습득하려면 구체적인 형태의 훈련이 필요하다. 타고난 재능에 해당하는 예외는 거의 없다.(세르티양주는 이 점에서도 시대를 앞선 듯하다. 그는 『공부하는 삶』에서 "천재적인 사람은 완전한 능력을 보여 주기로 작정한 부분에 전력을 기울임으로써만 뛰어났다."라고 주장했다.[21] 에릭슨도 이보다 요점을 잘 표현할 수 없을 것이다.)

이 사실은 의식적 훈련에 실제로 무엇이 필요한지 물음을 제기한다. 의식적 훈련의 핵심 요소는 대개 다음과 같다. (1) 향상시키려는 능력이나 습득하려는 사고에 주의를 집중한다. (2) 피드백을 통해 접근법을 바로잡으면서 가장 생산적인 부분에 초점을 유지한다. 우리의 논의에서는 첫 번째 요소가 특히 중요하다. 의식적 훈련은 산만함과 공존할 수 없으며, 방해받지 않는 집중을 요구하기 때문이다. 에릭슨은 "주의 분산은 의식적 훈련에 필요한 주의 집중과 상반된다."라고 역설했다.[22]

에릭슨을 비롯한 심리학 분야의 연구자들은 의식적 훈련이 통하는 이유에 관심이 없다. 그들은 단지 의식적 훈련이 효과적임을 알아냈을 뿐이다. 에릭슨의 첫 논문이 나온 이후 수십 년 동안 신경과학자들은 어려운 과제를 수행하는 능력을 향상시키는 신체적 기제를 탐구해 왔다. 저널리스트인 대니얼 코일Daniel Coyle이 2009년 『탤런트 코드*The Talent Code*』에서 밝힌 대로 신경과학자들은 절연체처럼 뉴런을 감싸서 세포가 더 빠르고 분명하게 신호를 보내도록 돕는 지방 조직인 수초myelin가 답의 일부라고 믿는다.[23] 수초의 역할을 이해하려면 정신적이든 육체적이든 모든 능력은 결국 두뇌 회로로 환원된다는 사실을 상기해야 한다. 신경과학자들은 연관된 뉴런 주위로 수초가 많이 생성될수록 해당 회로가 더 수월하고 효과적으로 발화하여 능력이 향상된다고 주장한다. 즉 어떤 일에 뛰어나려면 수초화가 잘되어야 한다.[24]

　이 점은 의식적 훈련이 통하는 이유를 신경과학적 측면에서 설명하는 토대를 제공하기 때문에 중요하다.[25] 특정한 기술에 집중하면 연관된 신경 회로가 독립적으로 거듭 발화하게 된다. 이처럼 신경 회로를 반복적으로 활용하면 희소돌기신경교oligodendrocyte라는 세포가 해당 신경 회로의 뉴런 주위로 수초층을 형성하기 시작한다. 그에 따라 해당 신경 회로와 연계된 기술이 확고해진다. 산만함을 피하고 주어진 과제에 강하게 집중하는 것이 중요한 이유는 이것이 연관된 신경 회로가 유용한 수초화를 촉발할 만큼 충분히 고립되는 유일한 방법이기 때문이다. 복잡한 새로운 기술(가령 SQL 데이터베이스 관리)을 집중력이 약한 상태에서(가령 페이스북 피드를 열어 놓은 상태에서) 익히면 너무 많은 신경 회로가 동시에 마구잡이로 발화하여 실제로 강화하고 싶은 뉴런들을 분리할 수 없다.

　앙토냉 세르티양주가 두뇌를 렌즈로 삼아 주의를 집중하라는 글을 처음 쓴 후 한 세기가 지났다. 그동안 우리는 이 고상한 비유에서 희소돌기신경교라는 용어로 서술되는 훨씬 덜 시적인 설명으로 나아갔다. 그러나 이 '생각'에 대한 일련의 생각은 벗어날 수 없는 결론을 가리킨다. 어려운 일을 빠르게 익히려면 산만하지 않게 정신을 집중해야 한다는 결론 말이다. 다시 말해 학습에는 딥 워크가 필요하다. 몰입에 익숙하다면 오늘날의 경제에서 성공하는 데 필요한 복잡한 시스템과 기술을 습득할 수 있다. 그렇지 않고 다른 사람들처럼 몰입을 불편해하고

늘 딴짓을 한다면 이런 시스템과 기술을 쉽게 익힐 수 있으리라고 기대
하지 말아야 한다.

탁월한
성과를 낸다

애덤 그랜트Adam Grant는 최고 수준의 성과를 낸다. 2013년에 처음
만났을 때 그는 펜실베이니아대 와튼 경영대학원에서 종신 재직권을
얻은 최연소 교수였다. 1년 후 내가 이 장을 쓰기 시작했을 때(그리고 나
의 종신 교수 과정을 생각하기 시작했을 때)에는 최연소 정교수*로 직위가 바
뀌었다.

그랜트가 학계에서 그토록 빨리 앞서간 이유는 간단하다. 성과를
내기 때문이다. 그는 2012년에 논문 일곱 편을 써서 전부 주요 학술지
에 실었다. 이는 그가 속한 (교수가 혼자 혹은 소규모 협업을 통해 연구하며,
대학원생과 박사후 연구생들로 구성된 대규모 팀이 지원하지 않는) 분야에서는
대단한 실적이다.[26] 2013년에는 발표 논문이 다섯 편으로 줄었다. 여전
히 많은 편이지만 근래의 실적에 비하면 적다. 그러나 거기에는 그 나
름의 사정이 있는데, 2013년에 비즈니스 관계에 대한 연구 결과를 널
리 알린 『기브 앤 테이크Give and Take』라는 책을 펴냈기 때문이다.[27] 이 책
은 그냥 성공한 정도가 아니라《뉴욕 타임스 매거진》의 표지를 장식했

---

　* 미국에서는 교수의 직위가 조교수, 부교수, 정교수로 나뉜다. 대개 조교수로 채용
　　되어 부교수로 승진할 때 종신 재직권을 얻는다. 정교수가 되려면 보통 종신 재직
　　권을 얻은 후 오랫동안 성과를 올려야 한다.

으며[28] 엄청난 베스트셀러가 되었다. 그랜트는 2014년에 정교수가 되었을 때 이미 베스트셀러에 더하여 60여 편의 학계 검토 논문을 썼다.

학자로서의 경력을 생각하던 나는 그랜트를 만났을 때 높은 생산성에 대해 질문하지 않을 수 없었다. 다행히 그는 기꺼이 자신의 생각을 들려주었다. 알고 보니 그도 최고 수준의 성과를 내는 메커니즘에 대해 많은 생각을 하고 있었다. 그는 내게 경영학 교수들과 함께 진행한 워크숍에서 얻은 파워포인트 슬라이드를 보내 주었다. 이 워크숍은 최적의 속도로 학문적 성과를 내는 방법을 데이터를 근거로 살피는 자리였다. 그가 보내 준 슬라이드에는 계절별 시간 배분을 보여 주는 자세한 원형 차트, 공저자와 관계를 발전시키는 과정을 그린 순서도, 20여 권의 추천 도서 목록이 담겨 있었다. 워크숍 참석자들은 책에 파묻혀 지내다가 가끔 원대한 아이디어와 마주치곤 하는 고정관념 속 학자들처럼 살지 않았다. 그들은 생산성을 체계적으로 풀어야 할 과학적 문제로 여겼다. 애덤 그랜트는 이 과제를 달성한 것처럼 보였다.

그랜트가 발휘하는 생산성에는 여러 요소가 영향을 미친다. 그러나 그의 방법론 중에서도 특히 핵심으로 보이는 요소가 있다. 바로 어렵지만 중요한 지적 작업을 일정한 기간 방해받지 않고 길게 진행하는 것이다. 그는 여러 층위에서 이 방식을 수행한다. 연간 기준으로는 가을 학기로 강의를 몰아넣는다. 그래서 이 기간에는 학생들을 잘 가르치고 상대하는 데 모든 주의를 기울인다.(그랜트가 현재 와튼에서 가장 높은 평가를 받는 교수로서 많은 강의상을 받았다는 점을 감안하면 이 방법은 효과가 있는 듯하다.) 이렇게 가을 학기에 강의를 집중하면 봄과 여름에는 연구에 전력을 기울여 주의를 덜 분산시킨 채 일에 매진할 수 있다.

더 짧은 기간에서도 집중이 이뤄진다. 연구에 할애하는 학기에는 학생과 동료들에게 연구실을 개방하는 기간과 하나의 연구 작업(그는 대개 논문 저술을 데이터 분석, 초고 작성, 편집이라는 세 작업으로 나눈다.)에 전적으로 집중하기 위해 문을 닫아 두는 기간을 번갈아 설정한다. 사나흘까지 이어지는 이 기간에 그는 종종 이메일을 보낸 사람이 기다리지 않도록 '자리 비움'으로 자동 답신 설정을 한다. 그래서 동료 교수들이 혼란스러워할 때가 있다. 분명 연구실에 있다는 사실을 아는데 '자리 비움'으로 답신이 오기 때문이다. 그러나 그랜트에게는 당면한 작업을 끝낼 때까지 엄격하게 고립 상태를 유지하는 것이 중요하다.

아마 그랜트는 일반적인 명문대 교수들보다 특별히 더 오래 연구에 매달리지는 않을 것이다.(대체로 명문대 교수들은 일중독인 경우가 많다.) 그러나 그는 해당 분야에서 활동하는 어떤 학자보다 많은 성과를 낸다. 나는 기간별로 집중하는 그의 접근법이 이 역설을 설명하는 열쇠라고 생각한다. 그는 다른 일에 신경을 분산하지 않고 특정한 작업을 긴밀하게 몰아서 수행함으로써 다음과 같은 생산성 법칙을 활용한다.

고품질 작업 성과 = 투입 시간 × 집중 강도

이 공식을 믿는다면 그랜트의 작업 방식은 타당성을 지닌다. 그는 집중 강도를 극대화하여 투입 시간당 성과를 극대화한다.

나는 이전에도 이 생산성 법칙의 개념을 접한 적이 있다. 처음 이 개념을 알게 된 것은 오래전에 두 번째 책인 『대학성적 올에이 지침서 *How to Become a Straight-A Student*』를 쓰기 위해 자료를 조사할 때였다.[29] 나는 조사 과정에서 높은 학점을 받는 50명가량의 명문대 학부생을 상대로 인터뷰를 했다. 거기서 내가 알게 된 사실은 우등생들이 학점 기준으로 바로 아래 그룹에 속하는 학생들보다 공부 시간이 적다는 것이었다. 이 현상을 설명하는 원인 중 하나가 앞서 제시한 공식이었다. 우등생들은 생산성에서 집중 강도가 차지하는 비중을 알았으며, 집중력을 극대화하려고 애썼다. 그래서 성과의 질을 낮추지 않고도 시험을 준비하거나 과제를 하는 데 드는 시간을 크게 줄였다.

애덤 그랜트의 예는 이 공식이 학점뿐만 아니라 다른 인지적 과제에도 적용됨을 말해 준다. 그 이유는 무엇일까? 미네소타대 경영학 교수인 소피 리로이Sophie Leroy가 흥미로운 이론을 제시한다. 리로이는 2009년에 발표한 「왜 내 일을 하기가 너무나 어려울까Why Is It So Hard to Do My Work?」라는 흥미로운 제목의 논문에서 **주의 잔류물**attention residue이라는 개념을 제시했다.[30] 논문의 서론에서 그녀는 복수의 작업을 동시에 수행하는 멀티태스킹이 성과에 미치는 영향에 대해서는 여러 연구가 있지만 현대의 지식 노동 환경에서는 어느 정도 높은 자리에 오르면 복수의 프로젝트를 연속적으로 진행하는 경우가 더 흔하다는 점을 지적했다. 그녀는 "연달아 회의에 참석하고, 한 프로젝트 일을 시작했다가도 곧 다른 프로젝트 일로 넘어가는 것은 조직 생활의 일상이다."라고 설명했다.

이런 방식이 지니는 문제점은 A작업에서 B작업으로 넘어갈 때 주의력이 바로 따라오지 못하는 것이다. 즉, 주의의 **잔류물**이 A작업에 계속 남는다. A작업의 범위가 명확하지 않고 집중 강도가 약할 때 특히 그렇다. 또한 B작업으로 넘어가기 전에 A작업을 마친다고 해도 한동안 주의가 계속 분산된다.

리로이는 강제로 과제를 전환하는 실험을 통해 주의 잔류물이 성과에 미치는 영향을 조사했다. 가령 한 실험에서는 실험 참가자들에게 낱말 풀이 과제를 시켰다. 그러다가 풀이 도중에 이력서를 읽고 가상의 채용 결정을 내리는 과제로 넘어가게 만들었다. 다른 실험에서는 참가자들이 낱말 풀이를 마친 후에 다음 과제를 맡겼다. 이때 두 과제 사이에 간단한 어휘 문제를 내서 첫 번째 과제에서 남은 잔류물의 양을 파악했다.* 이런 실험들을 통해 명확한 결과가 도출되었다. "과제 전환 과정에서 주의 잔류 현상을 겪은 참가자들은 다음 과제에서 부실한 성과를 냈다." 잔류물이 많을수록 성과가 나빴다.

주의 잔류 개념은 왜 집중 강도 공식이 옳은지, 왜 그랜트가 높은 생산성을 올리는지를 설명해 준다. 그랜트는 다른 과제로 넘어가는 일 없이 어려운 과제에 오랫동안 매달림으로써 주의 잔류의 악영향을 최소화하고 해당 과제의 성과를 극대화한다. 다시 말해서 며칠 동안 연구실에 틀어박혀 논문을 쓸 때 주의 잔류물을 많이 남기는 요소들로 거듭 방해받으며 작업하는 일반적인 교수들보다 높은 효과를 얻는다.

그랜트가 활용하는 극단적인 방식을 그대로 따라 하지는 못하더라도(몰입을 위한 일과 시간 수립 전략은 2부에서 다룰 것이다.) 주의 잔류 개

---

* 문제의 내용은 화면에 단어가 되기도 하고 안 되기도 하는 일련의 문자를 빠르게 비추는 것이다. 피실험자들은 순간적으로 단어가 되는지 안 되는지 판단하여 해당하는 버튼을 눌러야 한다. 이 실험은 얼마나 많은 특정 단어가 피실험자의 머릿속에서 '활성화'되었는지 파악하도록 해 준다. 활성화가 많이 될수록 해당 단어가 화면에 비칠 때 버튼을 빨리 누르기 때문이다.

넘은 여전히 강력한 의미를 지닌다. 정신을 반쯤 판 상태에서 일하는 일반적인 습관이 성과를 해칠 수 있음을 시사하기 때문이다. 10분마다 이메일 수신함을 잠깐 확인하는 일은 무해해 보일 수 있다. 실제로 많은 사람들이 이메일 수신함을 화면에 항상 띄워 놓는 과거의 관행(지금은 하는 사람들이 거의 없는 허수아비 관행이다.)보다 **낫다**며 이런 행동을 정당화한다. 그러나 리로이는 이런 행동에 그다지 나은 점이 없다는 사실을 알려 준다. 잠깐 이메일 수신함을 확인하는 순간 주의를 기울일 새로운 대상이 생긴다. 게다가 바로 대응할 수 없는 이메일을 읽으면(거의 언제나 그렇게 된다.) 완료되지 않은 과제가 생긴 채 원래 하던 과제로 돌아가야 한다. 이렇게 미완료 상태로 과제를 전환하는 과정에서 생긴 주의 잔류가 성과를 저해한다.

지금까지 관찰한 내용을 한 발짝 물러나서 살펴보면 분명하게 드러나는 사실이 있다. 최고 수준의 성과를 내려면 방해받지 않고 오랫동안 한 가지 일에 전적으로 집중해야 한다는 사실 말이다. 다시 말해서 **딥 워크가 최고의 성과를 내도록 해 준다.** 오랫동안 몰입하는 데 익숙하지 못하면 질적 면에서나 양적 면에서나 성공하는 데 필요한 최고 수준의 성과를 내기 어렵다. 재능과 기술이 절대적으로 뛰어나지 않다면, 딥 워크를 할 수 있는 사람이 더 많은 성과를 낼 것이다.

딥 워크 없이 성공하는 사람은 누구일까?

지금까지 딥 워크가 어떻게 오늘날의 경제에서 갈수록 중요해지는 능력을 뒷받침하는지 설명했다. 그러나 섣불리 결론을 내기 전에 이 주제를 논의할 때 종종 제기되는 질문에 대응해야 한다. 바로 '잭 도시Jack Dorsey는 어떨까?'라는 질문이다.

잭 도시는 트위터의 창립을 도왔다. 그리고 CEO 자리에서 물러나 있는 동안에는 모바일 결제 플랫폼 회사인 스퀘어Square를 만들었다. 《포브스》에 소개된 프로필에 따르면 "잭 도시가 시장에 대규모 균열을 낸 적이 한두 번이 아니다."[31] 또한 그는 딥 워크에 오랜 시간을 들이지 않는다. 사실 방해받지 않고 한 가지 일을 오래 할 여유가 없다. 트위터(여전히 그가 회장이다.)와 스퀘어에서 경영직을 유지하고 있어서 해당 기업들이 예측 가능한 '주간 리듬'을 유지하도록 긴밀하게 조정된 일정을 따라야 한다. 그래서 업무 시간도 주의력도 심각하게 쪼개질 수밖에 없다.

가령 밤에 평균 30~40건의 회의록을 검토하고 걸러 내면서 하루를 마감한다. 도시는 이처럼 많은 회의 사이에 남는 자투리 시간을 즉흥적으로 활용한다. "나는 누구든 다가올 수 있는 기립식 책상에서 많은 일을 합니다. 그러면서 회사에서 오가는 온갖 대화들을 듣지요."[32]

이런 방식의 업무는 심층적이지 않다. 앞서 소개한 개념을 빌리면 연달아 회의를 갖고, 그 사이에는 아무나 자유롭게 말을 걸도록 허용하기 때문에 주의 잔류물이 많을 가능성이 높다. 그렇지만 도시의 업무가 피상적이라고 말할 수는 없다. 머리말에서 정의한 대로 피상적 작업은 낮은 가치를 지니고 쉽게 따라 할 수 있기 때문이다. 도시가 하는 일은 엄청나게 높은 가치를 지니며, 오늘날의 경제에서 상당한 보상을 안긴다.(이 글을 쓰는 현재 도시는 세계 1000대 부호에 들어가며, 자산 규모는 11억 달

러 이상이다.[33]

　잭 도시는 우리의 논의에서 중요한 의미를 지닌다. 우리가 무시할 수 없는 집단, 딥 워크를 하지 않고도 성공한 사람들의 집단을 대표하기 때문이다. '잭 도시의 경우는 어떨까?'라는 흥미로운 질문은 바로 '딥 워크가 그토록 중요하다면 그렇게 하지 않는데도 성공하는 사람들은 왜 생기는가?'라는 보다 일반적인 질문의 구체적인 사례에 해당한다. 지금부터 딥 워크라는 주제를 더 깊이 파고들 때 계속 신경이 쓰이지 않도록 이 문제를 짚고 넘어가려 한다.

　우선 잭 도시는 대기업(사실 두 대기업)의 고위 경영자라는 점을 감안해야 한다. 이런 자리에 있는 사람들이 딥 워크를 하지 않고도 성공하는 범주에서 중요한 비중을 차지한다. 그들은 널리 알려진 대로 어쩔 수 없이 산만한 생활을 한다. 비메오Vimeo의 CEO인 케리 트레이너Kerry Trainor는 이메일을 쓰지 않고 얼마나 오랜 시간을 보낼 수 있는지 묻는 질문에 이렇게 답했다. "토요일…… 낮 시간에는…… 그러니까 확인은 하는데 꼭 답장을 보내지는 않아요."[34]

　물론 이런 경영자들은 오늘날의 미국 경제에서 그 어느 때보다 더 나은 보상을 받고 더 높은 중요성을 지닌다. 최고 직위에 오른 경영자들 사이에서는 잭 도시처럼 딥 워크를 하지 않고도 성공하는 경우가 흔하다. 그러나 한발 물러서서 보면 이런 현실을 수긍한다고 해서 딥 워크의 일반적인 가치가 흔들리는 것은 아니다. 왜 그럴까? 최고위 경영자의 업무에 필요한 산만성은 그 직위에만 해당하기 때문이다. 뛰어난 최고 임원은 근본적으로 자동화하기 어려운 결정을 내리는 기계와 같다. 퀴즈쇼에서 사람을 이긴 IBM의 슈퍼컴퓨터 왓슨과 다르지 않은 셈이다. 그들은 힘겹게 경험을 쌓았으며, 시장에 대한 직관을 연마하고 증명했다. 그들에게는 종일 이메일, 회의, 현장 방문 등을 통해 처리하고 실행해야 하는 정보가 주어진다. 네 시간 동안 한 문제를 깊이 고민하라고 주문하는 것은 그들의 가치를 낭비하는 결과를 부른다. 그보다 똑똑한 참모를 세 명 채용하여 깊이 고민한 다음 해결책을 제시하도록 하는 편이 낫다.

이 특수성은 중요하다. 대기업의 고위 임원이라면 앞으로 제시하는 조언들이 필요 없을 수도 있기 때문이다. 다른 한편으로 이 특수성은 임원에게 해당되는 접근법을 다른 직위에 적용할 수 없다는 사실을 말해 준다. 잭 도시가 언제든 업무를 방해하도록 권장하고 케리 트레이너가 이메일을 항시 확인한다고 해서 그들을 똑같이 따라 하는 것이 성공을 보장하지는 않는다. 그들의 행동은 경영자라는 특정한 직위에만 해당되는 것이다.

특수성 규칙은 앞으로 이 책을 읽으면서 떠오르는 반례에도 적용해야 한다. 즉 딥 워크가 높은 가치를 지니지 않는 특정한 영역이 있다는 점을 염두에 둬야 한다. 가령 계속 연락을 취하는 것이 대단히 중요한 영업인이나 로비스트도 여기에 포함된다. 또한 딥 워크가 도움을 주는 영역에서 산만한 방식으로 성공을 이루는 사람들도 있다.

다만 당신의 일자리에 딥 워크가 필요 없다고 성급하게 결론을 내리지 마라. 현재 일하는 방식으로 딥 워크를 하기 어렵다고 해서 피상적 작업을 해야 일을 잘하는 것은 아니다. 가령 다음 장에서 항상 이메일로 연락이 되어야 서비스를 제대로 제공할 수 있다고 생각하던 경영 컨설턴트들의 이야기를 소개할 것이다. 그들은 한 하버드 교수가 진행한 연구의 일환으로 이메일을 정기적으로 끊어야 했는데, 그러자 놀랍게도 이메일을 통한 연락이 생각만큼 중요하지 않다는 사실이 드러났다. 고객들은 그들과 항상 연락할 필요가 없었다. 또한 주의가 덜 산만해지자 컨설턴트로서 이루는 성과도 향상되었다.

마찬가지로 많은 관리자들은 프로젝트가 중단되지 않도록 팀이 직면한 문제에 신속하게 대응해야 한다고 나를 설득하려 애썼다. 그들은 자신이 아니라 다른 사람들이 생산성을 발휘하도록 하는 것이 자신의 역할이라고 여겼다. 그러나 뒤이은 논의를 통해 반드시 주의를 분산하지 않아도 이 목표를 달성할 수 있다는 사실이 드러났다. 실제로 많은 소프트웨어 기업들은 현재 즉흥적인 소통을 정기적이고 고도로 체계적이며 대단히 효율적인 현황 회의(장광설을 늘어놓고 싶은 욕구를 줄이기 위해 종종 서서 진행한다.)로 대체하는 스크럼Scrum 프로젝트 관리 방식을 활용한다. 이 접근법은 관리자들에게 문제를 더욱 깊이 생각할 시간을 준다. 그에 따라 관리자들이 창출하는 전반적인 가치도 높아진다.

다시 말해서 딥 워크는 오늘날 경제에서 가치를 지니는 유일한 능력이 아니며, 이 능력을 기르지 않아도 얼마든지 성공할 수 있다. 그러나 딥 워크를 피해 가는 틈새는 갈수록 줄어들고 있다. 특정한 일에 산만한 작업 방식이 중요하다는 강력한 증거가 없는 한 앞서 제시한 이유들 때문에 딥 워크를 진지하게 고려하는 것이 좋다.

2

몰입과 집중을
방해하는 세상

현대인의 주의를 빼앗는
세 가지 트렌드

페이스북은 2012년에 프랭크 게리Frank Gehry가 설계한 새 본부를 세운다는 계획을 발표했다. 이 새 건물의 중심에는 CEO 마크 저커버그가 "세상에서 가장 큰 개방형 사무실"[1]이라고 말한 공간이 자리 잡는다. 4000제곱미터가 넘는 이 공간에서 3000여 명의 직원들이 이동식 가구를 활용하여 일하게 될 것이다. 물론 주요 실리콘 밸리 기업 중에서 페이스북만 개방형 사무실 개념을 받아들인 것은 아니다. 앞서 소개한 잭 도시는 스퀘어를 입주시킬 목적으로 오래된《샌프란시스코 크로니클San Francisco Chronicle》건물을 사들였을 때 개발자들이 긴 공동 책상에서 함께 일하도록 공간을 구성했다. 그는 "직원들이 지나가면서 서로에게 새로운 것을 가르치는 우연의 가치를 믿기 때문에 개방형 사무실에서 일하도록 권장합니다."[2]라고 설명했다.

근래에 기업계에서 나타나는 또 다른 거대한 추세는 인스턴트 메신저의 부상이다. 《뉴욕 타임스》에 실린 기사는 이 기술이 더는 "수다스러운 10대들의 영역"이 아니며, 기업들이 "생산성을 높이고 고객 응대 시간을 줄이는 데"[3] 도움을 준다고 지적한다. IBM의 선임 제품 매니저는 "매일 사내에서 250만 건의 인스턴트 메시지를 보냅니다."라고 자랑한다.

실리콘 밸리의 스타트업으로 기업용 인스턴트 메신저 분야에 성공적으로 진입한 홀Hall은 단순한 채팅을 넘어 "실시간 협업"을 하도록 돕는다.[4] 나의 친구인 개발자는 홀을 쓰는 회사에서 일하는 양상을 들려주었다. 그의 설명에 따르면 "효율적으로" 활용하는 직원의 경우 새로운 질문이나 의견이 회사 계정에 올라오면 알림이 뜨도록 편집기를 설정한다. 그래서 알림이 뜨면 익숙한 입력 과정을 거쳐 홀로 들어가 생각을 제시한 다음 거의 멈추지 않고 코딩 작업을 계속한다. 나의 친구는 그 속도에 큰 인상을 받은 것처럼 보였다.

세 번째 추세는 모든 유형의 콘텐츠 생산 업체들이 소셜 미디어에 진출하는 것이다. 구시대 미디어의 가치를 지키는 보루인《뉴욕 타임스》도 직원들에게 트위터를 쓰도록 권장한다. 그래서 현재 800여 명의 저술가, 편집자, 사진기자들이 트위터 계정을 갖고 있다.[5] 이는 특별한 경우가 아니라 새로운 표준이다. 소설가인 조너선 프랜즌Jonathan Franzen은《가디언》에 트위터를 문학계에서 일어나는 "강압적 변화"로 일컫는 글을 실은 후 사방에서 세상 물정을 모른다는 비웃음을 샀다.[6] 온라인 잡지인《슬레이트 _Slate_》는 프랜즌의 불만을 "인터넷에 맞서는 외로운 전쟁"이라 불렀고,[7] 동료 소설가인 제니퍼 와이너Jennifer Wenier는《뉴 리퍼블릭 _The New Republic_》에 실은 반론에서 "프랜즌은 자신에게나 적용할 수 있는 주교좌 선언ex cathedra, 주교의 자리에서 이뤄진 정통성을 지닌 선언을 발표하는 별종이다."라고 주장했다.[8] 또한 #JonathanFranzenhates(조너선 프랜즌이 싫어함)라는 냉소적 해시태그가 곧 유행이 되었다.

　이 세 가지 추세는 하나의 역설을 드러낸다. 앞 장에서 딥 워크가 변화하는 오늘날의 경제에서 그 어느 때보다 귀중하다고 주장했다. 이 말이 맞다면 야심 찬 개인뿐만 아니라 구성원들의 역량을 최대한 활용하려는 조직들도 딥 워크를 촉진해야 한다. 그러나 앞서 제시한 사례들이 보여 주듯이 이런 일은 일어나지 않고 있다. 기업계에서는 방금 확인한 대로 우연적 협업과 빠른 소통 그리고 활발한 소셜 미디어 활용을 비롯한 다른 많은 요소들이 딥 워크보다 우선시된다.

　이런 현실만 해도 충분히 나쁘다. 그러나 더 나쁜 점은 이런 요소들이 몰입 능력을 크게 저하한다는 것이다. 가령 개방형 사무실은 협업을 할 수 있는 기회를 늘릴지 모르지만*「사무용 빌딩의 비밀스러운 삶 The Secret Life of Office Buildings」이라는 영국 텔레비전 특별 방송에서 실행한 실험 결과를 인용하면 "심각한 산만함"[9]을 대가로 지불해야 한다. 실험을 진행한 신경과학자는 이렇게 말했다. "막 일을 하려고 할 때 어디선가 전화가 울리면 집중력이 무너집니다. 설령 인식하지 못한다고 해도

＊ 2부에서 이 주장이 반드시 옳지는 않다는 점을 자세히 밝힐 것이다.

두뇌는 방해 요소에 반응합니다."[10]

실시간 메시지 교류도 마찬가지 문제를 초래한다. 이론적으로 이메일 수신함은 열어 볼 때만 주의를 분산시킨다. 그러나 인스턴트 메신저는 항상 켜져 있기 때문에 업무 중단에 따른 영향을 키운다. 캘리포니아대 어바인 캠퍼스의 정보학 교수인 글로리아 마크Gloria Mark는 주의 분산 분야의 전문가다. 마크와 공저자들은 자주 인용되는 연구를 통해 지식 노동자들이 일하는 양상을 관찰한 후 짧은 시간이라도 업무가 중단되면 과제를 완료하는 시간이 상당히 지체된다는 사실을 확인했다. 그녀는 학자 특유의 온건한 어조로 "피실험자들은 업무 중단이 매우 해롭다고 밝혔다."[11]라고 정리했다.

콘텐츠 생산자들에게 소셜 미디어 활동을 강요하는 것도 몰입하는 능력에 부정적인 영향을 끼친다. 진지한 언론인은 복잡한 취재 자료를 파헤쳐서 연결고리를 찾아내고 설득력 있는 문장으로 풀어 내는 작업에 집중해야 한다. 종일 실속 없이 오가는 온라인 잡담 때문에 깊은 사고를 중단해 달라고 요청하는 일은 무의미하며(때로 모욕적이며), 최악의 경우 파괴적인 산만함을 초래한다.《뉴요커》의 기고가로서 높은 평가를 받는 조지 패커George Packer는 트위터를 하지 않는 이유를 밝힌 글에서 이런 우려를 잘 표현했다. "트위터는 미디어 중독자들에게 마약과 같다. 나는 도덕적으로 우월해서가 아니라 감당하지 못할 것 같아서 트위터가 두렵다. 트위터에 빠져서 아들에게 제때 밥을 챙겨 주지 못하게 될까 두렵다."[12] 그가 이 글을 쓴 지 얼마 되지 않아『미국, 파티는 끝났다The Unwinding』를 펴냈고, 소셜 미디어 활동을 하지 않는데도(혹은 하지 않은 덕분에) 전미 도서상을 수상했다는 사실은 시사하는 바가 있다.

　요컨대 현재 기업계에서 진행되는 대규모 추세들은 딥 워크를 수행하는 능력을 저하한다. 이 추세들이 제공하는 혜택(우연적 협업의 증가, 요청에 대한 빠른 대응, 노출 기회 증대)은 딥 워크가 제공하는 혜택(어려운 일을 신속하게 익히고 최고 수준에서 성과를 내는 능력)보다 작다. 이 장의 목표는 바로 이 역설을 설명하는 것이다. 내가 보기에 딥 워크의 희소성은 습관에 내재된 약점에서 기인하지 않는다. 직장에서 산만하게 일하는 이유를 자세히 살펴보면 생각보다 자의적인 경우가 많다는 사실을 알게 된다. 그 이면에는 종종 지식 노동을 정의하는 모호함 및 혼란과 결합한 잘못된 생각이 자리 잡고 있다. 나의 목표는 현재 산만하게 일하는 것이 실질적인 현상이기는 하지만 불안정한 토대 위에서 진행되고 있으며, 딥 워크를 추구하기로 결심하면 이 토대를 쉽게 무너트릴 수 있음을 증명하는 것이다.

몰입의 효과를
간과하기 쉬운 이유

　2011년 가을에 애틀랜틱 미디어Atlantic Media의 최고 기술책임자인 톰 코크란Tom Cochran은 이메일에 너무 많은 시간을 들인다는 사실에 경각심을 느꼈다. 그래서 뛰어난 기술자들이 흔히 그렇듯 실제로 얼마나 시간을 쓰는지 측정에 들어갔다. 그 결과 일주일에 511통의 이메일을 받고 294통의 이메일을 보내는 것으로 나타났다. 일주일에 5일을 근무한다고 할 때 하루 평균 약 160통의 이메일을 다루는 셈이었다. 또한 추가로 계산하면 이메일 한 통당 평균 30초만 쓴다고 해도 인간 네트워크 중계기처럼 정보를 옮기는 데만 하루에 거의 1시간 30분을 쓰는 것이었다. 주된 직무 요소가 아닌 일에 들이는 시간치고는 너무 많아 보였다.

코크란이 《하버드 비즈니스 리뷰》 블로그에서 밝힌 바에 따르면 이 단순한 통계는 다른 직원들이 이메일을 쓰는 양상도 생각하게 만들었다. 다른 직원들은 원래 맡은 전문화된 직무가 아니라 정보를 옮기는 데 얼마나 많은 시간을 들일까? 답을 알아보기로 작정한 코크란은 회사 전체에 걸쳐 직원들이 하루에 보내는 이메일의 양과 이메일당 평균 글자 수에 대한 통계치를 수집했다. 뒤이어 이 수치를 평균 입력 속도와 독해 속도 그리고 급여와 조합했다. 그 결과 회사가 이메일을 처리하는 대가로 연간 100만 달러가 넘는 돈을 쓰고 있다는 사실이 드러났다. 회사에서 오가는 모든 이메일이 약 95센트의 인건비를 초래하는 셈이었다. 코크란은 "'비용이 들지 않고 마찰이 발생하지 않는' 의사소통 수단이 소형 업무용 항공기와 맞먹는 비용을 초래한다."[13]라고 지적했다.

톰 코크란의 조사는 무해해 보이는 행동이 초래하는 실질적 비용을 보여 주는 흥미로운 결과를 드러냈다. 그러나 이 이야기에서 진정으로 중요한 점은 조사 그 자체, 구체적으로는 조사의 복잡성이다. '이메일을 쓰는 습관이 손익에 어떤 영향을 미치는가?' 같은 간단한 질문에 대한 답을 구하는 일은 실로 어려웠다. 코크란은 회사 전체에 걸쳐 설문을 실시하고 IT 인프라를 통해 통계치를 수집해야 했다. 또한 급여 데이터와 입력 속도 및 독해 속도에 대한 정보를 모으고 전체 자료를 통계 모델로 돌려서 최종 결과를 구해야 했다. 그럼에도 결과를 추가로 조정할 여지가 있었다. 가령 회사에 비용을 초래하는 잦은 이메일 활용이 **창출하**

는 가치가 비용을 상쇄하는 정도를 반영하지 않았기 때문이었다.

　이 사례는 잠재적으로 딥 워크를 저해하거나 개선하는 대다수 행동에 대한 일반적인 사실을 말해 준다. 우리는 방해 요소가 비용을 초래하고 몰입이 가치를 지닌다는 사실을 추상적으로 받아들인다. 그러나 톰 코크란의 사례가 보여 주듯이 그 영향을 측정하기는 어렵다. 이점은 방해 요소 및 몰입과 관련된 습관에만 한정되지 않는다. 일반적으로 지식 노동에 따른 요구가 갈수록 복잡해지면서 개인의 노력이 지니는 가치를 측정하기가 갈수록 어려워지고 있다. 프랑스 경제학자인 토마 피케티Thomas Piketty는 임원 급여의 급격한 상승을 다룬 연구에서 이점을 명확하게 드러냈다. 그의 주장을 이끄는 가정은 "회사가 올리는 실적에 개인이 기여하는 정도를 객관적으로 측정하기는 어렵다."[14]라는 것이다. 이처럼 객관적 척도가 없으면 임원 급여가 한계생산성을 훌쩍 뛰어넘는 수준으로 늘어나는 것과 같은 비합리적 결과가 나올 수 있다. 피케티가 제시하는 이론은 세부적으로 논쟁의 여지가 있다. 그러나 개인의 기여도를 측정하기가 갈수록 어려워진다는 기본적인 가정은 한 비평가의 말을 빌리면 "확연히 옳은"[15] 것으로 받아들여진다.

　따라서 몰입을 방해하는 행동이 실적에 미치는 영향을 쉽게 파악할 수 있다고 기대해서는 안 된다. 톰 코크란이 발견한 대로 이런 척도는 쉽게 측정할 수 없는 흐릿한 영역, 내가 **계량의 블랙홀**metric black hole이라고 이름 붙인 영역에 속한다. 물론 딥 워크와 관련된 척도를 측정하기 어렵다고 해서 기업들이 무시해야 한다는 결론으로 이어지지는 않는다. 실적에 미치는 영향을 측정하기 어렵지만 기업 문화를 물들이는 많은 행동들이 있다. 가령 이 장의 서두에서 제시한 세 가지 추세나 토마 피케티가 의문을 제기한 과도한 임원 급여를 생각해 보라. 그러나 기업계에서 명확한 척도가 없는 모든 행동은 불안정한 변덕과 변화하는 힘에 취약하다. 딥 워크는 이처럼 변동성 심한 흐름에 특히 약하다.

계량의 블랙홀이라는 현실은 앞으로 전개할 주장의 배경을 이룬다. 지금부터 기업들을 딥 워크로부터 멀어져 산만한 대안으로 향하게 하는 여러 태도와 편향을 살필 것이다. 실적을 저해한다는 사실이 분명하게 밝혀지면 이런 행동들은 모두 살아남지 못한다. 그러나 계량의 블랙홀이 명확한 판단을 가로막는 바람에 기업계에서 갈수록 산만한 현실로의 이행이 가속화되고 있다.

산만한 회사는
어떻게 만들어지는가

직장에서 수용되는 산만한 행동의 경우 지금은 도처에 존재하는 **상시 접속 문화**culture of connectivity가 지배적인 지위를 차지한다. 이 문화에 따라 사람들은 이메일(및 기타 관련 통신)을 빨리 읽고 답해야 한다. 이 주제를 연구한 레슬리 펄로Leslie Perlow 하버드 경영대학원 교수는 조사 대상 전문가들이 한 시간 안에 모든 (내부 및 외부) 이메일에 답하는 것이 중요하다는 믿음 때문에 사무실 밖에서 이메일을 확인하는 데 주당 약 20~25시간을 들인다는 사실을 발견했다.

많은 사람들처럼 당신도 빠르게 돌아가는 기업계에서는 이런 일들이 필요하다고 생각할지 모른다. 그러나 흥미로운 대목은 지금부터다. 펄로는 이 주장을 검증했다. 구체적으로는 업무 강도가 높고 상시

접속 문화가 자리 잡은 경영 컨설팅 기업인 보스턴 컨설팅 그룹Boston
Consulting Group의 임원들을 설득하여 한 팀의 업무 습관을 바꿔 보았다.
그녀는 상시 접속이 업무에 정말로 도움이 되는지 검증하고 싶었다. 그
래서 각 팀원들이 일주일에 하루 동안 회사 안팎으로 누구와도 연결되
지 않도록 강제하는 극단적인 조치를 취했다.

　　펄로는 실험에서 생긴 일을 이렇게 회고했다. "처음에는 팀원들이
실험에 저항했다. 실험을 적극 지원한 책임 파트너는 팀원들이 일주일
에 하루 동안 연락이 안 된다고 고객에게 말하는 것을 갑자기 불안해
했다."[16] 팀원들도 "경력에 해가 될까 봐" 걱정했다. 그러나 팀은 고객을
잃지 않았고, 팀원들은 일자리를 잃지 않았다. 대신 팀원들은 일에서
더 많은 즐거움을 누렸고, 팀원 사이의 의사소통이 개선되었으며, (앞
장에서 조명한 몰입과 기술 개발의 상관성을 감안할 때 예측할 수 있는 대로) 더
많이 배웠고, 가장 중요하게는 "고객에게 더 나은 결과물을 제공했다."

　　이 점은 흥미로운 질문을 제기한다. 왜 많은 기업들이 보스턴 컨설
팅 그룹의 뒤를 따르며, 펄로가 실험을 통해 발견했듯이 직원의 복지와
생산성을 저해하고 실적에도 도움이 되지 않는 상시 접속 문화를 권장
할까? 나는 직장에서 이루어지는 행동을 좌우하는 다음 원칙에 답이
있다고 생각한다.

_____ **최소 저항의 원칙**: 기업 환경에서 여러 행동들이 실적에 미치는 영향을
분명히 드러내는 정보가 없을 때 현재 가장 쉬운 행동을 취하는 경향.

　　최소 저항의 원칙에 따르면 상시 접속 문화가 지속되는 이유는 더

쉽기 때문이다. 이 말이 옳은 두 가지 이유가 있다. 첫 번째 이유는 필요에 대한 응답성과 관련된다. 필요할 때 질문에 대한 답이나 특정한 정보를 즉시 얻을 수 있다면 적어도 그 순간에는 일이 수월해진다. 이처럼 빠른 응답을 얻지 못하면 사전에 업무를 계획해야 하고, 더욱 조직적이어야 하며, 필요한 대상을 기다리는 동안 잠시 일을 제쳐 두고 다른 곳에 주의를 돌릴 준비를 해야 한다. 이 모든 조건은 일상적인 업무를 더 어렵게 한다.(장기적으로는 만족도를 높이고 성과를 높인다고 해도 말이다.) 앞서 소개한 업무용 인스턴트 메신저의 부상은 이런 태도를 극단적으로 밀어붙인 예로 볼 수 있다. 한 시간 안에 이메일의 답신을 받는 일이 생활을 수월하게 만들어 준다면 1분 안에 인스턴트 메신저로 답신을 받는 일은 편익을 몇 배로 키워 준다.

상시 접속 문화가 생활을 수월하게 만들어 주는 두 번째 이유는 쌓여 가는 이메일에 신속하게 답신을 보내면서 생산성에 만족을 느끼는 가운데(이 문제는 잠시 후 다룰 것이다.) 수신함에서 일과를 보내는 것이 용인되는 환경을 만들기 때문이다. 이메일을 일과의 주변부로 옮기려면 어떤 일을 얼마나 오래 해야 할지 파악하는 세심한 접근법을 취해야 한다. 이렇게 계획을 세우는 일은 어렵다. 가령 업무를 영리하게 관리하는 수단으로서 높은 평가를 받는 데이비드 앨런David Allen의 **업무 완수** Getting Things Done 체계를 살펴보자.[17] 이 체계는 다음 할 일을 정하는 데 **15가지 요소로 구성된 순서도를 동원한다!**[18] 그냥 방금 참조로 들어온 이메일에 말을 보태는 편이 훨씬 쉽다.

지금까지 상시 접속 문화를 사례로 논의를 진행했다. 그러나 몰입을 방해하고 회사가 창출하는 가치를 줄이는데도 척도가 없어서 대다수 사람들이 가장 쉬운 일에 안주하면서 만연하게 된 다른 관행도 많다.

가령 정기적으로 여는 흔한 프로젝트 회의를 생각해 보라. 이런 회의들은 일과 중에 초점을 유지하기가 불가능할 지경으로 쌓여 간다. 그런데도 지속하는 이유는 무엇일까? 쉬운 길이기 때문이다. 많은 사람들에게 상시적인 회의는 일과를 조직하는 간단한 (그러나 우둔한) 수단이 되었다. 그래서 시간과 업무를 직접 관리하는 것이 아니라 매주 열리는 회의를 위해 행동을 취하고 더욱 일반적으로는 업무 진행 과정을 보여 주기용으로 만들어 선보인다.

다른 예로는 '의견?' 같은 짧고 모호한 질문을 달아서 동료에게 이메일을 전달하는 짜증스러울 만큼 흔한 관행이 있다. 이런 이메일을 보내는 데는 몇 초밖에 걸리지 않는다. 그러나 받는 사람은 제대로 답신을 보내기 위해 몇십 분(어떤 경우에는 몇 시간) 동안 시간과 주의를 들여야 한다. 발신자가 조금만 신경 써서 이메일을 보내면 모든 관계자들이 들이는 시간을 크게 줄일 수 있다. 그렇다면 왜 이처럼 시간을 낭비하게 만들며, 쉽게 고칠 수 있는 관행이 그토록 흔할까? 발신자의 입장에서는 그 편이 더 쉽기 때문이다. 즉 최소한의 노력으로 (적어도 일시적으로는) 이메일을 수신함에서 치워 버리는 방법이기 때문이다.

계량의 블랙홀이 지켜 주는 최소 저항의 원칙은 장기적 만족과 실질적 가치를 대가로 집중과 계획이 초래하는 단기적 불편을 피하려는 업무 문화를 뒷받침한다. 그래서 갈수록 몰입에 보상을 안기는 경제에서 피상적 작업을 부추긴다. 몰입을 저해하는 계량의 블랙홀을 활용하는 것은 이 추세만이 아니다. '생산성'을 추구하는 상시적이며, 성가신 요구도 있다. 지금부터 이 문제를 살펴보자.

분주함은
생산성과 동의어가 아니다

연구 중심 대학의 교수로 일하는 데는 많은 어려움이 있다. 이 직업을 통해 누리는 한 가지 혜택이 있다면 명확성이다. 연구자로서 얼마나 잘하는지 혹은 못하는지 여부는 주요 논문을 발표했느냐는 간단한 문제로 귀결된다. 심지어 그 답은 h지수h-index로 불리는 수치로 정량화할 수도 있다.[19] 고안자인 호르헤 이르시Jorge Hirsch의 이름에서 딴 이 지수는 논문 발표 횟수 및 인용 횟수를 종합하여 해당 분야에 미친 영향력을 수치로 나타낸다. 가령 컴퓨터공학 분야에서는 40점을 넘기기 어려우며, 40점을 달성하면 장기적으로 탄탄한 경력을 쌓았다는 지표가 된다. 반대로 종신 재직권 심사를 받을 때 h지수가 여전히 한 자릿수라면 문제가 된다. 학자들 사이에서 인기 있는 논문 검색 도구인 구글 스칼러Google Scholar는 일주일에도 몇 번씩 어디까지 왔는지 상기할 수 있도록 h지수를 자동으로 계산해 주기도 한다.(궁금한 독자들을 위해 밝히자면 현재 나의 h지수는 21점이다.)

이런 명확성은 교수가 따르거나 버려야 할 업무 습관에 대한 결정을 단순하게 만든다. 가령 노벨 물리학상 수상자인 고故 리처드 파인만은 한 인터뷰에서 두드러진 생산성을 발휘하는 방법을 이렇게 설명했다.

물리학 연구를 잘하려면 절대적으로 긴 시간을 투자해야 합니다. …… 많이 집중해야 합니다. …… 행정 업무를 맡으면 그럴 시간이 없어요. 그래서 일부러 무책임하다는 인상을 퍼뜨렸죠.

그것도 아주 적극적으로 무책임했습니다. 모두에게 아무 일도 하지 않겠다고 말했죠. 가령 입학위원회에 들어와 달라는 요청을 받으면 "난 무책임해서 안 돼요."라고 말합니다.[20]

파인만은 직업적으로 가장 중요한 일, "물리학 연구를 잘하는" 일을 하는 능력이 저하된다는 사실을 알았기 때문에 한사코 행정 업무를 맡지 않았다. 아마 그는 이메일에 대한 답도 잘하지 못했을 것이며, 개방형 사무실이나 트위터 활동을 강요했다면 다른 대학으로 옮겼을 것이다. 중요한 일이 명확하면 중요치 않은 일도 명확해진다.

앞서 교수들을 예로 든 이유는 지식 노동자들 사이에서도 다소 예외적인 경우이기 때문이다. 대다수 지식 노동자들은 일을 얼마나 잘하고 있는지 명확하게 알 수 있는 수단이 없다. 사회 평론가인 매튜 크로포드Matthew Crawford는 이런 불확실성을 다음과 같이 설명했다. "관리자들은 당혹스러운 심리적 환경에서 살아가며, 대응해야 하는 모호한 책무에 불안감을 느낀다."[21]

크로포드가 구체적으로 지칭한 대상은 지식 노동을 하는 중간 관리자이지만 "당혹스러운 심리적 환경"은 다른 많은 직위에도 해당된다. 크로포드는 2009년에 펴낸 지식 노동에 대한 책인 『모터사이클 필로소피Shop Class as Soulcraft』에서 밝힌 대로 이 당혹감에서 벗어나기 위해 워싱턴 DC에 있는 전략 연구소의 소장 자리를 그만두고 모터사이클 수리점을 열었다. 고장난 기계와 씨름하여 성공적으로 일을 마쳤음을 말해 주는 가시적 결과물(제대로 달리는 모터사이클)을 즐기는 일은 보고서와 홍보 전략을 중심으로 모호하게 일상이 돌아가던 시절에는 얻기 힘든 확고한 성취감을 안겼다.

비슷한 현실이 많은 지식 노동자들에게 문제를 일으킨다. 그들은 생산성을 증명하며 밥값을 하고 싶어 하지만 이 목표를 구성하는 요소를 분명하게 알지 못한다. 가령 높아진 h지수나 수리를 마친 모터사이클을 증거로 제시할 수 없다. 그래서 이 간극을 극복하려고 많은 지식 노동자들은 생산성을 보편적으로 확인할 수 있던 최후의 시대인 산업 시대로 회귀하는 듯 보인다.

이 말의 의미를 파악하려면 조립 라인이 부상하면서 효율성 운동 Efficiency Movement이 함께 부상했다는 사실을 상기해야 한다. 이 운동의 창시자인 프레더릭 테일러Frederic Taylor는 작업 속도를 높일 방법을 찾기 위해 초시계를 들고 노동자의 움직임에 따른 효율성을 측정한 것으로 유명하다. 테일러의 시대에 생산성은 모호하지 않았다. 단위 시간당 생산된 물건의 양이 생산성을 말해 주었다. 오늘날 다른 방도를 찾지 못한 많은 지식 노동자들은 당혹스러운 환경에서 가치를 입증하기 위해 생산성을 말해 주는 오랜 정의에 기대고 있다.(가령 데이비드 앨런은 생산성 있는 업무 흐름을 묘사하기 위해 "기계를 돌린다."[22]라는 구체적인 표현을 쓴다.) 나는 지식 노동자들이 가치를 증명할 더 나은 방법이 없기 때문에 갈수록 분주한 모습을 보이려 든다고 생각한다. 그 의미는 다음과 같다.

_____ **생산성의 대리 지표로 쓰이는 분주함**: 생산성과 가치를 분명하게 나타내는 지표가 없는 상황에서 지식 노동자들이 산업 시대의 지표로 퇴행하여 겉으로 일을 많이 하는 모습을 보이려 드는 것.

이런 태도는 몰입을 저해하는 많은 행동들이 만연하는 또 다른 이유를 제공한다. 항시 이메일을 보내거나 답하고, 끊임없이 회의를 잡아서 참석하고, 누군가 질문을 던졌을 때 바로 인스턴트 메신저로 말을 보태며, 개방형 사무실을 돌아다니면서 만나는 사람들에게 생각을 들려주는 등의 행동은 공개적으로 분주한 모습을 드러낸다. 분주한 모습을 생산성의 대리 지표로 삼으면 일을 잘하고 있다는 인상을 심어 주기 위해 이런 행동들을 하는 것이 아주 중요하게 여겨진다.

이런 태도가 반드시 비합리적인 것은 아니다. 실제로 분주하게 움직여야 하는 일자리도 있다. 가령 2013년에 야후의 대표 머리사 메이어Marissa Mayer는 재택근무를 금지했다. 직원들이 집에서 회사 서버에 원격으로 접속하는 데 쓰는 가상 개인 네트워크의 서버 기록을 점검한 결과에 따른 결정이었다.[23] 그녀는 재택근무를 하는 직원들이 충분히 오랜 시간 동안 회사 서버에 접속하지 않는다는 사실을 알고 화를 냈다. 이 결정은 어떤 의미에서 (회사 서버에 접속하는 주된 이유로서) 이메일을 확인하는 일에 더 많은 시간을 들이지 않은 데 대한 처벌이었다. 말하자면 "분주하게 일하는 모습을 보이지 않으면 생산성이 낮다고 간주한다는" 신호를 보낸 셈이었다.

그러나 객관적으로 보면 이 조치는 시대착오적이다. 지식 노동은 조립 라인에서 이루어지지 않는다. 정보에서 가치를 추출하는 일은 종종 분주하게 해서는 안 되며, 분주한 활동으로 뒷받침되는 것도 아니다. 가령 앞 장에서 소개한 대로 저술에 집중하려고 자주 세상으로부터 고립되는 방식으로 와튼의 최연소 정교수가 된 애덤 그랜트를 떠올려 보라. 그가 쓰는 방식은 분주해 보이려고 애쓰는 방식과 상반된다.

만약 그가 야후에서 일했다면 메이어에게 해고당했을지도 모른다. 그러나 알고 보면 엄청난 가치는 몰입을 통해 창출된다.

물론 실적에 미치는 악영향을 쉽게 증명할 수 있다면 분주해 보여야 한다는 시대착오적인 태도를 버릴 수 있을 것이다. 그러나 이 대목에서 계량의 블랙홀이 등장하여 명확한 측정을 방해한다. 이처럼 직무가 모호하고 여러 방식의 효율성을 측정할 척도가 없는 상황은 객관적으로 보면 비합리적인 행동이 갈수록 당혹스러워지는 심리적 환경에서 만연하도록 허용한다.

지금부터 살펴보겠지만 지식 노동이 필요한 직군에서 성공한다는 것이 어떤 의미인지 잘 아는 사람도 여전히 몰입으로부터 멀어질 수 있다. 그렇게 되는 데는 상식을 버리게 만들 만큼 유혹적인 이데올로기만 있으면 된다.

인터넷
숭배

앨리사 루빈Alissa Rubin의 예를 보자. 그녀는《뉴욕 타임스》의 파리 지부장이다. 그전에는 아프카니스탄 카불 지부장으로서 전후 재건 상황을 일선에서 보도했다. 이 글을 쓰는 지금은 르완다 학살에 프랑스 정부가 연루되었다는 직설적인 기사들을 내고 있다.[24] 이처럼 그녀는 뛰어난 능력을 지닌 진지한 언론인이다. 그러나 내가 짐작하기로는 그녀도 회사로부터 트위터 활동을 하라는 끈질긴 요구를 받고 있다.[25]

루빈은 마치 회사의 소셜 미디어 데스크(실제로 있다.)로부터 팔로워들을 달래라는 요구라도 받는 것처럼 2~4일에 한 번씩 종잡을 수 없는 글들을 꾸준히 트위터에 올린다. 내용은 대부분 근래에 읽고 마음에 들었던 기사를 언급하는 것뿐이다.

루빈은 연예인이 아니라 언론인이다. 그녀가 지니는 가치는 중요한 취재원과 관계를 구축하고, 사실 관계를 종합하며, 세상을 놀라게 하는 기사를 쓰는 능력에서 나온다.《뉴욕 타임스》에게 명성을 안기는 것은 전 세계에서 활동하는 앨리사 루빈 같은 기자들이며, 이 명성은 중독적인 낚시용 링크가 도처에 존재하는 시대에《뉴욕 타임스》가 성공할 수 있는 토대가 된다. 그렇다면 왜《뉴욕 타임스》는 필수적인 딥 워크를 중단하고 아무 관계없는 실리콘 밸리 기업이 운영하는 서비스에 피상적인 무료 콘텐츠를 꾸준히 제공하라고 앨리사 루빈을 압박할까? 더욱 중요하게는 왜 이런 행동이 대다수 사람들에게 정상으로 보일까? 이 질문들에 답할 수 있다면 딥 워크가 역설적으로 드물어진 이유와 관련된 마지막 추세를 잘 이해할 수 있다.

커뮤니케이션 이론가이자 뉴욕대 교수인 고故 닐 포스트먼Neil Postman의 경고에서 그 답의 토대를 찾을 수 있다. 포스트먼은 개인용 컴퓨터 혁명이 처음 시작되던 1990년대 초에 쓴 책에서 우리 사회가 기술과 맺은 잘못된 관계로 빠져들고 있다고 주장했다.[26] 그의 지적에 따르면 사람들은 더 이상 신기술이 안기는 효율성과 그에 따른 문제 사이의 상쇄 관계를 논의하지 않았다. 그래서 고도 기술이기만 하면 좋다고 여기기 시작했다. 그것으로 끝이었다.

포스트먼은 이런 문화를 테크노폴리technopoly라고 불렀으며, 그에 대한 경고를 빼놓지 않았다. 그는 앞서 말한 책에서 이렇게 주장했다. "테크노폴리는 올더스 헉슬리가 『멋진 신세계』에서 묘사한 방식대로 다른 대안들을 제거한다. 이 방식은 대안들을 불법적으로, 비도덕적으로, 인기 없게 만드는 것이 아니라 비가시적으로, 그럼으로써 무의미하게 만든다."[27]

포스트먼은 2003년에 죽었지만 지금도 살아 있다면 1990년대에 표명했던 우려가 얼마나 빨리 실현되었는지 알고 놀랄 것이다. 이 변화를 이끈 것은 예측할 수 없었던 인터넷의 갑작스러운 부상이었다. 다행히 포스트먼에게는 인터넷 시대에 같은 주장을 이어 나갈 지적 후예가 있었다. 바로 자주 인용되는 사회 평론가 예브게니 모로조프Evgeny Morozov다. 모로조프는 2013년에 펴낸 『모든 것을 구하려면 여기를 클릭하세요To Save Everything, Click Here』에서 '인터넷'(이데올로기로서의 역할을 강조하기 위해 의도적으로 드물게 따옴표를 붙인다.)에 대한 집착의 실체를 드러내려고 했다. 그는 "'인터넷'을 지혜와 조언의 원천으로 보는 경향이 케이블과 네트워크 중계기로 구성된 따분한 대상을 유혹적이고 흥미로운 이데올로기, 어쩌면 오늘날의 초이데올로기로 변모시켰다."[28]라고 말한다.

모로조프의 비판적 관점에서 보면 우리는 '인터넷'을 경영과 행정의 혁명적 미래와 동의어로 만들었다. 그래서 회사를 '인터넷'과 더 비슷하게 만드는 것이 시대에 발맞추는 일이며, 이런 추세를 무시하는 것은 자동차 시대에 마차용 채찍을 만드는 일과 같다. 우리는 더 이상 인터넷이라는 도구를 영리 기업이 투자자들에게서 자금을 지원받아 개발하며, 종종 20대들이 그때그때 필요에 따라 만들어 가면서 운영하는 상품으로 보지 않는다. 우리는 이 디지털 장치를 진보의 상징이자 (감히 말하건대 멋진) 신세계의 전조로 우상화한다.

테크노폴리는 오늘날 이런 (모로조프의 표현을 빌리면) 인터넷 중심주의의 형태로 드러나고 있다. 이 현실을 인식하는 일은 중요하다. 앞서 제기한 질문에 대한 답을 말해 주기 때문이다.《뉴욕 타임스》가 소셜 미디어 데스크를 설치하고 앨리사 루빈 같은 기자들에게 산만한 행동을 하도록 압박하는 이유는 인터넷을 중심에 두는 테크노폴리 상황에서는 문제가 되지 않기 때문이다. 인터넷을 수용하지 않는 대안은 포스트먼이 말한 대로 "비가시적으로, 그럼으로써 무의미하게" 되어 버렸다.

이 비가시성은 앞서 살핀 대로 조너선 프랜즌이 소설가들에게 트위터를 쓰지 말자고 제안했을 때 반발이 일어난 이유를 설명한다. 사람들이 흥분한 이유는 출판 마케팅을 잘 알아서 프랜즌의 주장에 반대하기 때문이 아니라 소셜 미디어가 무의미하다는 진지한 발언에 놀랐기 때문이다. 인터넷 중심적인 테크노폴리 시대에 이런 발언은 국기를 불태우는 행위와 같다. 즉 논쟁이 아니라 신성 모독과 같다.

내가 근래에 조지타운 캠퍼스로 출근하다가 겪은 일은 이런 태도가 거의 보편적으로 퍼졌다는 사실을 잘 말해 준다. 나는 코네티컷 거리에서 신호가 바뀌기를 기다리고 있었다. 앞에는 냉동 물류 회사의 트럭이 서 있었다. 냉동 물류는 복잡하고 경쟁이 심한 산업이며, 노무 관리와 운송 계획 수립을 모두 잘해야 한다. 또한 대단히 오래된 산업으로서 현재 주목받는 소비자 대상 기술 스타트업과 여러 면에서 상반된다. 내게 놀라웠던 점은 냉동 물류 산업의 복잡성이나 규모가 아니라 아마도 회사가 상당한 비용을 들였을 트럭 뒤에 붙은 스티커의 내용이었다. 거기에는 "페이스북에서 '좋아요'를 눌러 주세요."라고 적혀 있었다.

테크노폴리 시대에 딥 워크는 대단히 불리하다. 분명히 구식이며, 기술과 거리가 먼 품질, 장인 정신, 숙달 같은 가치를 토대로 삼기 때문이다. 게다가 딥 워크를 뒷받침하려면 종종 기술 발달에 따른 새로운 문물을 거부해야 한다. 그래서 딥 워크는 실제로 효과가 없어서가 아니라, 업무상 소셜 미디어를 쓰는 경우처럼 최신 기술에 의존하는 산만한 행동을 선호하는 추세 때문에 추방되었다. 이런 행동이 실적에 미치는 영향을 드러내 주는 확고한 척도가 있다면 현재의 테크노폴리는 무너질 것이다. 그러나 계량의 블랙홀로 인해 명확성을 확보할 수가 없기 때문에, 인터넷과 관련된 모든 것을 모로조프가 우려한 "초이데올로기"로 떠받들게 된다. 이런 문화에서는 딥 워크가 트윗, 좋아요, 사진 태그, 담벼락, 포스트 그리고 그저 존재하기에 필요하다고 여겨지는 많은 것과 경쟁하기가 어려울 수밖에 없다.

딥 워크의
경쟁력

딥 워크는 오늘날의 사업 환경에서 우선시되어야 마땅하다. 그러나 현실은 그렇지 않다. 지금까지 이 역설을 설명하는 여러 이유들을 정리했다. 딥 워크는 어려운 반면 피상적 작업은 쉽고, 직무에 따른 명확한 목표가 없는 상황에서는 피상적 작업을 통해 분주하게 보이는 일이 자리 보존에 도움이 되며, 우리의 문화가 가치 있는 것을 창조하는 능력에 미치는 영향과 무관하게 '인터넷'과 관련된 모든 것을 좋게 보는 믿음을 갖게 되었다. 이 모든 추세가 형성된 이유는 몰입하는 데서 나오는 가치나 몰입하지 않는 데서 생기는 대가를 직접 측정하기가 어렵기 때문이다.

몰입의 가치를 믿는다면 이런 현실은 가치 생산을 크게 늘릴 잠재력을 잃게 하므로 대개 기업에게 나쁘다. 그러나 개인으로서 당신에게는 좋은 소식이 기다린다. 동료들과 고용주들의 근시안은 개인적으로 큰 우위를 누릴 수 있는 기회를 제공한다. 앞서 제시한 추세들이 계속된다면 몰입은 갈수록 드물어져서 갈수록 귀중해질 것이다.

이제 딥 워크를 추구하는 데 잘못된 점이 없고, 산만한 행동이 불필요하다는 사실을 알았으므로 일에 깊게 몰두하는 능력을 체계적으로 길러서 커다란 보상을 얻는다는 이 책의 궁극적인 목표에 확신을 갖고 뛰어들어 보자.

3

집중하는 삶이
최선의 삶이다

릭 퍼러Ric Furrer는 대장장이다. 그는 공방인 도어 카운티 포지웍스 Door County Forgeworks에서 힘들게 고대 및 중세의 금속 세공 방식을 재현한다. 홈페이지에 올린 선언문에는 이런 내용이 있다. "저는 모든 작업을 손으로 하며, 창의성을 제한하지 않고 힘이나 소재와의 상호작용을 배가하는 연장을 사용합니다. 대형 단조기계를 쓰면 손으로 100번 내리쳐야 하는 작업을 한 번에 끝낼 수 있지만 제 목표에는 어긋납니다. 그래서 저의 모든 작업은 두 손으로 해냈다는 증거를 보여 줍니다."[1]

2012년에 제작된 PBS 다큐멘터리를 통해 퍼러의 세계를 들여다볼 수 있다. 위스콘신의 농촌에 있는 헛간을 개조한 그의 공방은 경치 좋은 미시간 호수의 스터전 베이Sturgeon Bay에서 내륙으로 멀리 떨어져 있지 않다. 그는 (아마도 열기를 빼기 위해) 종종 공방의 문을 열어 둔다. 그래서 지평선까지 펼쳐진 밭들을 배경으로 그가 일하는 모습을 지켜볼 수 있다. 주변 환경은 목가적이지만 작업은 언뜻 보기에도 거칠다. 다큐멘터리에서 그는 바이킹 시대의 검을 만드는 과정을 재현한다. 이 과정은 1500년 된 기술을 통해 (당시로서는) 대단히 순수한 금속인 도가니 강을 제련하는 작업으로 시작한다. 그 결과물로 스마트폰 서너 개를 겹친 크기와 비슷한 주괴가 나온다. 뒤이어 조밀한 주괴를 성형하고 연마하여 길고 우아한 검을 만든다.

퍼러는 주괴를 달구고 망치로 때린 다음 돌려서 다시 때리고, 불 속으로 집어넣는 작업을 반복하면서 카메라를 향해 말한다. "이 초기 단조 작업은 끔찍합니다."[2] 해설에 따르면 여덟 시간 동안 망치질을 해야 성형이 끝난다. 그러나 계속 지켜보면 일하는 모습에서 받는 느낌이 변한다. 그는 광부가 곡괭이를 휘두르듯 따분하게 망치질을 하는 것이 아니다. 모든 망치질은 강하기는 하지만 세심하게 조절된다. 그는 (두꺼운 턱수염과 넓은 어깨에 어울리지 않아 보이는) 얇은 테에 지적인 느낌을 주는 안경 너머로 뚫어져라 쇠를 보면서 망치질을 할 때마다 딱 필요한 만큼만 돌린다. "아주 부드럽게 다루지 않으면 금이 가요." 두어 번 더 망치를 내리친 후 그는 이렇게 덧붙인다. "조금씩 구슬려야 해요. 서서히 모양을 잡아 가면서 말이죠. 그러면 일이 재미있어지기 시작해요."

퍼러는 단조 작업을 절반 정도 진행한 시점에서 망치질로 원하는 형태를 잡은 후 숯이 담긴 좁은 통 안에서 검을 신중하게 돌리기 시작한다. 그는 날을 바라보다가 감이 오는 순간 "됐어요."라고 말한다. 뒤이어 벌겋게 달아오른 검을 멀찍이 들고 빠르게 걸어가 기름이 담긴 통에 넣어서 식힌다. 그리고 (이 단계에서 흔히 일어나듯이) 조각나지 않은 데 안도의 한숨을 쉬며 검을 꺼낸다. 잔열 때문에 검 전체가 노란 불길에 휩싸인다. 그는 검을 한 손으로 들어 올려 잠시 바라본 후 불을 끈다. 그전에 잠깐 불길에 비친 그의 얼굴에는 감탄하는 표정이 역력하다.

퍼러는 이렇게 설명한다. "제대로 하려면 내가 아는 한 가장 만들기 복잡한 물건입니다. 바로 그 점이 나를 움직이게 해요. 나는 검이 필요 없어요. 그래도 만들어야 합니다."

릭 퍼러는 일과 중 대부분을 몰입 상태로 보내야 하는 숙련된 장인이다. 조그만 실수도 열 시간 넘게 공들인 일을 망칠 수 있다. 그는 일에서 크고 명확한 의미를 찾는 사람이기도 하다. 장인의 세계에서는 딥 워크와 좋은 삶의 연관성이 익숙하고 흔하다. 매튜 크로포드는 "수작업을 하면서 세상에서 자아를 확고하게 실현하는 만족감은 사람을 안정시키고 편안하게 해 준다."[3]라고 설명한다. 우리는 그의 말을 믿는다.

그러나 지식 노동으로 주의를 돌리면 이 연관성이 흐려진다. 문제의 일부는 명확성이다. 퍼러 같은 장인은 정의하기 쉽지만 실행하기 어려운 과제에 대응한다. 이런 불균형은 목적을 추구할 때 유용하다. 지식 노동은 이 명확성을 모호성과 바꾼다. 그래서 지식 노동자가 하는 일이 무엇인지, 서로 어떻게 다른지 정확하게 정의하기 어렵다. 심하게 말하면 모든 지식 노동은 직무에 따라 슬라이드에 들어가는 차트만 달라질 뿐 파워포인트와 이메일을 다루는 것으로 귀결된다. 퍼러는 이 단조로움을 다음과 같이 표현한다. "정보 고속도로와 사이버 공간의 세계는 내게 냉기와 환멸을 남겼다."[4]

지식 노동에서 심층성과 삶의 의미의 연관성을 흐리는 또 다른 요소는 피상적 활동에 더 많은 시간을 들이도록 설득하는 소음들이다. 앞 장에서 설명한 대로 우리는 인터넷과 관련된 모든 것을 기본적으로 혁신적이고 필요한 대상으로 보는 시대에 산다. 그래서 즉각적인 이메일 답신과 활발한 소셜 미디어 활동처럼 몰입을 방해하는 행동은 칭송받는 한편 이런 추세를 거스르면 의심을 산다. 누구도 릭 퍼러가 페이스북을 쓰지 않는다고 해서 잘못을 따지지 않는다. 그러나 지식 노동자가 같은 결정을 내리면 (내가 직접 겪었듯이) 별종으로 취급받는다.

지식 노동에서 심층성과 의미의 연관성이 명확하지 않다고 해서 존재하지 않는 것은 아니다. 이 장의 목표는 딥 워크가 공예의 경우처럼 지식 노동에서도 만족감을 창출할 수 있음을 보여 주는 것이다. 그래서 이 주장을 뒷받침할 세 가지 논거를 제시할 것이다. 이 논거는 대체로 좁은 개념에서 넓은 개념으로 나아간다. 즉 신경과학적 관점에서 출발하여 심리적 관점을 거쳐 철학적 관점으로 마무리한다. 이를 통해 어떤 각도에서 접근하든 간에 피상성보다 심층성을 추구함으로써 릭 퍼러 같은 장인을 이끄는 의미를 얻을 수 있다는 사실을 분명하게 밝힐 것이다. 1부의 마지막인 이 장의 주제는 몰입하는 삶이 경제적으로 윤택할 뿐만 아니라 좋은 삶이기도 하다는 것이다.

두뇌는 우리가 관심을 기울이는 대로 형성된다
신경과학적 관점

과학 부문 저술가인 위니프리드 갤러거Winifred Gallagher는 암에 걸리는 두렵고도 예기치 못한 일을 겪은 후 주의와 행복의 상관성에 대해 생각하게 되었다. 그녀가 걸린 암은 "단순한 암이 아니라 상당히 진행된 악성 종양"⁵이었다. 2009년에 펴낸 『몰입, 생각의 재발견Rapt』에서 회고한 바에 따르면 그녀는 암 진단을 받고 병원에서 걸어나오면서 문득 강렬한 통찰을 얻었다. 바로 "병이 정신을 독점하려 들겠지만 가능한 한 많이 내 삶에 집중할 것"이라는 통찰이었다. 이후에 진행된 치료 과정은 힘겹고도 끔찍했다. 그러나 갤러거는 논픽션 작가로서 연마한 정신의 한 구석에서 좋아하는 것들, "영화, 산책, 6시 30분에 마시는 마티니"에 집중하겠다는 의지가 놀랍도록 잘 발휘된다는 사실을 알아차렸다. 이 기간에 그녀의 삶은 두려움과 연민에 휩싸여야 마땅했으나 오히려 종종 즐겁기까지 했다.

　그래서 호기심을 이기지 못한 갤러거는 주의, 즉 집중과 무시의 선택이 삶의 질을 규정하는 데 어떤 역할을 하는지 제대로 이해하기 위한 노력에 나섰다. 그녀는 5년 동안 과학 관련 글들을 쓴 후 마음의 "대통일 이론"을 발견했다고 확신했다.

　　달을 가리키는 손가락들처럼 인류학부터 교육학, 행동경제학부터 가족상담학에 이르는 다양한 학문들은 주의를 능숙하게 관리하는 것이 좋은 삶의 필수 요소이자 사실상 경험의 모든 측면을 개선하는 핵심이라고 말한다.⁶

　이 개념은 대다수 사람들이 삶의 주관적 경험을 생각하는 방식을 뒤집는다. 우리는 우리에게 일어나는(혹은 일어나지 않는) 일이 감정을 결정한다는 가정하에 환경을 많이 강조한다. 이런 관점에서 보면 우리가 하루를 보내는 세부적인 양상은 그다지 중요치 않다. 중요한 것은 승진을 하는지 혹은 더 좋은 아파트로 이사하는지 여부 같은 중대한 결과이기 때문이다. 그러나 갤러거가 밝힌 바에 따르면 수십 년에 걸친 연구 결과는 이런 생각과 상반된다. 두뇌는 우리가 관심을 기울이는 대상을 토대로 세계관을 형성한다. 그래서 암에 걸렸다는 사실에 집중하면 삶이 어둡고 불행해지지만 저녁에 즐기는 마티니에 집중하면 삶이 더욱 즐거워진다. 두 상황에서 주어진 여건이 같다고 해도 말이다. 갤러거는 "당신이 어떤 사람인지, 무엇을 생각하고, 느끼고, 실행하고, 사랑하는지는 집중하는 대상의 총합이다."[7]라고 지적한다.

갤러거는 『몰입, 생각의 재발견』에서 정신에 대한 이런 관점을 뒷받침하는 연구 결과들을 제시한다. 가령 그녀는 감정에 대한 인지적 평가를 연구하는 노스캐롤라이나대 심리학 교수 바버라 프레드릭슨 Barbara Fredrickson의 연구 결과를 인용한다. 그 결과에 따르면 좋지 않은 일, 지장을 초래하는 일이 생긴 후에 정신을 집중하는 대상이 태도에 상당한 영향을 미친다. 이 단순한 선택은 감정에 "재설정 버튼"[8]을 제공할 수 있다. 프레드릭슨은 불평등한 가사 노동 분담 문제로 다툰 부부를 예로 든다. 그녀는 "배우자의 이기심과 나태함에 계속 집중하지 말고 적어도 짜증 나는 갈등을 표출했으니 문제를 해결하고 기분을 나아지게 만들기 위한 첫 걸음을 뗐다는 사실에 집중해야 한다."[9]라고 조언한다. 이는 밝은 면을 보라는 단순한 조언처럼 들린다. 그러나 프레드릭슨이 발견한 바에 따르면 이런 감정적 "지렛대"를 능숙하게 활용하는 일은 나쁜 사건을 겪은 후에 훨씬 긍정적인 결과를 낳는다.[10]

과학자들은 행동의 효과를 신경과학 수준까지 내려가 살필 수 있다. 가령 스탠퍼드대 심리학자인 로라 카스텐슨Laura Carstensen은 자기공명영상을 활용하여 긍정적인 이미지와 부정적인 이미지를 접한 피실험자의 두뇌가 어떻게 반응하는지 살폈다.[11] 그 결과 젊은 사람의 편도체(감정의 근원)는 두 이미지에 모두 활성화되었다. 반면 늙은 사람의 편도체는 긍정적인 이미지에만 활성화되었다. 카스텐슨의 추론에 따르면 늙은 사람들은 부정적인 자극을 접했을 때 편도체를 억제하도록 전전두피질을 훈련시켰다. 그들이 더 행복한 이유는 환경이 젊은 사람들보다 낫기 때문이 아니라 부정적인 대상을 무시하고 긍정적인 대상을 만끽하도록 두뇌를 재설정했기 때문이다. 그들은 주의를 능숙하게 관리함으로써 구체적인 변화가 없는 가운데 세상을 개선시켰다.

갤러거의 이론을 통해 좋은 삶을 살기 위한 딥 워크의 역할을 더 잘 이해할 수 있다. 이 이론은 우리의 세상이 특정한 대상에 주의를 기울인 결과라고 말한다. 그러니 오랜 시간을 들여서 몰입할 때 어떤 유형의 정신세계를 구축하는지 잠시 생각할 필요가 있다. 딥 워크에는 중요성에 대한 인식과 감각이 내재되어 있다. 이 점은 검을 만드는 릭 퍼러든, 알고리즘을 최적화하는 컴퓨터 프로그래머든 마찬가지다. 그래서 갤러거의 이론은 몰입 상태로 충분한 시간을 보내면 우리의 정신이 세상을 의미와 중요성이 넘치는 곳으로 이해하게 된다고 말해 준다.

일에 몰입하는 태도를 기르는 데는 숨겨져 있지만 중요한 다른 혜택이 있다. 몰입은 주의를 관장하는 기관을 장악하여 불가피하고도 끈질기게 우리의 삶을 찾아오는 사소하고 불쾌한 여러 일들을 인식하지 않도록 만든다.(나중에 살필 심리학자 미하이 칙센트미하이Mihaly Csikszentmihalyi는 "무의미한 일을 생각하거나 문제를 걱정할 정신이 남지 않을 만큼 강한 집중"[12]을 강조하면서 이런 이점을 분명하게 제시한다.) 상시적인 연결에 의존하는 지식 노동은 파괴적이면서도 매력적인 방해 요소들을 숱하게 만들어 내기 때문에 특히 위험하다. 그런 방해 요소 중 대부분은 충분한 관심만 주어지면 우리의 정신이 구축한 세계로부터 의미와 중요성을 빼내 간다.

이 주장을 뒷받침하기 위해 개인적인 사례를 들어 보겠다. 이 장의 초고를 쓰기 전에 내가 보낸 이메일 다섯 통이 그 대상이다. 다음은 각 이메일의 제목과 주요 내용이다.

- 회신: 〈긴급〉 칼 뉴포트 브랜드 등록 확인

  웹 사이트 소유자들에게 중국에 도메인을 등록하라고 꼬드기는 흔한 사기 메일에 대한 답신이다. 나는 계속 오는 스팸 메일에 짜증이 난 나머지 냉정함을 잃고 '웹 사이트'를 정확한 철자로 쓰면 더욱 그럴듯할 것이라는 (당연히 쓸데없는) 답신을 썼다.

- 회신: S R

  《월스트리트 저널》에서 읽은 기사에 대해 가족들과 대화를 나눈 이메일이다.

- 회신: 중요한 조언

  은퇴 자금 마련을 위한 최적의 투자 전략을 논의한 이메일이다.

- 회신: 전달: 일정

  내가 사는 도시를 방문하는 지인과 만날 시간을 정하던 중에 그의 바쁜 일정 때문에 생긴 문제를 논의한 이메일이다.

• 회신: 그냥 궁금

(학계에서 빈번하게 일어나는 뻔한 유형의) 껄끄러운 정치적 문제에 대해 동료와 나눈 이메일이다.

이 이메일들은 지식 노동 환경에서 주의를 끌려고 경쟁하는 피상적인 문제들의 사례를 잘 보여 준다. 그중에는 흥미로운 기사에 대한 논의처럼 무해한 것도 있고, (거의 언제나 제대로 하지 않고 있다는 결론으로 끝나는) 투자 전략에 대한 논의처럼 조금 스트레스를 초래하는 것도 있고, 바쁜 일정 속에서 약속 시간을 잡는 것처럼 짜증 나는 것도 있으며, 화가 나서 스팸 메일에 대꾸하거나 정치적 문제를 걱정하는 것처럼 아주 부정적인 것도 있다.

많은 지식 노동자들은 이처럼 피상적인 문제들을 놓고 소통하느라 대부분의 시간을 보낸다. 더 의미 있는 일을 끝내야 할 때도 자주 수신함을 확인하는 습관 때문에 이런 문제들을 계속 염두에 두게 된다. 갤러거는 이 경우 우리의 정신이 바라보는 직장 생활이 사소한 일에 따른 스트레스와 짜증 그리고 분노로 가득 차게 되므로 위험하다고 지적한다.

동료들이 다정해서 항상 낙천적이고 긍정적인 소통을 한다고 해도 피상적인 문제들로 가득한 유혹적인 환경에 정신을 팔면 갤러거가 신경과학을 통해 파악한 또 다른 함정에 빠질 위험이 있다. 그녀는 이렇게 밝혔다. "5년 동안 주의에 대한 글을 쓴 후 몇 가지 뼈아픈 진실을 알게 되었다. (그중 하나는) '느슨한 정신은 악마의 작업실'이라는 말이다. …… 집중력을 잃으면 우리의 정신은 삶에서 잘된 것이 아니라 잘못된 것에 집착하는 경향을 지닌다."[13]

신경과학적 관점에서 볼 때 이렇게 피상적인 일들에 매달리면 기운이 빠지고 속상한 하루를 보낼 가능성이 높다. 설령 주의를 빼앗는 대다수 피상적인 일들이 무해하고 재미있어 보인다고 해도 말이다.

이런 사실들이 말하는 바는 분명하다. 여러 신경과학적 이유로 인해 노동(특히 지식 노동)에서 몰입 상태로 보내는 시간을 늘리면 두뇌의 복잡한 작동 방식을 활용하여 업에서 찾는 의미와 만족도를 극대화할 수 있다. 갤러거는 책에서 이렇게 결론짓는다. "(암에 대한) 힘든 실험을 진행한 후 나는 남은 생을 어떻게 보내야 할지 알게 되었다. 이제부터 목표를 신중하게 선택할 것이다. …… 그다음 거기에 골몰할 것이다. 요컨대 집중하는 삶을 살 것이다. 그것이 최선의 삶이기 때문이다."[14] 그녀의 뒤를 따르는 것이 현명할 것이다.

몰입의 즐거움
심리학적 관점

심층성이 의미를 창출하는 이유에 대한 두 번째 논거의 토대는 세계적으로 유명한(그리고 가장 많이 이름이 잘못 표기되는) 심리학자인 미하이 칙센트미하이의 연구다. 칙센트미하이는 1980년대 초에 시카고대의 젊은 동료인 리드 라슨Reed Larson과 함께 일상적인 행동이 미치는 심리적 영향을 파악하는 새로운 기법을 고안했다. 당시에는 어떤 활동이 어떤 심리적 영향을 미치는지 정확하게 측정하기가 어려웠다. 가령 피실험자를 실험실로 데려와 여러 시간 전에 어떤 감정을 느꼈는지 물어도 기억하지 못하는 경우가 많았다. 또한 일기장을 주고 종일 어떤 감정을 느꼈는지 적도록 해도 성실하게 기록할 가능성이 낮았다. 너무 버거운 과제이기 때문이었다.

칙센트미하이와 라슨은 (당대의) 신기술을 활용하여 적시에 피실험자에게 질문을 제기함으로써 돌파구를 열었다. 그 방법은 피실험자에게 무선 호출기를 다는 것이었다. 이 호출기는 임의로 선택한 간격에 따라 울렸다.(요즘에는 스마트폰 앱을 활용하여 같은 실험을 한다.) 그러면 피실험자는 그 순간에 하던 일과 느낀 감정을 기록했다. 실험에 따라 일기장에 기록하는 경우도 있었고, 전화를 걸어서 진행 요원의 질문에 답하는 경우도 있었다. 호출기는 가끔만 울렸고 무시하기 어려워서 피실험자들이 실험 절차를 따를 가능성이 높았다. 또한 호출기가 울리는 바로 그 순간에 하던 일에 대한 반응을 기록했기 때문에 더욱 정확했다. 칙센트미하이와 라슨은 이 방법을 경험 표집법experience sampling method이라 불렀다.[15] 경험 표집법은 우리가 일상생활을 하는 과정에서 실제로 어떤 감정들을 느끼는지 말해 주는 유례없는 통찰을 제공했다.

경험 표집법을 활용한 칙센트미하이의 연구는 여러 돌파구를 열어 주었다. 무엇보다 칙센트미하이가 이전 10년 동안 개발하던 이론을 입증하는 데 도움을 주었다. 거기에 따르면 "최고의 순간들은 대개 어렵고 가치 있는 일을 이루기 위한 자발적인 노력 속에서 육체나 정신을 한계까지 밀어붙일 때 찾아온다."[16] 칙센트미하이는 이런 정신적 상태를 몰입flow이라 불렀다.(이 용어는 그가 1990년에 펴낸 같은 제목의 책으로 대중화되었다.) 그가 발견한 내용은 당대의 통념과 어긋났다. 대다수 사람들은 여유가 행복을 가져온다고 믿었다.(지금도 그렇다.) 우리는 일을 적게 하고 해먹에서 더 많은 시간을 보내고 싶어 한다. 그러나 칙센트미하이가 제시한 연구 결과는 대다수 사람들의 생각이 틀렸음을 드러낸다.

> 아이러니하게도 무료한 시간보다 일하는 시간이 실제로는 더 즐기기 쉽다. 몰입 활동처럼 일에는 목표와 피드백, 과제가 내재되어 있기 때문이다. 이 모두는 일에 몰두하고 집중하여 무아지경에 빠지도록 한다. 반면 무료한 시간은 체계가 없어서 즐길 만한 대상으로 구체화하는 데 훨씬 많은 노력을 들여야 한다.[17]

경험적 방식으로 측정한 결과를 보면 생각과 달리 사람들은 일할 때 더 행복하고 쉴 때 덜 행복하다. 또한 경험 표집법 연구에서 증명한 대로 몰입하는 경험을 많이 겪을수록 삶에 대한 만족도가 높아진다. 즉 사람은 어려운 일에 깊이 몰입할 때 최선의 상태를 누린다.

물론 칙센트미하이의 이론과 앞서 살핀 위니프리드 갤러거의 생각 사이에는 겹치는 부분이 있다. 둘 다 피상성보다 심층성이 중요하다고 말한다. 그러나 이 중요성을 설명하기 위해 초점을 맞추는 지점이 다르다. 갤러거는 우리가 집중하는 **내용물**이 중요하다고 강조한다. 그래서 중요한 대상에 몰입하고 피상적이거나 부정적인 대상을 무시하면 직업 생활도 더욱 중요해지고 긍정적으로 변한다고 말한다. 반면 칙센트미하이의 몰입 이론은 대개 주의를 기울이는 대상을 거의 가리지 않는다. 그래서 갤러거가 말한 연구 결과에 동의하기는 하겠지만 몰입하는 느낌 자체가 대단히 보람차다고 말한다. 즉 대상과 관계없이 우리의 정신이 몰입이라는 도전을 즐긴다는 것이다.

딥 워크와 몰입의 연관성은 명확하다. 딥 워크는 몰입 상태를 만들기에 적합한 활동이다.(칙센트미하이가 몰입을 이끌어 내는 조건으로 제시한 내용, 즉 어떤 활동에 집중하여 무아지경에 빠지도록 정신을 한계까지 밀어붙인다는 내용은 딥 워크에도 해당된다.) 그리고 앞서 살핀 대로 몰입은 행복감을 낳는다. 이 두 가지 개념을 합치면 심층성을 뒷받침하는 강력한 심리학적 논거를 얻는다. 칙센트미하이가 경험 표집법 실험 이후 수십 년 동안 진행한 연구 결과는 몰입 행동이 삶을 가치 있게 만드는 방식으로 의식을 이끈다는 사실을 입증한다. 칙센트미하이는 나아가 현대 기업들이 이 사실을 받아들여서 "최대한 몰입 활동과 유사하도록 직무를 재설계해야 한다."[18]라고 주장한다. 그러나 그는 이런 재설계가 어렵고 파괴적이라는 사실(앞 장에서 제시한 나의 주장을 참고할 것)을 감안하여 개인이 몰입의 기회를 찾는 법을 배우는 것이 훨씬 중요하다고 설명한다. 이는 실험심리학의 세계를 간략하게 살펴서 얻을 수 있는 궁극적인 교훈이다. 딥 워크를 통해 몰입의 경험을 중심으로 직업 생활을 구성하는 것은 깊은 만족감을 얻는 검증된 길이다.

일과 삶에 의미를 부여한다
철학적 관점

심층성과 의미의 연관성에 대한 우리의 마지막 논거를 제시하려면 신경과학과 심리학이라는 비교적 구체적인 세계에서 물러나 철학적 관점을 취해야 한다. 논의를 진행하기 위해 해당 주제를 잘 아는 두 학자의 도움을 구할 것이다. 40년 넘게 UC 버클리에서 철학을 가르친 휴버

트 드레이퍼스Hubert Dreyfus와 이 글을 쓰는 현재 하버드대 철학과 학과
장인 숀 도런스 켈리Sean Dorrance Kelly이다. 드레이퍼스와 켈리는 2011년
에 신성성과 삶의 의미라는 개념이 인류 문화사를 거치면서 어떻게 변
화해 왔는지 탐구한 『모든 것은 빛난다All Things Shining』를 펴냈다. 그들이
역사를 재구성하는 작업에 나선 이유는 우리 시대가 종점이 될지 모른
다는 우려 때문이있다. 그들은 서두에서 이렇게 밝혔다. "예전에 세상
은 다양한 형태로 신성하고 빛나는 것들의 세상이었다. 그러나 그 빛나
던 것들은 이제 멀리 사라진 듯하다."19

그때와 지금 사이에 무슨 일이 일어난 것일까? 드레이퍼스와 켈리
는 데카르트를 답으로 제시한다. 데카르트의 회의론으로부터 확실성
을 추구하는 개인이 진리를 부여하는 신이나 왕보다 우월하다는 극단
적인 믿음이 생겨났다. 물론 그에 따른 계몽은 인권 개념으로 이어졌
고, 많은 사람들을 억압으로부터 해방했다. 그러나 드레이퍼스와 켈리
의 지적에 따르면 이 생각은 정치적 영역에서 여러 가지 긍정적인 변화
를 일으켰지만 형이상학의 영역에서는 의미를 창출하는 데 필수적인
질서와 신성성을 세계로부터 제거해 버렸다. 계몽 시대 이후의 세계에
서 우리는 의미 있는 것과 의미 없는 것을 구분하는 책임을 스스로에게
지웠다. 이 구분은 자의적으로 보일 수 있으며, 서서히 허무주의를 퍼트
린다. 드레이퍼스와 켈리는 이런 우려를 드러냈다. "계몽을 통해 자율적
개인을 받아들인 형이상학적 수용은 따분한 삶뿐만 아니라 거의 불가
피하게도 살 수 없는 지경에 가까운 삶으로 이어진다."20

이 문제는 언뜻 심층성에 따른 만족을 이해하려는 우리의 탐구와
관계가 없는 듯 보인다. 그러나 드레이퍼스와 켈리가 제시한 해결책을

따라가면 직업 활동을 통해 삶의 의미를 찾는 원천에 대한 새롭고 풍부한 통찰을 발견하게 된다. 현대의 허무주의에 대한 드레이퍼스와 켈리의 대응이 이 장을 연 주제인 장인 정신을 토대로 삼는다는 사실을 알면 이 연관성이 한층 더 이해가 된다.

드레이퍼스와 켈리는 결론에서 장인 정신이 책임감 있는 방식으로 신성성에 대한 감각을 다시 여는 열쇠라고 주장한다. 그 예로 든 것이 지금은 사라진 직업인 수레바퀴 장인의 이야기이다. 두 사람은 수레바퀴를 만드는 과정을 자세히 소개하는 구절에 이어 다음과 같이 쓴다. "나무토막은 저마다 다르고 그 나름의 개성을 지닌다. 그래서 목공은 작업하는 나무와 친밀한 관계를 맺는다. 나무가 지닌 은근한 미덕은 키우고 보살필 것을 요구한다."[21] 이처럼 재료의 "은근한 미덕"을 알기에 장인은 계몽 시대 이후의 세계에서 대단히 중요한 것, 바로 개인의 바깥에 존재하는 의미의 원천과 마주친다. 수레바퀴 장인은 작업하는 나무의 어떤 미덕이 귀중하고 귀중하지 않은지 자의적으로 판단하지 않는다. 이 가치는 나무와 기능에 내재되어 있다.

드레이퍼스와 켈리가 설명하는 대로 이런 신성성은 장인의 세계에 흔하다. 그들은 "의미를 창출하는 것이 아니라 이미 **존재하는** 의미를 파악하는 능력을 배양하는 것"[22]이 장인의 일이라고 결론짓는다. 이 점은 의미로 이루어진 질서 있는 세계를 부여하여 자율적 개인주의에 따른 허무주의에 빠지지 않도록 해 준다. 게다가 이 의미는 앞선 시대에서 언급된 원천들보다 안전해 보인다. 수레바퀴 장인이 소나무에 내재된 가치를 이용하여 전제 군주를 정당화하기는 어렵기 때문이다.

직업의 만족도 문제로 돌아가서, 장인 정신을 삶의 의미로 향하는
경로로 보는 드레이퍼스와 켈리의 해석은 릭 퍼러 같은 사람들의 작업
방식이 많은 공감을 사는 이유를 설명한다. 쇳덩이에서 작품을 만들어
내는 과정에서 퍼러의 얼굴에 떠오른 만족감은 현대에 들어 포착하기
어려운 귀중한 것, 바로 신성성을 들여다본 데서 나온다.

지금까지의 논의를 따라왔다면 이제 전통적인 장인 정신에 내재
된 신성성을 지식 노동의 세계로 접목해 보자. 우선 두 가지 사실을 짚
고 넘어가야 한다. 첫 번째 사실은 명백한 것이지만 강조할 필요가 있
다. 수작업만이 특별히 의미의 원천을 창출하는 것은 아니다. 육체적이
든 정신적이든 높은 수준의 기술을 뒷받침하는 모든 노력은 성스러움
에 대한 감각을 낳는다.

이 점을 자세히 설명하기 위해 나무를 깎거나 쇠를 두드리는 예스
러운 사례에서 컴퓨터 프로그래밍이라는 현대적 사례로 넘어가 보자.
다음은 프로그래밍 신동인 산티아고 곤잘레스Santiago Gonzalez가 인터뷰
에서 한 말이다.

아름다운 코드는 짧고 간결해서 다른 프로그래머에게 넘기면
"야, 잘 짜인 코드네."라는 말을 들어요. 시를 쓰는 것과 같죠.[23]

곤잘레스가 프로그래밍을 말하는 방식은 드레이퍼스와 켈리의 책
에서 목공이 공예를 말하는 방식과 비슷하다.

프로그래밍 분야에서 높은 평가를 받는 『실용주의 프로그래머The
Pragmatic Programmer』[24]는 코딩과 공예의 연관성을 더욱 직접적으로 드러낸

다. 이 책의 서문에는 "우리는 단순한 돌덩이를 자르되 언제나 성당을 머릿속에 그려야 한다."라는 중세 석공들의 신조가 나온다. 그리고 프로그래머도 같은 방식으로 작업에 임해야 한다는 주문이 뒤따른다.

> 프로젝트의 전반적인 구조 안에는 항상 개인성과 장인 정신을 발휘할 여지가 있다. …… 지금부터 100년 후에 우리가 하는 일은 아주 구식으로 보일지도 모른다. 오늘날의 토목 엔지니어들에게 중세 성당 건축가들이 사용한 기술이 그렇게 보이듯 말이다. 그러나 우리의 장인 정신은 여전히 존중받을 것이다.

다시 말해서 드레이퍼스와 켈리가 말한 의미를 창출하려고 반드시 헛간에서 땀을 흘릴 필요는 없다. 지식 경제에 속한 대다수 숙련 노동에서도 장인 정신을 발휘할 여지를 찾을 수 있다. 저술가든, 마케터든, 컨설턴트든, 변호사든 상관없다. 당신이 하는 일은 공예이며, 능력을 길러서 진지하고 세심하게 발휘하면 뛰어난 수레바퀴 장인처럼 일상에서 의미를 창출할 수 있다.

이 대목에서 '내가 하는 지식 노동은 너무 시시해서 삶의 의미가 될 수 없다.'라는 반박이 나올 수 있다. 그러나 이는 전통적인 장인 정신을 고찰함으로써 바로잡을 수 있는 잘못된 생각이다. 오늘날의 문화에서는 직무를 상당히 강조한다. 가령 '열정을 따르라'는 조언에 집착하는 것(내가 앞서 펴낸 책의 주제)은 선택한 일자리의 구체적인 직무가 만족도를 좌우한다는 (잘못된) 생각 때문이다. 이런 사고방식에 따르면 만족의 원천이 될 수 있는 일자리가 드물다. 그래서 비영리 조직에서 일하거나 소프트웨어 회사를 만들지 않는 한 다른 모든 일자리는 삭막하고 단조로워 보인다. 드레이퍼스와 켈리의 철학은 이런 함정에서 벗어나도록 해 준다. 그들이 언급한 장인은 드문 일을 하지 않았다. 인류사를 통틀어 대장장이나 수레바퀴 장인은 대개 화려한 직업이 아니었다. 구체적인 직무는 무의미하므로 어떤 일을 하든 상관없다.

일을 통해 의미가 드러나는 것은 결과 때문이 아니라 장인 정신에 내재된 기술과 음미 때문이다. 다시 말해서 수레바퀴는 고귀하지 않지만 수레바퀴를 만드는 일은 고귀할 수 있다. 지식 노동도 마찬가지다. 반드시 희소한 일이 아니라도 괜찮다. 대신 일에 대한 희소한 접근법이 필요하다.

두 번째 사실은 장인 정신을 기르려면 반드시 몰입이 필요하므로 딥 워크에 헌신해야 한다는 것이다.(1장에서 공예의 핵심인 기술을 연마하고 최고 수준에서 적용하는 데 딥 워크가 필요하다고 주장한 점을 상기해 보라.) 따라서 딥 워크는 드레이퍼스와 켈리가 제시한 방식대로 일에서 의미를 추출하는 핵심이다. 또한 딥 워크를 삶에 받아들이고 기술을 연마하는 방향으로 유도하는 것은 지식 노동을 산만하고 기운 빠지는 의무에서 만족감을 선사하는 것으로, 즉 빛나고 경이로운 것들이 가득한 세상으로 이어지는 관문으로 바꾼다.

깊이에의
헌신

1부의 첫 두 장은 실질적인 문제로서 딥 워크가 오늘날의 경제에서 갈수록 귀중해지는 동시에 (다소 자의적인 이유로) 드물어진다고 주장

했다. 이는 전형적인 시장 불일치의 사례다. 그래서 몰입 능력을 기르면
성공할 수 있다.

한편 마지막 장의 내용은 직장에서 성공하기 위한 실질적인 논의
에는 별로 보탬이 되지 않는다. 그러나 앞선 내용들에 추진력을 부여하
려면 반드시 필요하다. 지금부터 심층성에 중심을 두도록 직업 생활을
바꾸는 엄격한 프로그램을 설명할 것이다. 이 전환 과정은 어렵다. 비슷
한 노력들이 그렇듯이 충분한 타당성을 지닌 실용적인 논거라고 해도
동기를 부여하는 데는 한계가 있다. 결국 당신이 추구하는 목표는 보다
인간적인 수준에서 공명해야 한다. 앞서 주장한 대로 심층성을 받아들
이려면 이런 공명이 불가피하다. 신경과학적 관점이든, 심리학적 관점이
든 아니면 고상한 철학적 관점이든 심층성에 접근하는 모든 경로는 심
층성과 의미의 연관성으로 이어지는 듯하다. 마치 인간이라는 종이 심
층성 속에 번성하고 피상성 속에 쇠퇴하는 이른바 호모 사피엔스 디펜
시스Homo Sapiens Deepensis로 진화한 것처럼 말이다.

앞서 심층성의 사도인 위니프리드 갤러거가 한 말을 인용했다. "나
는 집중하는 삶을 살 것이다. 그것이 최선의 삶이기 때문이다."[25] 이는
아마도 이 장 그리고 더욱 폭넓게는 1부를 마무리하는 데 가장 적합한
내용일 것이다. 몰입하는 삶은 어느 모로 보나 좋은 삶이다.

2

딥 워크를 실행하는
네 가지 규칙

RULES FOR FOCUSED SUCCESS
IN A DISTRACTED WORLD

몰두하라

딥 워크 습관을
개발하는 전략

데이비드 드웨인David Dewane은 듀폰트 서클에 있는 바에서 나를 만나자마자 에우다이모니아 머신Eudaimonia Machine에 대한 이야기를 꺼냈다. 드웨인은 건축과 교수라서 개념과 실체의 교차점을 탐구하는 일을 즐긴다. 에우다이모니아 머신은 이 교차점을 구현한 좋은 사례다. 잠재력을 온전히 발휘하는 상태를 가리키는 고대 그리스의 개념에서 이름을 딴 에우다이모니아 머신은 사실 건물이다. 데이비드의 설명에 따르면 "에우다이모니아 머신의 목표는 사용자들이 몰입 상태로 들어가 능력을 최대한 발휘할 수 있는 환경을 창출하는 것"이다. 다시 말해서 에우다이모니아 머신은 최대한 몰입할 수 있도록 돕는다는 목표로 설계된 공간이다. 당연히 나는 흥미를 느꼈다.

드웨인은 에우다이모니아 머신을 설명하면서 펜을 꺼내 구조도를 그려 주었다. 건물은 방 다섯 개가 나란히 늘어선 좁은 직사각형 구조로 되어 있다. 복도는 없다. 그래서 방을 지나야 다른 방으로 갈 수 있다. 드웨인의 설명에 따르면 "순환식 구조가 아닌 것은 중요한 의미를 지닌다. 건물의 안으로 깊이 들어갈 때 어떤 공간도 우회할 수 없기 때문이다."

첫 번째 방은 갤러리로 불린다. 드웨인의 계획에 따르면 이 방에는 건물에서 이뤄진 딥 워크의 사례들이 놓인다. 그래서 사용자들에게 영감을 주면서 "유익한 스트레스와 압박의 문화"를 창출한다.

갤러리 다음에는 살롱이 있다. 살롱에서는 고급 커피나 제대로 된 바를 즐길 수 있다. 또한 소파와 와이파이도 있다. 살롱은 "강한 호기심과 논증 사이를 떠도는" 분위기를 창출한다. 그래서 논쟁을 벌이고 숙고하며 더 깊이 들어가 개발할 아이디어를 구상하게 된다.

살롱 다음에는 도서관이 있다. 이 방은 머신에서 생산한 모든 작업물뿐만 아니라 이전 작업에 사용된 책과 기타 자료들을 보존한다. 프로젝트에 필요한 정보를 모으고 수집할 수 있도록 복사기와 스캐너도 설치한다. 드웨인은 도서관을 "머신의 하드 드라이브"라고 부른다.

다음 방은 사무실이다. 사무실에는 화이트보드를 설치한 일반적인 회의실과 큐비클로 분리된 책상들을 배치한다. 드웨인의 설명에 따르면 "사무실은 저강도 활동을 위한 곳"이다. 우리식 용어로는 프로젝트에 필요한 피상적 작업을 수행하는 공간이다. 드웨인은 작업의 효율성을 극대화하도록 돕는 행정 요원을 둘 생각이다.

마지막 방은 "심층적 작업실"(드웨인은 나의 글에서 심층적 작업이라는 용어를 가져왔다.)이 모인 공간이다. 각 작업실은 가로 1.8미터에 세로

3미터이며, 두꺼운 방음벽으로 보호한다.(설계에 따르면 45센티미터의 단열재가 들어간다.) "이 방의 목적은 온전히 몰입한 상태에서 방해받지 않고 일의 흐름을 이어 가도록 해 주는 것"이다. 드웨인은 두뇌가 집중력의 한계에 이를 때까지 사용자들이 90분 동안 작업하고 90분 동안 휴식하는 과정을 두세 번 반복하는 양상을 상상한다.

에우다이모니아 머신은 현재 설계 도면으로만 존재한다. 그러나 영향력 있는 작업을 뒷받침하는 잠재력을 지녔다는 점에서 계획만으로도 드웨인을 흥분시킨다. 그는 에우다이모니아 머신이 "지금까지 설계한 건축물 중에서 가장 흥미롭다."라고 말한다.

딥 워크의 진정한 가치를 수용하고 칭송하는 이상적인 세계라면 모든 사람이 그 나름의 에우다이모니아 머신에 접근할 수 있을 것이다. 데이비드 드웨인이 설계한 구조와 똑같지는 않겠지만 일반적으로 두뇌에서 최대한 많은 가치를 뽑아낼 수 있도록 도와주는 작업 환경(및 문화) 말이다. 안타깝게도 이 비전은 현실과 거리가 멀다. 현재 우리는 수신함을 무시할 수 없고, 회의가 끊이지 않는 산만한 개방형 사무실에서 일한다. 이런 환경에서 동료들은 당신이 가능한 최선의 성과를 내기보다 이메일에 빨리 답해 주기를 바란다. 이 책의 독자들은 피상적인 세상을 살아가는 심층성의 사도인 셈이다.

2부에서 제시할 네 가지 규칙 중 첫 번째 규칙은 이런 갈등을 줄이기 위한 것이다. 그래서 그 나름의 에우다이모니아 머신에 접근할 수 없다고 해도 산만한 환경에서 비슷한 효과를 얻도록 도와줄 것이다. 또한 딥 워크에 대한 열망을 꾸준하고 중요한 일과의 한 요소로 바꾸는 방법을 보여 줄 것이다.(뒤이은 규칙 세 가지는 집중력을 기르고 방해 요소에 맞서는 전략을 제시하여 딥 워크를 통해 최대한 많은 가치를 얻도록 도와줄 것이다.)

구체적인 전략을 살피기 전에 우선 당신이 품을 만한 의문부터 짚고 넘어가자. 왜 이렇게 깊숙한 개입이 필요할까? 다시 말해서 딥 워크가 귀중하다는 사실을 받아들이는 것만으로도 충분하지 않을까? 더 자주 집중해야 한다는 간단한 사실을 따르는 데 에우다이모니아 머신(혹은 그와 유사한 것)처럼 복잡한 대상이 정말로 필요할까?

안타깝게도 산만함을 몰입으로 바꾸는 문제는 그렇게 간단치 않다. 그 이유를 알기 위해 몰입을 방해하는 주된 난관, 피상적인 대상으로 주의를 돌리고 싶은 욕구를 자세히 살펴보자. 대다수 사람들은 이 욕구가 어려운 일에 집중하려는 시도를 방해한다는 사실을 알지만 그 빈도와 강도를 과소평가한다.

심리학자인 빌헬름 호프만Wilhelm Hofmann과 로이 바우마이스터Roy Baumeister가 2012년에 실시한 연구 결과를 살펴보자.[1] 그들은 성인 205명에게 임의로 정한 시간에 울리는 호출기를 채웠다.(1부에서 설명한 경험 표집법이다.) 피실험자들은 호출기가 울리면 현재 혹은 30분 전까지 어떤 욕구를 느꼈는지 생각한 후 질문에 답해야 했다. 연구자들은 일주일 후 7500건이 넘는 표본을 수집했다. 그들이 파악한 결과를 요약하면 사람들은 종일 욕구와 싸운다. 바우마이스터는 뒤이어 과학 저술가인 존 티어니John Tierney와 공동 저술한 책 『의지력의 재발견Willpower』에서도 "욕구는 예외적인 것이 아니라 보편적인 것으로 드러났다."[2]라고 밝혔다.

피실험자들이 가장 많이 느끼고 견딘 다섯 가지 욕구에는 예상대로 식욕과 수면욕 그리고 성욕이 포함되었다. 다른 욕구로는 "일을 중단하고 이메일을 확인하거나, 소셜 네트워크 사이트를 방문하거나, 인터넷을 돌아다니거나, 음악을 듣거나, 텔레비전을 보고 싶다는 것"[3] 등이 있었다. 특히 인터넷과 텔레비전의 유혹이 강한 것으로 드러났다. 피실험자들이 이 중독성 강한 방해 요소를 이겨 낸 경우는 절반 정도에 불과했다.

이런 결과는 딥 워크 습관을 기르도록 돕는다는 첫 번째 규칙의 목표에 나쁜 소식이다. 당신은 종일 몰입을 방해하는 온갖 일을 하고 싶은 욕구에 시달릴 것이며, 앞서 말한 실험에 참가한 피실험자들과 같다면 이런 상충하는 욕구들이 종종 이길 것임을 말해 주기 때문이다. 그래도 당신은 몰입의 중요성을 알기에 피실험자들과 달리 유혹을 이겨 내고 집중력을 더욱 엄격하게 유지할 것이라고 생각할지 모른다. 이는 고귀한 생각이지만 수십 년에 걸친 연구 결과를 보면 헛된 것임이 드러난다. 로이 바우마이스터가 쓴 선도적인 논문[4]들에서 시작하여 지금까지 상당히 누적된 연구 결과는 의지력에 대해 중요한(그리고 당시에는 예상하지 못한) 진리를 말해 준다. 의지력은 한정되어 있고, 많이 사용하면 고갈된다는 진리 말이다.

다시 말해서 의지는 성격에 따라 무한하게 발휘할 수 있는 요소가 아니라 많이 쓰면 지치는 근육과 같다. 호프만과 바우마이스터의 연구에 참가한 피실험자들이 욕구를 이기는 데 큰 애를 먹은 이유가 여기에 있다. 시간이 지날수록 방해 요소들은 더 이상 저항할 수 없을 때까지 한정된 의지력을 고갈시킨다. 의도와 무관하게 당신에게도 같은 일이 생길 것이다. 습관을 현명하게 관리하지 않는다면 말이다.

이런 사실은 이 장에서 제시할 전략의 기본 아이디어를 제공했다.

거기에 따르면 딥 워크 습관을 개발하는 열쇠는 단지 의지만 품는 수준을 넘어서 온전하게 집중하는 상태를 유지하는 데 필요한 의지력의 정도를 최소화하는 일과와 의식을 수립하는 것이다. 인터넷을 돌아다니면서 산만한 오후 일과를 보내는 와중에 갑자기 인지적으로 어려운 과제로 넘어가려면 주의를 돌리는 데 상당한 의지력을 소모해야 한다. 그래서 이런 시도는 자주 실패할 수밖에 없다. 반면 오후가 되면 딥 워크를 할 수 있도록 조용한 공간에서 정해진 시간에 일과와 의식을 수행하는 현명한 방식을 쓰면 일을 시작하고 계속하는 데 필요한 의지력이 훨씬 줄어든다. 그래서 장기적으로 딥 워크를 수행하는 데 훨씬 자주 성공하게 된다.

이 점을 염두에 두고 한정된 의지력에 대한 과학적 사실을 토대로 설계된 다음의 여섯 가지 전략을 일과 중에 꾸준히 딥 워크의 양을 극대화하는 수단으로 삼아라. 이 전략들은 무엇보다 일과를 수립하는 특정한 패턴을 준수하고, 일을 시작하기 전에 집중력을 연마하는 의식을 개발하도록 요구한다. 그중에는 간단한 어림법을 활용하여 두뇌의 동기 부여 기제를 조작하는 전략도 있고, 가능한 한 빨리 의지력을 재충전하기 위한 전략도 있다.

무작정 딥 워크를 시도할 수도 있다. 그러나 지금부터 소개하는 전략들 혹은 같은 원칙에 따라 직접 개발한 전략들을 활용하면 딥 워크를 일하는 방식의 핵심 요소로 삼는 데 성공할 가능성이 훨씬 높아질 것이다.

딥 워크를 일상에 접목하는
네 가지 방식

유명 컴퓨터공학자인 도널드 커누스Donald Knuth는 딥 워크를 중시한다. 그래서 홈페이지에서 "내가 하는 일은 오랜 공부와 방해받지 않는 집중을 요구한다."[5]라고 밝혔다. 정규직 일자리를 가진 가장이자 박사 학위 과정을 밟는 브라이언 채플Brian Chappell도 딥 워크를 중시한다. 부족한 시간을 감안할 때 논문을 진전시킬 수 있는 유일한 방법이기 때문이다. 채플은 내게 딥 워크라는 개념을 처음 접하던 순간 "뭉클한 기분"을 느꼈다고 말했다.

이 사례들을 언급하는 이유는 커누스와 채플이 모두 딥 워크의 중요성에 동의하지만 그것을 일상에 접목하는 **철학**이 다르기 때문이다. 커누스는 다른 모든 작업을 최소화하거나 제거함으로써 딥 워크를 우선시하는 일종의 수도승과 같은 방식을 택한다. 반면 채플은 일반적인 일과를 시작하기 전 일정한 시간(아침 5시에서 7시 30분까지)에 예외 없이 딥 워크를 하는 방식을 택한다. 두 접근법은 모두 효과가 있지만 보편적이지는 않다. 커누스의 접근법은 원대한 구상을 하는 것이 주된 직업적 요건인 사람에게 적절하다. 그러나 피상적 작업을 모두 거부하는 방식을 따르면 채플은 일자리를 잃을 것이다.

그래서 딥 워크를 직업 생활에 접목하는 그 나름의 철학이 필요하다. 서두에서 밝혔듯이 즉흥적으로 딥 워크를 하겠다는 생각은 한정된 의지력 때문에 효과적이지 않다. 접근법을 선택할 때는 이 점을 주의해야 한다. 그래서 특정한 환경에 맞는 접근법을 신중하게 선택해야 한다. 환경과 접근법이 맞지 않으면 딥 워크 습관이 자리를 잡기도 전에 무너질 수 있다. 내가 현실에서 아주 잘 통하는 양상을 확인한 네 가지 접근법을 참고하면 이런 일을 피할 수 있다. 네 가지 접근법을 제시하는 목적은 딥 워크를 일과에 접목하는 방식에는 여러 가지가 있으며, 시간을 들여서 자신에게 맞는 방식을 골라야 한다는 사실을 알리기 위해서이다.

하나의 큰 목표를 추구하는 사람을 위한 수도승 방식

우선 도널드 커누스의 사례로 돌아가 보자. 그는 알고리즘의 성능을 분석하는 엄격한 접근법을 비롯하여 컴퓨터공학 부문에서 일으킨 여러 혁신으로 유명하다. 동시에 동료들 사이에서는 전자통신을 꺼리기로 악명이 높다. 그의 이메일 주소를 찾아보려고 직장인 스탠퍼드대 웹 사이트를 방문하면 다음과 같은 문구를 접하게 된다.

> 나는 이메일 주소를 없앤 1990년 1월 1일 이후로 행복하게 살아왔다. 대략 1975년부터 이메일을 썼지만 15년이면 쓸 만큼 썼다는 생각이 들었다. 이메일은 일을 장악하려는 사람에게는 멋진 도구다. 그러나 나는 그렇지 않다. 나의 역할은 근원으로 파고드는 것이다. 내가 하는 일은 오랜 공부와 방해받지 않는 집중을 요구한다.

뒤이어 커누스는 세상으로부터 완전히 단절될 생각은 없다고 밝힌다. 책을 쓰려면 수천 명의 사람과 소통해야 하며, 질문과 의견에도 응해야 하기 때문이다. 그가 찾은 해결책은 이메일 주소가 아닌 우편 주소를 제공하는 것이었다. 사람들이 편지를 보내면 비서가 살펴보고 중요한 것만 따로 챙긴다. 정말로 급하다고 여겨지는 편지는 바로 커누스에게 전달한다. 나머지 편지들은 석 달에 한 번 정도로 한꺼번에 처리한다.

나는 이런 방식을 **수도승 방식**이라고 부른다. 수도승 방식은 피상적인 일들을 없애거나 크게 줄여서 딥 워크를 위한 시간을 극대화한다. 이런 방식을 따르는 사람들은 목적이 대개 분명하게 정해져 있으며, 높은 가치를 지닌다. 그들의 직업적 성공은 이 한 가지 일을 특출하게 잘하는 데서 나온다. 이처럼 명확한 조건은 보다 다양한 직무를 수행해야 하는 사람들을 쓰러트리는 무수한 피상적 작업을 제거하는 데 도움을 준다.

가령 커누스가 제시하는 직업적 목표는 "컴퓨터공학의 특정한 영역을 철저히 익힌 다음 공부할 시간이 없는 사람들도 취할 수 있는 형태로 지식을 소화하는 것"이다. 그에게 트위터를 통해 관심을 모으는 일이 주는 비가시적 보상이나 이메일을 더욱 자유롭게 활용하는 데서 나오는 예기치 못한 기회를 홍보하려는 시도는 실패할 것이다. 이런 일들은 컴퓨터공학의 특정한 영역을 철저히 익힌 다음 대중적인 내용으로 정리한다는 목표에 직접적으로 도움이 되지 않기 때문이다.

이런 방식을 고수하는 다른 사람은 높은 평가를 받는 과학소설가 닐 스티븐슨이다. 스티븐슨의 홈페이지에는 이메일 주소뿐만 아니라 우편 주소도 없다. 그가 2000년대 초에 (웰The Well이 호스팅하던) 초기 홈페이지에 올렸으며, 인터넷 아카이브에 보존된 글들을 보면 그 이유를 알 수 있다. 2003년에 수집된 한 글에는 소통 정책이 다음과 같이 정리되어 있다.

> 정중히 요청하건대 나의 집중을 방해하지 말기 바라며, 미리 통보하건대 나는 이메일에 답하지 않는다. …… (이 소통 정책의) 핵심 메시지가 장광설에 묻히지 않도록 다시 명시한다. 나의 모든 시간과 주의는 이미 선점되었다. 그것도 몇 번씩이나. 그러니 요청하지 마라.[6]

스티븐슨은 이 정책을 정당화하기 위해 '나와 연락이 잘 안 되는 이유'라는 제목의 글을 썼다. 해명의 핵심에는 다음과 같은 판단이 있었다.

> 다시 말해서 생산성 방정식은 비선형적이다. 나와 연락이 잘 안 되고 내가 강연 요청을 거의 수락하지 않는 이유가 여기에 있다. 오랜 시간에 걸쳐 방해받지 않고 연속적으로 일할 수 있도록 일과를 짜면 소설을 쓸 수 있다. 그렇지 않고 시간을 나누고 분산하면 소설가로서의 생산성이 크게 떨어진다.[7]

스티븐슨이 보기에는 배타적인 두 가지 선택지가 있다. 하나는 꾸준하게 좋은 소설을 쓰는 것이고, 다른 하나는 이메일에 꼬박꼬박 답하고 컨퍼런스에 참석하느라 질 낮은 소설을 드문드문 발표하는 것이다. 그는 전자를 택했다. 그래서 피상적 작업을 낳는 모든 요소를 최대한 피해야 한다.(이 문제는 그에게 대단히 중요하다. 그래서 2008년에 펴낸, 지적 엘리트들이 산만한 대중과 기술로부터 고립되어 깊은 사고를 하며 수도사처럼 살아가는 세상을 그린 과학소설 『파문Anathem』[8]에서 그 긍정적인 면과 부정적인 면을 따지기도 했다.)[9]

나의 경험에 따르면 수도승 방식은 여러 지식 노동자들을 방어적으로 만든다. 이 방식을 고수하는 사람들이 세상에서 구현하는 가치를 드러내는 명확성은 더욱 복잡한 방식으로 정보 경제에 기여하는 사람들의 신경을 긁는다. 물론 '더욱 복잡하다'고 해서 기여하는 정도가 '덜한' 것은 아니다. 가령 고위 관리자는 개별적인 일, 가령 소설을 완성한 일을 들어서 '올해 이룬 성과물'이라고 말할 수는 없지만 여전히 대기업의 운영에 중요한 역할을 한다. 수도적 방식을 적용할 수 있는 사람들은 제한적이다. 그래도 괜찮다. 이 집단에 포함되지 않아도 크게 부러워할 필요가 없다. 다른 한편 이 집단에 포함된다면, 즉 개별적이고, 분명하며, 개인화된 형태로 세상에 기여한다면* 수도승 방식을 진지하게 고려해야 한다. 평범한 경력과 오래 기억될 경력을 가르는 결정적인 요소가 될 수 있기 때문이다.

---

* 여기서 '개인화'라는 말은 다소 느슨한 의미로 쓰인다. 수도승 방식은 혼자서 일하는 사람들에게만 적용되지 않는다. 소규모 집단이 딥 워크를 하는 사례도 있다. 가령 로저스와 해머스타인(Rodgers and Hammerstein) 같은 작곡 팀이나 라이트 형제 같은 발명 팀을 생각해 보라. '개인적'이라는 말이 지니는 진정한 의미는 조직의 일원으로서 따라야 하는 다른 의무들에서 벗어나 분명한 목표를 향해 나아갈 수 있는 사람들에게 이 방식이 잘 통한다는 것이다.

r목표를 병행하고 싶은 사람을 위한 이원적 방식**

이 책의 서두에서 혁명적인 심리학자이자 사상가인 카를 융의 이야기를 소개했다. 융은 스승인 지크문트 프로이트를 넘어서려고 시도하던 1920년대에 소도시 볼링겐 외곽의 숲속에 지은 소박한 돌집으로 자주 떠나기 시작했다. 거기서 그는 매일 아침 최소한으로 꾸민 방에 들어가 아무런 방해 없이 글을 썼다. 그리고 명상과 산책을 통해 다음 날 쓸 글에 대한 생각을 다듬었다. 내가 보기에 이런 노력은 프로이트 및 많은 추종자들과 맞서는 지적 전투에서 이길 수 있는 수준으로 딥 워크의 강도를 높이기 위한 것이었다.

이 이야기를 소개하면서 강조하고 싶은 중요한 점이 있다. 융은 수도승 방식을 따르지 않았다는 것이다. 앞서 예로 든 도널드 커누스와 닐 스티븐슨은 직업 생활에서 방해 요소와 피상성을 완전히 제거하려고 노력했다. 반면 융은 돌집에서 글을 쓸 때만 방해 요소를 제거했다. 취리히에서 나머지 시간을 보내는 방식은 전혀 수도승 같지 않았다. 그래서 종종 늦은 밤까지 환자를 보며 바쁜 임상 활동을 했고, 취리히의 커피하우스 문화에 적극적으로 참여했으며, 취리히에 있는 명문 대학들에서 많은 강연을 했다.(아인슈타인은 취리히에 있는 한 대학에서 박사 학위를 받고 다른 대학에서 학생들을 가르쳤다. 흥미롭게도 그도 융을 알았다. 두 사람은 여러 번 저녁을 함께 먹으며 특수상대성이론의 핵심 개념들에 대해 토론을 벌였다.) 다시 말해서 취리히에서 보내는 융의 생활은 항상 통신 수단에 연결되어 있는 디지털 시대의 전형적인 지식 노동자와 여러모로 비슷하다. 그래서 '취리히'를 '샌프란시스코'로, '편지'를 '트윗'으로 바꾸면 기술 기업의 유명 CEO와 다를 바 없다.

　　나는 융의 접근법을 이원적 방식이라 부른다. 이 방식은 시간을 분명하게 나눠서 일부는 딥 워크에 할애하고, 나머지는 다른 일들에 할애한다. 또한 딥 워크를 할 때는 수도승 방식으로 방해받지 않는 강한 집중을 추구한다. 반대로 다른 일들을 할 때는 집중을 우선시하지 않는다. 여러 시간 단위로 이런 분할을 할 수 있다. 가령 주간 단위로는 주말을 낀 4일을 딥 워크에 할애하고, 나머지를 다른 일에 할애할 수 있다. 또한 연간 단위로는 (많은 학자들이 여름이나 안식년을 대상으로 하듯이) 한 철을 딥 워크에 할애할 수 있다.

　　이원적 방식은 딥 워크를 통해 생산성을 극대화할 수 있지만 그러기 위해서는 충분한 시간을 들여서 인지적 강도를 최대치로 높여야 한다는 믿음을 토대로 삼는다. 이런 상태에서 진정한 돌파구가 열린다. 이 방식에 따라 딥 워크에 할애하는 최소 시간 단위가 하루인 이유가 여기에 있다. 아침에 두어 시간을 비워 두는 정도로는 이 방식을 적용하기에 충분치 않다.

　　이원적 방식은 대개 심층적이지 않은 일에 상당한 시간을 들이지 않으면 성공할 수 없는 사람들에게 적용된다. 가령 카를 융은 생활비를 벌기 위해 환자를 봐야 했고, 생각을 자극하기 위해 커피하우스에서 시간을 보내야 했다. 이런 방식은 두 가지 일을 두루 잘할 수 있는 길을 제공한다.

　　이원적 방식의 현대적 사례로는 1부에서 작업 습관에 대한 신중한 자세를 소개한 애덤 그랜트 와튼 경영대학원 교수를 다시 들 수 있다. 기억하다시피 와튼에서 빠르게 승진을 거듭하던 시절에 그의 일과는 이원적 방식의 좋은 사례다. 그는 학기를 기준으로 한 학기에 강의를 몰아넣고 다른 학기에는 딥 워크에 집중한다. 또한 딥 워크를 하는 학기도 주간 기준으로 이원적 방식을 적용한다. 그래서 한 달에 한두 번은 이틀에서 나흘 동안 전적으로 수도승 방식을 따른다. 이 경우 연구실 문을 닫고 이메일 자동 답신을 '자리 비움'으로 설정하여 방해받는 일 없이 연구에 매진한다. 나머지 기간에는 익히 알려진 대로 언제나 찾아갈 수 있는 개방적인 태도를 취한다. 어떤 의미에서는 그래야만 한다. 그는 2013년에 펴낸 베스트셀러 『기브 앤 테이크』에서 직업적으로 성공하기 위한 핵심 전략으로서 대가를 바라지 말고 시간과 관심을 베풀라고 권한다.

이원적 방식을 따르는 사람들은 수도승 방식에 따른 생산성뿐만 아니라 다른 행동에서 얻는 가치도 존중한다. 이 방식을 적용하는 데 가장 큰 난관은 짧은 시간 동안 딥 워크에 몰두하려고 해도 현재 직위에서 누릴 수 없는 유연성이 필요하다는 것이다. 수신함을 한 시간만 확인하지 않아도 불안하다면 하루 넘게 사라질 수는 없다. 그러나 나는 생각보다 많은 일자리에서 이원적 방식을 활용할 수 있다고 본다. 가령 앞서 소개한 레슬리 펄로 하버드 경영대학원 교수의 연구 결과를 보라. 이 연구에서 일군의 경영 컨설턴트들은 일주일에 하루 동안 완전히 연락을 끊어야 했다. 그들은 고객이 반발할까 우려했다. 그러나 알고 보니 고객들은 개의치 않았다. 융과 그랜트 그리고 펄로의 피실험자들이 발견한 대로 사람들은 대개 기간을 분명하게 설정하고, 이를 확실하게 알리며, 해당 기간이 지난 후 쉽게 찾을 수 있다면 연락을 끊을 권리를 존중한다.

어려운 일을 꾸준히 계속하고자 하는 사람을 위한 운율적 방식

제리 사인필드Jerry Seinfeld는 「사인필드」 초기에 여전히 코미디언으로서 바쁜 공연 일정을 소화했다. 이 기간에 작가이자 코미디언으로서 무대 개방 행사에 참여하던 브래드 아이작Brad Issac은 한 클럽에서 순서를 기다리던 사인필드를 만났다. 그는 라이프해커Lifehacker에 올려서 지금은 고전이 된 글에서 이렇게 밝혔다. "나는 기회가 왔다고 생각했다. 그래서 젊은 코미디언에게 조언해 줄 말이 있는지 물었다. 그가 들려준 말은 내게 평생 도움이 되었다."[10]

사인필드는 "더 좋은 코미디언이 되려면 더 우스운 이야기를 만들어야 한다."라는 상식적인 조언으로 이야기를 시작했다. 그리고 더 우스운 이야기를 만들려면 매일 창작을 해야 한다고 설명했다. 뒤이어 그는 이 원칙을 지키는 데 도움이 되는 방법을 알려 주었다. 바로 벽에 달력을 걸고 우스운 이야기를 쓴 날에는 크게 빨간 엑스 표시를 하는 것이었다. 사인필드는 이렇게 말했다. "그렇게 며칠을 하면 사슬이 생겨요. 계속 이어갈 때마다 사슬은 매일 길어지죠. 특히 두어 주 동안 하고 나면 사슬을 보기만 해도 기분이 좋아요. 그다음 할 일은 사슬이 끊어지지 않도록 하는 겁니다."

(누군가 이름 붙인 대로) 이 **사슬 방법론**은 힘든 일을 꾸준히 해야 하는 작가와 운동 애호가들 사이에서 금세 인기를 끌었다. 이는 우리에게도 딥 워크를 삶에 접목하는 포괄적인 접근법, 바로 **운율적 방식**의 구체적인 사례를 제시한다. 이 방식에 따르면 딥 워크를 지속하는 가장 쉬운 길은 단순하고 꾸준한 습관으로 바꾸는 것이다. 다시 말해서 딥 워크를 하려고 마음먹기 위해 기운을 쓸 필요 없이 리듬을 만드는 것이 목

표다. 사슬 방법론은 단순한 일정(매일 작업)과 쉽게 상기할 수 있도록 달력에 그리는 크고 빨간 엑스 표시를 결합하기 때문에 운율적 방식의 좋은 사례다.

운율적 방식을 적용하는 다른 흔한 사례는 사슬 방법론에서 쓰는 시각적 보조 수단을 매일 딥 워크를 시작하는 정해진 시간으로 대체하는 것이다. 진전을 시각적으로 드러내는 지표를 활용하는 일과 마찬가지로 언제 시작할지 결정하는 간단한 절차를 없애는 일도 딥 워크의 난관을 낮춰 준다.

앞서 소개한 박사 후보인 브라이언 채플의 사례를 생각해 보라. 채플은 필요성 때문에 운율적 방식을 택했다. 그는 박사 논문을 한창 쓰던 시기에 다니던 학교에서 정식 일자리를 제의받았다. 직업적으로 좋은 기회였기에 그는 기꺼이 받아들였다. 그러나 학문적으로는 얼마 전에 첫아이가 태어난 시점에 직장 생활까지 해야 하는 상황에서 박사 논문을 쓰는 데 필요한 딥 워크를 하기가 어려웠다.

채플은 우선 정해진 시간 없이 딥 워크를 시도하기 시작했다. 그래서 (집중 상태로 들어가는 데 시간이 필요하기에) 90분 단위로 딥 워크를 하고, 일정에 여유가 생길 때마다 이 시간을 집어넣기로 결정했다. 당연히 이 방식은 그다지 높은 생산성을 발휘하지 못했다. 1년 전에 참가한 박사 논문 저술 캠프에서는 집중적인 딥 워크를 통해 일주일에 한 장을 쓸 수 있었다. 그러나 직장이 생긴 후에는 1년 동안 한 장밖에 쓰지 못했다.

이처럼 느린 진전 때문에 채플은 운율적 방식을 시도하게 되었다. 그는 매일 5시 30분에 일어나 일과를 시작하는 것을 규칙으로 삼았다.

뒤이어 7시 30분까지 논문을 쓴 다음 아침을 먹고 출근했다. 그러면 이미 논문을 쓰는 과제는 완수한 상태로 업무를 할 수 있었다. 이 방식으로 진전을 이룬 데 만족한 그는 딥 워크 시간을 늘리기 위해 곧 기상 시간을 4시 45분으로 앞당겼다.

이 책을 위해 인터뷰를 할 때 채플은 운율적 방식이 "엄청나게 생산적이며, 죄책감을 없애 준다."라고 말했다. 이런 일과 덕분에 하루에 4~5쪽, 2~3주에 한 장章을 쓸 수도 있었다. 직장을 다니는 사람으로서는 엄청난 양이었다. 그는 이렇게 말했다. "내가 그렇게 많은 일을 해낼 줄 누가 알았겠어요? 하지만 나라고 못하란 법 있나요?"

운율적 방식은 이원적 방식과 흥미로운 대조를 이룬다. 그래서 이원적 방식을 따르는 사람들이 선호하는 대로 종일 집중하면서 강하게 심층적 사고를 할 수는 없다. 대신 인간의 본성과 잘 맞는다. 꾸준하게 조금씩 성과를 내면서 확고한 일과에 따라 딥 워크를 하면 연간 기준으로 더 많은 시간을 기록하는 경우가 많다.

운율적 방식과 이원적 방식 중 어느 것을 선택할까 하는 문제는 일과를 따를 수 있는 자제력에 좌우된다. 당신이 카를 융이며, 프로이트의 추종자들과 지적 난투를 벌인다면 생각에 집중할 시간을 찾는 일의 중요성을 잘 알 것이다. 반면 아무도 압력을 가하지 않는 가운데 박사논문을 쓴다면 진전을 이루기 위해 운율적 방식이 지닌 습관적 속성이 필요할 것이다.

그러나 많은 사람들을 운율적 방식 쪽으로 기울게 만드는 것은 자제력 문제만이 아니라 딥 워크가 필요할 때 한 번에 며칠씩 자리를 비울 수 있도록 허용하는 직장이 드물다는 현실이다.(대개 상사들은 당신이 원하는 만큼 강하게 집중하도록 해 준다. 이메일에 바로 답하기만 한다면 말이다.)
운율적 방식이 딥 워크를 하려는 일반 직장인 사이에서 가장 흔한 이유
가 여기에 있다.

빠르게 딥 워크로 전환할 수 있는 프로를 위한 기자 방식

1980년대에 월터 아이작슨Walter Isaacson은 30대 기자로《타임》에서
승진 가도를 달리고 있었다. 당시 그는 지식인 사이에서 주목받는 인물
이었다. 가령《런던 리뷰 오브 북스London Review of Books》에 글을 싣는 크리
스토퍼 히친스Christopher Hitchens는 그를 "미국 최고의 잡지사 기자 중 한
명"[11]으로 꼽았다. 아이작슨에게는 바야흐로 기자로서 일가를 이루는
데 필요한 단계인 중대한 책을 쓸 적기였다. 그래서 그는 초기 냉전 정책
에서 중요한 역할을 한 여섯 사람의 이야기를 엮는 복잡한 주제를 선택
했다. 뒤이어 864쪽에 이르는 두꺼운 책을 쓰기 위해 젊은《타임》기자
인 에번 토머스Evan Thomas와 손을 잡았다.

1986년에 나온 이 책『현자들: 6인의 친구와 그들이 만든 세계The
Wise Men: Six Friends and the World They Made』[12]는 언론계에서 호평을 받았다.《뉴
욕 타임스》는 "풍부한 질감을 갖춘 기록"으로 평가했고,《샌프란시스코
크로니클》은 두 저자가 "냉전 시대의『플루타르크 영웅전』을 썼다."라
고 평가했다.[13] 그로부터 10년이 채 못되어 아이작슨은《타임》의 편집
장이 되면서 언론인으로서 정상에 올랐다.(그후에는 정책 연구소 CEO를
지냈으며, 벤저민 프랭클린, 알베르트 아인슈타인, 스티브 잡스의 전기를 써서 큰
인기를 끌었다.)

내게 흥미로운 부분은 아이작슨이 첫 책을 통해 이룬 성과가 아니

라 첫 책을 쓴 방식이다. 나는 운 좋게 닿은 인맥 덕분에 이 이야기를 접하게 되었다. 알고 보니 당시 뉴욕에서 기자로 일하던 삼촌이 여름 별장을 아이작슨과 함께 빌린 적이 있었다. 삼촌은 지금까지도 아이작슨의 인상적인 작업 방식을 기억하고 있다. 삼촌의 이야기에 따르면 아이작슨이 일하는 방식은 볼 때마다 놀라웠다. 구체적으로는 삼촌을 비롯한 다른 사람들이 테라스 같은 데서 빈둥거릴 때도 아이작슨은 한동안 침실로 들어가 책을 썼다. 그럴 때면 20분 혹은 한 시간 동안 타자를 치는 소리가 들렸다. 일이 끝나면 아이작슨은 다른 사람들처럼 느긋한 모습으로 내려왔다. 책을 쓰는 일은 그를 힘들게 하지 않았다. 그래서 남는 시간이 있으면 기쁜 얼굴로 일을 하러 올라갔다.

아이작슨은 체계적인 방식을 썼다. 즉 자유 시간이 날 때마다 딥 워크 모드로 전환하여 글을 써 내려갔다. 결국 이런 방식이 최고의 잡지사 기자로 일하는 와중에도 900쪽에 육박하는 책을 쓸 수 있도록 만들었다.

나는 이렇게 일과 중에 시간이 날 때마다 딥 워크를 하는 방식을 기자 방식이라고 부른다. 이 명칭은 월터 아이작슨 같은 기자들이 마감 시간을 지켜야 하는 일의 속성상 언제든 집필 모드로 전환하도록 훈련받는다는 사실에 따른 것이다.

이 방식은 딥 워크 초심자들에게는 적합지 않다. 앞서 밝혔듯이 피상적 모드에서 심층적 모드로 신속하게 바꾸는 능력은 저절로 생기지 않는다. 훈련을 거치지 않으면 이런 전환은 한정된 의지력을 심각하게 고갈한다. 또한 기자 방식은 능력에 대한 자신감, 자신이 하는 일이 중요하며, 성공할 것이라는 확신을 필요로 한다. 이 확신은 대개 기존에 거둔 직업적 성과를 토대로 삼는다. 가령 아이작슨은 인정받는 저술가라는 입지에 올라서 있기 때문에 초심자보다는 저술 모드로 전환하기가 쉬웠을 것이다. 그는 자신이 훌륭한 전기를 쓸 수 있으며, 그 일이 직업적으로 진전을 이루는 데 핵심적인 과제임을 알았다. 이런 자신감은 어려운 일을 시도할 동기를 부여하는 데 큰 역할을 한다.

나는 기자 방식을 좋아한다. 딥 워크를 일과에 겹쳐하는 나의 주된 방식이기 때문이다. 다시 말해서 나는 (가끔 동료 컴퓨터공학자인 도널드 커누스가 당당하게 연락을 끊는 것에 질투심을 느끼지만) 수도승 방식을 쓰지 않고, 이원적 방식에 따라 며칠씩 딥 워크에 매달리지 않으며, 운율적 방식에 흥미를 느끼지만 일상적인 습관으로 딥 워크를 하기가 벅차다. 그래서 아이작슨을 본받아 매주 가능한 한 많은 시간을 딥 워크에 할애하려고 노력한다. 가령 이 책을 쓰기 위해 자투리 시간이 나는 대로 활용해야 했다. 아이들이 낮잠을 잘 때면 노트북을 들고 서재에 틀어박혔다. 주중에 아내와 함께 인근 애너폴리스에 사는 부모님 댁을 방문할 때면 아이들을 돌볼 사람이 있는 틈을 타서 조용한 방에 가서 글을 썼다. 회의가 취소되거나 오후 시간이 비면 내가 가장 좋아하는 도서관으로 가서 수백 자를 썼다. 이런 예는 끝이 없었다.

다만 내가 따른 방식이 순수한 기자 방식은 아님을 밝혀야겠다. 가령 딥 워크를 하겠다는 결정을 그때그때 내리지 않았다. 대신 주초에 언제 딥 워크를 할지 미리 정한 다음 매일 일과를 시작할 때 필요에 따라 조정했다.(내가 일과를 정하는 방식에 대한 자세한 내용은 4번 규칙을 참고하라.) 그때그때 결정할 필요를 줄이면 더 많은 정신적 에너지를 보존하여 딥 워크에 쏟을 수 있다.

끝으로 기자 방식은 실행하기가 어렵다. 그러나 당신이 이루고자 하는 일의 가치를 확신하고, (뒤에 나올 전략들을 통해 계속 개발할) 딥 워크 능력을 연마한다면 빠듯한 일과에도 많은 작업을 할 수 있는 놀라운 방식이다.

주의 집중을 극대화하는 딥 워크 의식

지성을 통해 가치 있는 대상을 창조하는 사람들과 관련하여 종종 간과되는 사실은 무계획적으로 작업하는 경우가 드물다는 것이다. 퓰리처상을 받은 전기 작가인 로버트 카로Robert Caro도 그렇다. 2009년에 그를 소개한 기사에 따르면 "뉴욕에 있는 사무실의 모든 공간은 규칙에 따라 통제되어 있다."[14] 책을 놓는 위치, 노트를 쌓는 위치, 벽에 거는 장식, 심지어 사무실에서 입는 옷도 마찬가지다. 모든 것은 긴 경력을 이어 가는 동안 거의 변하지 않은 일과에 따라 정해진다. 그는 "체계적으로 사는 법을 나 자신에게 훈련시켰습니다."라고 설명했다.

찰스 다윈도 『종의 기원』을 마무리하는 동안 마찬가지로 엄격한 구조를 일에 적용했다.[15] 나중에 아들인 프랜시스가 회고한 바에 따르면 다윈은 정확하게 7시에 일어나 짧은 산책을 했다. 그다음 혼자 아침을 먹은 후 8시부터 9시 30분까지 서재에서 글을 썼다. 9시 30분부터 한 시간 동안은 전날 온 편지들을 읽는 데 할애했다. 그리고 정오까지 다시 서재에 있었다. 집필을 마친 다음에는 온실에서 시작하여 집을 한 바퀴 도는 정해진 경로를 따라 걸으며 어려운 개념들을 구상했다. 그의 일과는 만족스러운 생각이 나온 후에야 끝이 났다.

5년 동안 유명한 사상가와 저술가들의 습관에 대한 자료를 모은 저널리스트 메이슨 커리(그의 블로그를 통해 앞의 두 사례를 접했다.)는 이런 체계적인 경향을 다음과 같이 정리했다.

> 예술가들은 영감에 따라 일하며, 출처를 알 수 없는 창의성이 벼락이나 번개처럼 내리치거나 샘솟는다는 통념이 있다. …… 그러나 (나의 작업을 통해) 영감이 찾아오기를 기다리는 것은 끔찍하고도 끔찍한 계획임이 분명하게 드러나기를 바란다. 사실 창의적인 작업을 시도하는 사람들에게 내가 해 줄 수 있는 최고의 조언은 영감을 무시하라는 것이다.[16]

같은 주제를 다룬 《뉴욕 타임스》 사설에서 데이비드 브룩스David Brooks는 더욱 직설적으로 "(뛰어난 창의성을 지닌 사람들은) 예술가처럼 생각하되 회계사처럼 일한다."[17]라고 밝혔다.

이 전략은 딥 워크를 통해 최대한 많은 것을 이루려면 앞서 언급한 주요 사상가들처럼 엄격하고 유별난 방식으로 의식ritual을 만들어야 함을 말해 준다. 이들을 흉내 내야 하는 데는 이유가 있다. 카로와 다윈 같은 뛰어난 사상가들이 의식을 따른 것은 유별나 보이고 싶어서가 아니라 거듭 몰입하는 데 성공이 걸려 있기 때문이었다. 두뇌를 한계까지 밀어붙이지 않고는 퓰리처상을 타거나 원대한 이론을 구상하지 못한다. 이러한 의식 덕분에 그들은 전환 과정에서 생기는 마찰을 최소화하여 더 쉽고 오래 몰입할 수 있었다. 그들이 진지한 작업을 하기 전에 영감이 찾아오기를 기다리기만 했다면 훨씬 작은 성과밖에 거두지 못했을 것이다.

딥 워크를 하기 위한 의식에 정답은 없다. 모든 것은 사람과 프로젝트의 유형에 좌우된다. 다만 효과적인 의식을 만들기 위해 고려할 일반적인 요건들이 있다.

- **장소와 시간**: 딥 워크를 할 장소를 구체적으로 정해야 한다. 가령 단순하게 사무실에서 문을 닫고 책상을 정리하는 것으로 딥 워크에 들어갈 수 있다.(나의 동료는 어려운 일을 할 때는 호텔에서 쓰는 '방해하지 마시오.' 표지를 사무실 문에 걸어 둔다.) 딥 워크 전용 장소가 있다면 효과가 더욱 커진다.(개방형 사무실에서 일한다면 딥 워크를 할 수 있는 공간을 찾는 일이 아주 중요하다.) 또한 어떤 공간에서 일하든 별도의 과제로 딥 워크를 할 구체적인 시간을 정하라.

- **작업 방식**: 딥 워크를 체계적으로 진행할 규칙과 절차가 필요하다. 가령 인터넷 사용을 금지하거나 집중력을 유지하기 위해 20분당 작성한 글자 수 같은 지표를 활용할 수 있다. 이런 체계가 없으면 해야 할 일과 하지 말아야 할 일을 거듭 가려야 하고, 열심히 일하고 있는지 계속 따져야 한다. 그러면 쓸데없이 의지력을 낭비하게 된다.

- **보조 수단**: 충분히 몰입한 상태에서 두뇌를 쓸 수 있도록 보조 수단을 갖춰야 한다. 가령 좋은 커피를 마시며 작업을 시작하거나, 활력을 유지하는 데 도움이 되는 적절한 음식을 마련하

거나, 산책 같은 가벼운 운동을 통해 머리를 맑게 할 수 있다.(니체는 "산책을 통해 얻은 생각만이 가치가 있다."[18] 라고 말했다.) 또한 카로의 사례에서 보았듯이 에너지를 소모하는 일을 최소화하도록 자료를 정리해 두는 식으로 환경적 요소를 포함할 수도 있다. 최대한 성공하려면 몰입을 도울 보조 수단이 필요하다. 또한 그때그때 필요한 것을 파악하느라 정신적 에너지를 낭비하지 않도록 보조 수단을 체계화해야 한다.

이 요건들은 딥 워크를 위한 의식을 만드는 데 도움을 줄 것이다. 다만 오래 할 수 있는 의식을 찾으려면 실험이 필요할 수도 있으니 마음의 준비를 하라. 분명 노력할 만한 가치가 있을 것이다. 일단 자신에게 맞는 의식을 찾으면 그 효과는 엄청나다. 딥 워크는 중대한 일이며, 가볍게 취급해서는 안 된다. 딥 워크를 위해 복잡한 (그리고 다른 사람들이 보기에는 상당히 기이한) 의식을 치르는 일은 이런 현실을 반영한다. 그래서 중요한 대상을 창조할 수 있도록 몰입 상태로 들어가는 데 필요한 구조와 헌신의 계기를 제공한다.

마음가짐부터 달라지는 몰입의 환경

2007년 초겨울에 조앤 롤링은 해리 포터 시리즈의 마지막 책인 『죽음의 성물』을 완성하기 위해 애를 쓰고 있었다. 이 책을 통해 수억 명의 팬들이 만족할 수 있도록 앞서 나온 여섯 권을 아울러야 했기에 그 압박감은 엄청났다. 팬들의 욕구를 충족하려면 딥 워크가 필요했다. 그러나 스코틀랜드 에든버러에 있는 집에서는 집필에 집중하는 일이 갈수록 어려워졌다. 롤링은 한 인터뷰에서 "『죽음의 성물』을 마무리할 무렵 유리창 청소부가 오고, 아이들이 집에서 놀고, 개가 짖는 날이 있었어요."라고 회고했다. 도저히 안 되겠다고 판단한 그녀는 마음가짐을 단단히 하기 위해 극단적인 조치를 취하기로 결심했다. 바로 에든버러 도심에 있는 5성급 호텔인 밸모럴 호텔의 스위트룸으로 작업실을 옮기는 것이었다. 그녀는 이렇게 설명했다. "아름다운 곳이라서 이 호텔을 골랐지만 오래 머물 생각은 없었어요. …… (하지만) 첫날에 글이 너무 잘 풀려서 계속 돌아왔죠. …… 결국은 (여기서) 해리 포터 시리즈의 마지막 편을 완성할 수 있었어요."[19]

돌이켜 보면 롤링이 계속 밸모럴 호텔에 머문 것은 놀랄 일이 아니다. 프로젝트를 끝내기에 완벽한 환경이었기 때문이다. 스코틀랜드에서 가장 고급스러운 호텔 중 하나인 이곳은 화려한 석조와 높은 시계탑을 갖춘 고전적인 빅토리아식 건물이다. 또한 롤링에게 호그와트에 대한 영감을 준 에든버러 성에서 두어 구역밖에 떨어지지 않은 곳에 있었다.[20]

에든버러 성 근처에 있는 고급 호텔의 스위트룸으로 들어가겠다는 롤링의 결정은 딥 워크의 세계에 속하는 흥미롭고도 효과적인 전략인 거창한 제스처의 사례다. 이 전략의 개념은 단순하다. 바로 딥 워크를 뒷받침하는 상당한 노력이나 비용을 수반하여 환경에 극단적인 변화를 가함으로써 일의 중요성을 높이는 것이다. 이처럼 중요성에 대한 인식을 강화하면 게으름을 피우고 싶은 욕구가 줄어들고, 의욕과 활력이 늘어난다.

가령 해리 포터 시리즈를 집필하는 것은 어디서 하든 많은 정신적
에너지가 필요한 힘든 일이다. 그러나 일을 시작하고 계속하기 위한 기
운을 내려면 산만한 집보다 호그와트 스타일의 성에서 가까운 오래된
호텔의 비싼 스위트 룸이 훨씬 낫다.

딥 워크를 하는 다른 유명인들의 습관을 조사해 보면 거창한 제스
처 전략을 종종 접하게 된다. 가령 빌 게이츠는 마이크로소프트의 대
표로 재직할 때 일반적인 업무와 가족을 위한 일들을 제쳐 두고 오두막
에서 논문과 책을 읽는 생각 주간을 갖는 것으로 유명했다.[21] 그 목적은
방해받지 않고 회사와 관련된 중대한 문제들을 깊이 생각하는 것이었
다. 가령 그는 생각 주간을 통해 인터넷이 업계에서 중요한 영향력을 행
사할 것이라는 결론을 얻었다. 시애틀에 있는 본사의 사무실에서도 생
각에 몰입하지 못하도록 방해하는 물리적 요소는 없었다. 그러나 일주
일 동안 틀어박히는 신선한 환경은 원하는 수준으로 집중력을 발휘하
는 데 도움을 주었다.

MIT의 물리학자이자 문학상을 받은 소설가인 앨런 라이트먼Alan
Lightman도 거창한 제스처를 활용한다. 그는 여름마다 메인주에 있는 작
은 섬으로 가서 사색과 재충전을 한다. 적어도 섬으로 가는 일에 대한
인터뷰를 했던 2000년까지 이 섬에는 인터넷뿐만 아니라 전화도 없었
다. 그가 말하는 이유는 이랬다. "거기서 두 달 반 정도를 보내는 동안
에는 너무나 갖기 어려웠던 고요한 마음을 다시 회복할 수 있을 것 같
은 느낌이 들어요."[22]

모두가 메인주에서 두 달을 보낼 자유를 누리는 것은 아니다. 그러

나 대니얼 핑크Daniel Pink와 마이클 폴란Michael Pollan을 비롯한 많은 저술가들은 종종 상당한 비용과 노력을 들여서 집필용 오두막을 짓고 연중 내내 비슷한 경험을 한다.[23] 이런 별채가 그들에게 반드시 필요한 것은 아니다. 노트북과 노트북을 놓을 평평한 자리만 있으면 글을 쓸 수 있기 때문이다. 그러나 그들이 가치를 창출하도록 만드는 것은 오두막의 편의성이 아니라 오직 글을 더 잘 쓰기 위해 오두막을 설계하고 짓는 거창한 제스처다.

거창한 제스처라고 해서 모두 영구적일 필요는 없다. 병적으로 경쟁심이 강한 벨 연구소의 물리학자 윌리엄 쇼클리William Shockley는 트랜지스터 개발에 참여하게 되었을 때, 학회에 참석한다는 평계를 대고 시카고에 있는 호텔 방에 스스로를 가두었다.(다음 전략에서 자세히 설명하겠지만 그가 다른 프로젝트에 매달리는 동안 팀원 두 명이 중대한 성과를 냈다.)[24] 그는 머릿속에서 맴돌던 더 나은 설계를 위한 세부적인 안을 마련하기 전까지는 방에서 나오지 않았다. 마침내 방에서 나온 그는 동료가 연구실에 있는 연구용 노트에 붙이고 서명하여 시간을 표시할 수 있도록 항공우편으로 기록을 보냈다. 그는 집중적인 몰입을 통해 고안한 접합 트랜지스터 덕분에 노벨상을 공동 수상할 수 있었다.

일회성 제스처로 성과를 낸 더욱 극단적인 사례는 기업가이자 소셜 미디어 개척자인 피터 셍크먼Peter Shankman의 이야기다. 인기 강연가로서 비행기에서 많은 시간을 보내는 그는 문득 고도 3만 피트가 집중하는 데 이상적인 환경이라는 사실을 깨달았다. 그는 블로그에 올린 글에서 "집중을 방해하거나, 쉽게 정신이 팔리는 DNA를 자극하는 대상 없이 한 자리에 갇혀 있으면 생각밖에 할 것이 없다."[25]라고 적었다. 이 깨달음을 얻은 후 그는 2주 만에 원고를 끝내야 하는 출판 계약을 맺었다. 마감 시한을 맞추려면 엄청난 집중력이 필요했다. 솅크먼은 몰입 상태를 얻기 위해 별난 일을 했다. 바로 도쿄행 왕복 비행기표를 끊은 것이다. 그는 일본으로 날아가는 내내 글을 썼고, 도착해서는 비즈니스 클래스 라운지에 앉아 에스프레소를 마신 다음 다시 돌아오는 비행기에서 글을 썼다. 그 결과 미국을 떠난 지 30시간 만에 완성된 원고를 가지고 돌아올 수 있었다. 그는 "비행기표를 사는 데 4000달러가 들었지만 충분한 가치가 있었다."[26]라고 말했다.

이 모든 사례에서 몰입을 가능케 한 요소는 단지 환경의 변화나 고요한 장소에 대한 탐색만이 아니다. 주된 요소는 당면한 과제에 대단히 진지하게 헌신하는 마음가짐이다. 글에 집중하려고 특이한 장소로 가거나, 단지 생각하려고 일주일을 비우거나, 중요한 발명을 위해 호텔 방에 갇히는 것과 같은 제스처는 딥 워크의 목표를 격상시켜서 필요한 정신력을 얻는 데 도움을 준다. 때로 깊이 몰입하려면 우선 거창하게 나서야 한다.

함께 딥 워크 하기

딥 워크와 협업의 관계는 미묘하다. 그러나 이 문제를 풀기 위해 시간을 들일 가치는 있다. 협업을 적절히 활용하면 직업 생활에서 딥 워크의 질을 높일 수 있기 때문이다.

그러기 위해서는 우선 한발 물러서서 언뜻 풀 수 없을 것처럼 보이는 갈등을 살펴야 한다. 1부에서 페이스북이 새로 짓는 본사의 설계를 비판한 바가 있다. 특히 (2800명을 수용할 수 있는)[27] 세계 최대의 개방형 사무실을 만든다는 목표가 집중력을 방해한다고 지적했다. 직관적으로 봐도, 그리고 거듭되는 연구 결과로도 알 수 있는 사실은 업무 공간을 여러 동료와 함께 쓰면 너무 산만해져 진지한 생각을 할 수 없다는 것이다. 2013년에 이 문제에 대한 근래의 연구 결과를 소개한《블룸버그 비즈니스위크*Bloomberg Businessweek*》의 기사는 심지어 "개방형 사무실의 폭정"[28]을 끝내야 한다고 주문했다.

그러나 개방형 사무실이 즉흥적으로 받아들여진 것은 아니다. 마리아 코니코바Maria Konnikova가《뉴요커》에서 밝힌 대로 개방형 사무실 개념이 처음 등장할 무렵의 목표는 "소통을 촉진하고 아이디어를 흐르게 만드는 것"[29]이었다. 이런 생각은 스타트업이 지닌 파격의 후광을 받아들이려는 미국 기업들 사이에서 공감을 불러일으켰다. 가령《블룸버그 비즈니스위크》의 에디터인 조시 타이런길Josh Tyrangiel은 블룸버그 본사에 사무실이 부족하다는 점을 이렇게 설명했다. "개방형 설계는 아주 장대하다. 모두가 폭넓은 사명에 동참하게 만들고, 다른 분야에서 일하는 사람들 사이에서 호기심을 자극한다."[30] 또한 잭 도시는 스퀘어 본사의 개방형 구조를 이렇게 정당화했다. "우리는 지나가다가 서로에게 새로운 것을 가르치는 우연의 효과를 믿기에 직원들이 열린 공간에 머물도록 권장합니다."[31]

논의를 위해 이처럼 우연적인 협업과 새로운 아이디어의 부상을 장려하는 이론을 **우연적 창의성 이론**이라고 부르자. 마크 저커버그가 세계 최대의 개방형 사무실을 만들기로 결심한 배경에는 이 이론이 영향을 미쳤으리라 추론할 수 있다. 마찬가지로 실리콘 밸리와 다른 여러 지역에서 개방형 사무실 유행을 일으킨 것도 이 이론이다.(비용 절감과 감독의 용이함 같은 다른 요소들도 영향을 미쳤지만 이보다 덜 매력적이어서 크게 강조되지 않았다.)

이처럼 집중과 우연성을 따로 장려하는 현실 때문에 딥 워크(개인적 노력)가 창의적 통찰을 얻는 일(집단적 노력)과 양립할 수 없는 것처럼 보인다. 그러나 이 결론은 잘못되었다. 내가 보기에 우연적 창의성 이론을 불완전하게 이해한 데서 기인하기 때문이다. 이 주장을 뒷받침하기 위해 돌파구를 열어 주는 요소에 대한 우연적 창의성 이론의 기원을 살펴보자.

이 이론에 기여한 여러 사람들이 있다. 나는 그중에서 잘 알려진 사람과 개인적으로 아는 사이다. 나는 MIT에서 7년을 보내는 동안 유명한 빌딩 20에서 일했다. 이스트 케임브리지의 메인 스트리트와 바서 스트리트가 교차하는 지점에 있는 이 건물은 제2차 세계대전 때 임시 주거지로 급히 만들어졌으며, 이후 번잡한 방사성 연구소의 초과 설비를 수용하다가 1998년에 철거되었다. 2012년에《뉴요커》에 실린 기사에 나온 대로 처음에 빌딩 20은 실패작처럼 보였다. "환기는 부실했고, 복도는 어두침침했다. 벽은 얇았고, 천장은 비가 샜으며, 여름에는 엄청나게 덥고 겨울에는 엄청나게 추웠다."[32]

그러나 전쟁이 끝난 후 과학자들이 몰려들자 공간이 필요했던 MIT는 지자체에 (느슨한 허가의 대가로) 약속한 대로 즉시 건물을 철거하지 않고 초과 수용 공간으로 계속 활용했다. 그 결과 원자력공학, 언어학, 전기공학 등 어울리지 않는 학과들이 기계실, 피아노 수리실 같은 특이한 시설과 함께 저층 건물을 나눠 쓰게 되었다. 저렴하게 지어진 건물이었기에 입주자들은 필요한 대로 공간을 재배치했다. 그래서 벽과 마루가 옮겨졌고, 설비가 기둥에 고정되었다. 앞서 언급한《뉴요커》기사는 최초의 원자력 시계를 개발한 제럴드 재커라이어스Jerrold Zacharias의 이야기를 소개하면서 실험에 필요한 3층 높이의 실린더를 설치하기 위해 두 개 층의 바닥을 제거할 수 있었던 점이 중요했다고 지적했다.

MIT에서 보편적으로 받아들여지는 생각에 따르면 이처럼 상이한 학과들이 무계획적으로 조합되어 거대한 건물에서 한데 뒤섞인 덕분에 우연한 만남과 창의성의 발현이 이뤄졌다. 이런 환경은 촘스키 문법, 로란Loran항법 레이더, 비디오 게임처럼 다양한 혁신들이 뛰어난 생산성을 기록한 전후 시대에 빠른 속도로 돌파구를 열 수 있도록 해 주었다. 프랭크 게리가 설계한 3억 달러짜리 스타타 센터(내가 일한 곳)를 짓기 위해 이 건물을 철거했을 때 많은 사람들이 아쉬워했다. 스타타 센터의 내부에는 앞서 자리를 지킨 "합판 궁전"을 기리기 위해 마감되지 않은 합판과 공사용 표시가 그대로 남은 노출 콘크리트를 남겨 두었다.

빌딩 20이 급히 건축될 무렵 남서쪽으로 320킬로미터가량 떨어진 머레이 힐에 있는 벨 연구소에서는 더욱 체계적으로 우연적 창의성을 추구하는 작업이 진행되었다. 머빈 켈리Mervin Kelly 소장은 다양한 과학자와 공학자들의 상호작용을 의도적으로 촉진할 새 건물의 건축을 이끌었다. 켈리는 학과별로 다른 건물을 쓰는 일반적인 대학식 접근법을 버리고 긴 복도를 통해 모든 공간이 하나로 이어지는 구조를 택했다. 어떤 복도는 너무 길어서 한쪽 끝에 서면 소실점이 보일 정도였다. 벨 연구소의 역사를 기록한 존 거트너Jon Gertner는 이렇게 썼다. "여러 지인, 문제, 곁길, 생각과 마주치지 않고 복도를 건너는 일은 거의 불가능했다. 점심을 먹으러 식당으로 가는 물리학자는 철가루가 뿌려진 곳을 지나는 자석과 같았다."[33]

이런 구조는 세계 최고의 두뇌들을 공격적으로 고용하는 켈리의 정책과 결합하여 현대 문명의 역사에서 가장 집중적인 혁신을 일으켰다. 제2차 세계대전 후 수십 년 동안 벨 연구소는 최초의 태양 전지, 레이저, 통신 위성, 무선통신 시스템, 광섬유 네트워크를 비롯한 여러 성과를 냈다. 동시에 이론가들은 정보이론과 코딩이론을 정립했고, 천문학자들은 빅뱅이론을 경험적으로 증명하여 노벨상을 받았다. 그리고 가장 중요한 성취로 물리학자들이 트랜지스터를 발명했다.

이처럼 우연적 창의성 이론은 역사적 기록을 통해 잘 검증된 듯 보인다. 트랜지스터가 발명되기 위해서는 고체 물리학자와 양자 이론가 그리고 세계적인 수준의 실험 전문가들을 한 건물에 모아서 우연한 만남을 통해 다양한 전문성을 배울 여건을 조성하는 벨 연구소의 역량이 필요했다. 트랜지스터는 과학자 한 명이 카를 융처럼 돌집에서 생각에 골몰한다고 해서 발명할 수 있는 것이 아니었다.[34]

그러나 이 대목에서 빌딩 20과 벨 연구소 같은 곳에서 진정으로 혁신을 촉진한 요소가 무엇이었는지 더욱 깊게 살필 필요가 있다. 이를 위해 다시 MIT에서 겪은 나의 경험담으로 돌아가 보자. 2004년 가을 박사과정 학생으로 MIT에 입학했을 때 나는 빌딩 20을 대체하는 스타타 센터에 처음 들어가는 일원이었다. 스타타 센터는 신축 건물이었기에 신입생들에게 내부를 견학할 기회가 주어졌다. 설계자인 프랭크 게리는 공용 공간을 중심으로 연구실을 배치했고, 층 사이에 개방형 계단통을 도입했다. 모두 빌딩 20의 특징이었던 우연적 만남을 뒷받침하기 위한 노력의 일환이었다. 그러나 당시 내게 인상적이었던 부분은 게리가 설계한 것이 아니라 교수들이 고집해서 근래에 추가한 방음용 특수 문틈 차단재였다. 세계에서 가장 혁신적인 기술 전문가들이 포함된 MIT 교수들은 개방형 업무 공간을 원치 않았다. 그들은 외부와 차단된 공간을 원했다.

　방음 처리된 연구실을 대형 공용 공간과 연결한 거점식 구조는 우연적 만남과 개별적인 심층적 사고를 모두 뒷받침한다. 한쪽 극단에는 외부에서 얻는 영감으로부터 고립된 대신 방해 받는 일 없이 독자적으로 생각하는 사람이 있고, 다른 쪽 극단에는 개방된 공간에서 영감을 얻는 대신 그 영감을 발전시키기 위해 필요한 깊은 사고를 하는 데 애를 먹는 협력적 사고를 하는 사람이 있다.*

　빌딩 20과 벨 연구소도 이런 구조를 활용했다. 두 건물은 현대식 개방형 구조를 제공하지 않았다. 대신 개별 연구실을 공용 복도로 연결하는 구조로 건축했다. 두 건물에 넘쳤던 창의성은 소수의 긴 연결 공간을 공유하는 구조 때문에 연구자들이 다른 곳으로 이동할 때 자연스

＊ 개방형 구조를 지지하는 사람들은 아이디어를 얻기 위해 깊은 생각에 잠길 때 쓸 수 있는 회의실을 둬서 몰입과 상호작용을 조화시킬 수 있다고 주장할 것이다. 그러나 이 주장은 혁신에서 딥 워크가 맡는 역할을 격하한다. 딥 워크는 영감을 주는 우연한 만남에 때로 수반되는 것이 아니라 대다수 진정한 혁신을 이끄는 노력의 핵심이다.

럽게 상호작용을 하게 되었다는 사실과 관련이 있다. 다시 말해서 대형 복도가 대단히 효과적인 축 구실을 한 것이다.

따라서 혁신을 일으키는 우연적 창의성을 배제하지 않고도 몰입을 방해하는 개방형 사무실 개념을 버릴 수 있다. 핵심은 거점식 구조를 통해 두 요소를 모두 유지하는 것이다. 즉 거점에서 꾸준히 아이디어를 얻되 분지分枝에서 이 아이디어를 발전시키기 위한 깊은 사고를 할 수 있도록 만들어야 한다.

다만 이처럼 장소에 따라 활동을 구분하는 것으로 논의가 끝나지는 않는다. 분지로 돌아왔을 때도 개별 작업이 반드시 최선의 전략은 아니기 때문이다. 가령 벨 연구소가 점접촉 트랜지스터를 발명한 사례를 보자. 이 혁신은 진공관을 대체할 더 작고 안정적인 대안을 발명하기 위해 저마다 다른 전문성을 지닌 채 고체물리학 연구 그룹을 구성한 연구자들 덕분에 가능했다. 대화를 통한 협업은 발명의 필수 조건이었다. 이는 거점에서 이루어지는 행동이 지니는 유용성을 분명하게 보여 주는 사례다.

연구자들은 거점에서 지적 토대를 구축하고 나면 분지로 혁신 절차를 옮겼다. 트랜지스터 사례가 흥미로운 점은 분지에서도 협업을 이루었다는 데 있다. 특히 1947년에 최초의 고체 트랜지스터로 이어지는 일련의 돌파구를 연 실험 전문가인 월터 브래튼Walter Brattain과 양자이론가인 존 바딘John Bardeen의 협업이 중요했다.

브래튼과 바딘은 작은 실험실에서 종종 나란히 선 채 더 효과적이고 나은 설계를 향해 서로를 이끌었다. 이 노력은 주로 우리가 아직 접하지 않은 딥 워크로 구성되었다. 브래튼은 강한 집중력을 통해 바딘이 제시한 이론적 통찰을 활용할 수 있는 실험용 설계안을 만들었다. 그러면 바딘은 강한 집중력을 통해 실험 결과를 파악하여 관찰된 사실에 부합하도록 이론적 틀을 확장했다. 이런 상호작용은 이른바 **화이트보드 효과**를 활용하는 딥 워크의 협업적 형태(학계에 흔한 형태)에 해당한다. 특정한 문제의 경우 화이트보드를 놓고 다른 사람과 함께 풀어 나가면 혼자 애쓸 때보다 더욱 깊이 파고들 수 있다. (같은 공간에 있든 가상 공간에 있든) 통찰을 제시해 주기를 기다리는 다른 사람의 존재는 몰입을 기피하는 본능을 차단한다.

이제 한발 물러서서 딥 워크에서 협업이 하는 역할에 대한 실용적인 결론을 내릴 수 있다. 빌딩 20과 벨 연구소가 거둔 성공은 반드시 고립되어야만 딥 워크를 통해 생산성을 발휘할 수 있는 것은 아님을 말해 준다. 여러 유형의 작업, 특히 혁신을 추구하는 작업에서 협업은 더 나은 성과를 낳을 수 있다. 따라서 딥 워크를 직업 생활에 접목하는 최선의 방법을 고민할 때 이 대안을 고려해야 한다. 다만 두 가지 지침을 염두에 두어야 한다.

첫째, 방해 요소는 여전히 몰입을 저해한다. 그래서 거점식 모델이 중요한 해법이 될 수 있다. 우연한 만남을 이루는 공간과 거기서 얻은 영감을 깊은 사고를 통해 활용하는 공간을 분리하라. 두 목적을 저해하는 잡탕을 만들지 말고 개별적으로 효율을 기하라.

둘째, 깊은 사고를 위해 분지로 들어간 후에도 타당한 경우 화이트보드 효과를 활용하라. 다른 사람과 함께 문제를 해결하기 위해 노력하면 서로를 더 깊은 수준으로 이끌어서 혼자 노력할 때보다 더 높은 가치를 지닌 성과를 낼 수 있다.

요컨대 딥 워크를 할 때도 협업을 적절하게 활용하는 방안을 고려
하라. 그러면 성과의 수준을 한 단계 높일 수 있다. 그렇다고 해서 주위
를 둘러싼 아이디어들로부터 유용한 가치를 짜내려고 반드시 필요한
집중을 방해할 정도로 상호작용과 긍정적인 무작위성을 추구해서는
안 된다.

딥 워크를 위한
4DX 방법론

비즈니스 컨설팅 업계에서 전설이 된 이야기가 있다. 1990년대 중
반에 하버드 경영대학원 교수인 클레이튼 크리스텐슨Clayton Christensen은
인텔의 CEO 겸 회장인 앤디 그로브Andy Grove에게서 연락을 받았다.
그로브는 파괴적 혁신disruptive innovation에 대한 크리스텐슨의 연구를 접
하고 해당 이론이 인텔에 미치는 의미를 논의하기 위해 캘리포니아로
그를 초청했다. 크리스텐슨은 그로브와 만난 자리에서 파괴적 혁신의
기본 내용을 소개했다. 저급 시장에서 저렴한 제품으로 시작해서 시간
이 지남에 따라 고급 시장의 지분을 빼앗을 수준으로만 품질을 개선하는
신생 기업들에게 잔뼈가 굵은 기성 기업들이 예상치 못하게 지위를 내
주는 경우가 많다는 내용이었다. 덕분에 그로브는 AMD와 사이릭스
Cyrix 같은 신생 기업들이 생산하는 저가 프로세서가 인텔을 위협한다
는 사실을 깨달았다. 파괴의 의미에 대한 새로운 깨달음은 아래로부터
제기된 도전을 성공적으로 막아 내도록 도와준 저성능 제품군인 셀러
론 프로세서로 이어졌다.

이 이야기에는 널리 알려지지 않은 부분이 있다. 크리스텐슨이 회고한 바에 따르면 그로브는 휴식 시간에 "어떻게 하면 되나요?"[35]라고 물어 왔다. 크리스텐슨은 새로운 사업부를 만드는 것을 비롯한 사업 전략을 설명했다. 그러자 그로브는 말을 끊고 이렇게 대꾸했다. "고지식한 학자답군요. 어떻게 해야 하는지 물었는데 무엇을 해야 하는지만 말하고 있잖아요. 무엇을 해야 하는지는 알아요. 어떻게 해야 하는지 모를 뿐이지."[36]

크리스텐슨이 나중에 설명한 대로 무엇과 어떻게의 구분은 중요한 문제인데도 직업 세계에서 간과하고 있다. 목표를 달성하기 위한 전략을 파악하는 일은 쉬운 경우가 많다. 기업들이 실수하는 부분은 전략을 실행하는 방법이다. 나는 이 이야기를 『성과를 내고 싶으면 실행하라 *The 4 Disciplines of Execution*』라는 책에 크리스텐슨이 쓴 소개글에서 접했다. 이 책은 다양한 컨설팅 사례를 토대로 기업들이 고차원적 전략을 성공적으로 실행하도록 돕는 네 가지 '원칙'(줄여서 4DX)을 설명한다. 내게 인상적이었던 점은 무엇과 어떻게 사이의 간극이 딥 워크를 위한 시간을 늘리려는 개인적 노력과 관련이 있다는 것이었다. 앤디 그로브가 저가 프로세서 시장에서 경쟁하는 일이 중요하다는 사실을 파악한 것처럼 나도 몰입을 우선시하는 일이 중요하다는 사실을 알았다. 내게 필요한 것은 실행에 옮기는 방법이었다.

이 연관성에 흥미를 느낀 나는 4DX 방법론을 작업 습관에 접목했다. 그 결과 딥 워크를 위한 목표를 효과적으로 실행하는 데 놀랄 만큼 큰 도움을 받았다. 4DX 방법론은 대기업을 대상으로 수립되었지만 이면의 개념은 상충하는 의무와 방해 요소가 많은 상황에서 중요한 일을 해야 하는 모든 상황에 적용할 수 있다. 그래서 지금부터 4DX 방법론의 원칙들을 설명하고 각각의 원칙을 적용하여 딥 워크를 위한 습관을 개발한 양상을 소개하겠다.

원칙 1 가장 중요한 목표를 수립하라

『성과를 내고 싶으면 실행하라』를 쓴 저자들이 설명한 대로 "더 많이 할수록 더 적게 이룬다."[37] 그래서 저자들은 소수의 "가장 중요한 목표"에 실행력을 집중하라고 조언한다. 이런 단순성은 조직의 에너지를 집중하여 진정한 성과를 촉발하도록 돕는다.

이 점이 개인에게 지니는 의미는 딥 워크를 하는 시간에 추구할 소수의 야심 찬 성과를 정확하게 파악해야 한다는 것이다. "딥 워크를 하는 데 더 많은 시간을 들여라."라는 일반적인 권고로는 그다지 열의를 불러일으키지 못한다. 반면 가시적이고 중대한 혜택을 안겨 줄 구체적인 목표를 정하면 꾸준하게 열의를 쏟을 수 있다. 데이비드 브룩스는 2014년에 쓴 「집중의 기술The Art of Focus」이라는 칼럼에서 야심 찬 목표를 토대로 초점을 맞춘 행동을 이끄는 방법을 보증하면서 이렇게 설명했다. "주의를 놓고 벌어지는 전쟁에서 승리하려면 정보의 뷔페에서 눈에 띄는 사소한 방해 요소들을 거부하려 들기보다는 강력한 소망을 자극하는 대상을 받아들여서 그 소망이 다른 모든 것을 몰아내도록 만들어라."[38]

가령 나는 4DX 방법론을 실험하던 초기에 다음 학기 동안 수준 높은 논문 다섯 편을 발표한다는 구체적인 목표를 정했다. 다섯 편은 그 어느 때보다 많았기에 이 목표는 야심 찼으며, (종신 재직권 심사를 앞둔 상황에서) 가시적 보상도 함께 얻을 수 있었다. 이 두 가지 요소가 더해져 목표를 향한 의욕을 북돋아 주었다.

원칙 2 목표를 위해 딥 워크에 들인 시간을 지표로 삼아라

가장 중요한 목표를 정했다면 성공을 측정해야 한다. 4DX 방법론은 두 가지 척도를 제시한다. 바로 후행lag 척도와 선행lead 척도다. 후행 척도는 궁극적으로 개선하려는 대상을 다룬다. 가령 고객 만족도를 높이려는 제과점의 경우 후행 척도는 고객 만족도 점수다. 후행 척도의 문제점은 행동을 바꾸기에 너무 늦은 시점에 주어진다는 것이다. 그래서 "접수한 시점에 척도를 이끈 성과는 이미 과거가 된다."[39]

반면 선행 척도는 "후행 척도의 성공을 이끄는 새로운 행동들을 측정"한다. 제과점의 경우 시식 샘플을 받는 고객의 수가 좋은 선행 척도다. 더 많은 샘플을 제공하면 이 수치를 바로 늘릴 수 있다. 그러면 후행 척도도 개선될 가능성이 높다. 다시 말해서 선행 척도는 직접 통제할 수 있는 행동들을 개선하는 데 집중한다. 뒤이어 이 행동들은 장기적인 목표에 긍정적인 영향을 미친다.

딥 워크에 집중하려는 개인은 선행 척도를 파악하기 쉽다. 바로 **가장 중요한 목표**를 위해 딥 워크를 하는 데 들인 시간의 양이다. 나의 경우 이 통찰은 연구의 방향을 설정하는 데 중요한 영향을 미쳤다. 이전에 나는 연간 발표한 논문 편수 같은 후행 척도에 초점을 맞췄다. 이 척도는 일상적인 행동에 영향을 미치지 못했다. 장기적인 척도를 유의미하게 바꾸기 위해 단기적으로 할 수 있는 행동이 없었기 때문이다. 그러나 딥 워크를 한 시간의 양으로 바꾼 후에는 척도가 일상에 즉각적인 의미를 지니게 되었다. 모든 추가 시간이 바로 집계에 반영되기 때문이었다.

원칙 3 딥 워크에 들인 시간을 눈으로 확인하라

『성과를 내고 싶으면 실행하라』의 저자들은 "점수를 관리하면 경기를 하는 양상이 달라진다."[40]라고 설명한다. 가장 중요한 조직의 목표를 향해 팀이 나아가도록 만들려면 공개된 장소에서 선행 척도를 기록하고 추적하는 일이 중요하다. 이 점수판은 주의를 요구하는 다른 일들이 있어도 척도에 집중하게 만드는 경쟁심을 불러일으킨다. 또한 의욕을 다지는 원천이 되기도 한다. 팀은 선행 척도에 따라 성공을 이룬 후에는 계속 성과를 유지하고 싶어 한다.

앞선 원칙들을 소개할 때 개인은 딥 워크에 들인 시간의 양을 선행 척도로 삼아야 한다고 말했다. 그다음에는 직장에 점수판을 두고 현재까지 얼마나 오랜 시간 동안 딥 워크를 했는지 점검해야 한다.

나는 4DX 방법론을 실험하던 초기에 점수판을 활용하는 간단하면서도 효과적인 방법을 찾아냈다. 바로 칸을 나눈 백지를 이용하는 것이었다. 각 칸은 학기 중 일주일에 해당했다. 나는 칸마다 기간을 적은 다음 점수판을 도저히 무시할 수 없도록 컴퓨터 모니터 옆 벽에 붙였다. 그리고 해당 주에 딥 워크를 한 시간을 작대기로 표시했다. 또한 의욕을 극대화하기 위해 논문 작성 과정에서 (핵심 논증을 해결할 때처럼) 중요한 이정표에 이를 때마다 해당 작대기에 원을 그렸다.[41] 이 방식은 두 가지 혜택을 제공했다. 첫째, 누적된 딥 워크 시간과 가시적 결과를 실감하도록 해 주었다. 둘째, 성과를 내는 데 필요한 시간을 조정하는 데 도움을 주었다. 점수판이 알려 준 (처음에 예상했던 것보다 많은 시간이 들어가는) 현실은 매주 더 많은 시간을 짜내도록 나를 자극했다.

원칙 4 성과를 정기적으로 점검하는 자리를 만들어라

4DX 방법론에서 선행 척도에 맞춘 초점을 유지하는 데 도움을 주는 마지막 단계는 "엄청나게 중요한 목표를 추구하는 팀이 참석하는 회의"[42]를 자주, 정기적으로 여는 것이다. 이때 팀원들은 점수판을 확인하고, 다음 회의 전까지 점수를 개선하기 위해 어떤 행동을 할지 정하며, 지난 회의에서 결정한 행동에 따른 결과를 점검한다. 이 회의는 짧은 시간에 압축적으로 진행할 수 있지만 주기적으로 열어야 효과를 낼 수 있다. "진정한 실행은 원칙 4를 통해 이뤄진다."[43]

개인은 만날 팀이 없다. 그렇다고 해서 정기적으로 성과를 따질 책임을 면하는 것은 아니다. 앞으로 다음 주를 위한 계획을 세우는 주간 점검 시간을 자주 언급하고 권장할 것이다.(원칙 4) 나는 주간 점검 시간에 점수판을 보고 좋은 점수를 자축하고, 나쁜 점수가 나온 이유를 확인하며, 가장 중요하게는 향후 좋은 점수를 낼 방법을 파악했다. 그리고 필요한 수준으로 선행 척도를 맞출 수 있도록 일과를 조정했다. 덕분에 주간 점검을 하지 않는 경우보다 훨씬 많은 시간을 딥 워크에 할애할 수 있었다.

4DX 방법론은 전략을 수립하는 일보다 실행하는 일이 어렵다는 사실을 전제한다. 이 방법론을 만든 연구자들은 수백 시간에 걸친 사례 연구를 통해 이 문제를 해결하는 데 특별히 효과가 좋은 기본적인 원칙

들을 골라 냈다. 그래서 이 원칙들이 딥 워크 습관을 기르려는 개인에게도 비슷한 효과를 발휘하는 것이 놀랍지 않다.

결론을 내리기 위해 마지막으로 다시 한 번 나의 사례를 살펴보자. 앞서 언급한 대로 나는 4DX 방법론을 처음 받아들였을 때 1년에 논문 다섯 편을 발표한다는 목표를 세웠다. 1년 전에 (나름 자랑스럽게) 논문 네 편을 발표했다는 사실을 고려하면 야심 찬 목표였다. 그러나 4DX 방법론을 실험하는 동안 이 명확한 목표는 선행 척도를 기록한 단순하면서도 피할 수 없는 점수판과 함께 이전에는 이르지 못했던 수준으로 나를 밀어붙였다. 돌이켜 보면 개선된 것은 딥 워크의 강도가 아니라 꾸준함이었다. 이전에는 논문 제출 시한이 임박한 시기에 딥 워크를 하는 시간을 몰아넣었지만 4DX 방법론을 받아들인 이후에는 1년 내내 집중력을 유지할 수 있었다. 솔직히 (이 책을 동시에 집필했다는 점을 고려하면) 그렇게 보낸 1년이 아주 힘들기는 했다. 그러나 4DX 방법론이 효과가 있다는 사실도 분명하게 확인했다. 2014년 여름까지 이전 편수보다 두 배 이상 많은 아홉 편의 논문이 수락되었기 때문이다.

일과가 끝나면
일에 신경을 꺼라

수필 작가이자 만화가인 팀 크라이더Tim Kreider는 2012년에 《뉴욕 타임스》 블로그에 실은 글에서 인상적인 자기소개를 남겼다. "나는 바쁘지 않다. 나는 내가 아는 가장 게으르고 야심 찬 사람이다."[44] 그러나 바쁘게 일하기를 싫어하는 그의 성격은 이 글을 쓰기 전까지 몇 달 동안 시험에 놓였다. 다음은 이 기간에 대해 그가 쓴 내용이다. "직업적 의무 때문에 나도 모르게 바빠지기 시작했다. …… 매일 아침이 되면 수신함은 하기 싫은 일을 해 달라고 요청하거나 풀어야 하는 문제를 제기하는 이메일로 가득 찼다."

그가 찾은 해결책은 무엇이었을까? 바로 "비밀 장소"로 도망치는 것이었다. 거기에는 텔레비전도, 인터넷도 없었다.(인터넷에 접속하려면 자전거를 타고 동네 도서관으로 가야 했다.) 그래서 개별적으로는 무해해 보이지만 모아 놓으면 딥 워크 습관을 심각하게 해치는 사소한 의무들을 무시할 수 있었다. 크라이더는 당시를 이렇게 회고했다. "나는 미나리아재비와 방귀벌레와 별들을 떠올렸다. 그리고 책을 읽었다. 그러자 몇 달 만에 처음으로 제대로 된 글을 쓸 수 있었다."

우리의 목적과 관련하여 크라이더가 소로가 아니라는 점을 인식하는 것이 중요하다. 그는 사회를 비판하는 의미로 바쁜 세상을 등지지 않았다. 그가 비밀 장소로 떠난 이유는 놀랍고도 현실적인 통찰, 바로 일을 더 잘할 수 있다는 통찰 때문이었다. 다음은 크라이더가 설명한 내용이다.

> 게으름은 휴양이나 방탕 혹은 죄악이 아니라 비타민 D가 인체에 필수적이듯 두뇌에 필수적이다. 게으름이 결핍되면 구루병처럼 심각한 정신적 피해를 입는다. …… 그래서 역설적으로 일을 하려면 게으름이 필요하다.[45]

물론 그가 말하는 일은 피상적 작업이 아니다. 대개 피상적 작업은 시간을 들일수록 더 많이 할 수 있다. 그러나 작가이자 미술가인 크라이더에게 중요한 것은 심층적 작업, 세상이 귀중하게 여기는 작품을 생산하는 진지한 딥 워크이다. 이런 작업을 하려면 꾸준히 휴식을 취한 정신의 뒷받침이 필요하다.

따라서 크라이더의 선례를 따라 일과 관련된 문제로부터 벗어나 역설적으로 (심층적) 작업을 하는 데 필요한 게으름을 부리는 시간을 가져야 한다. 거기에는 많은 방법이 있다. 가령 크라이더처럼 "비밀 장소"로 숨어 들어가 피상적 작업의 세계를 완전히 등질 수 있다. 그러나 이 방법은 대부분 현실적이지 않다. 대신 현실적이면서 여전히 아주 강력한 방법을 제안한다. 바로 일과가 끝나면 다음 날 아침까지 일과 관련된 생각을 일체 하지 않는 것이다. 저녁을 먹은 후 이메일을 확인하지 말고, 회사에서 나눈 대화를 되짚지 말고, 다가오는 과제를 어떻게 해결할지 계획하지 마라. 일과 관련된 생각을 완전히 차단하라. 시간이 더 필요하면 일과를 늘리되 신경을 끈 후에는 크라이더처럼 미나리아재비와 방귀벌레와 별들을 자유롭게 떠올릴 수 있어야 한다.

이 방식을 뒷받침하는 몇 가지 전술을 설명하기 전에 우선 왜 정신적 차단이 귀중한 성과를 내는 능력에 도움이 되는지 알아보자. 물론 크라이더가 개인적인 경험을 통해 증명했지만 휴식기의 가치를 말해주는 과학적 증거를 이해하는 것도 좋다.[46] 관련 문헌을 자세히 살펴보면 다음과 같은 세 가지 이유가 나온다.

이유 1 휴식기는 통찰력을 높인다
다음은 2006년에 《사이언스》에 실린 논문의 일부 내용이다.

과학 문헌은 수백 년 동안 의사 결정에서 의식적 숙고가 지닌 혜택을 강조해 왔다. …… 여기서 다루는 문제는 이런 시각이 정당한지 여부다. 우리는 그렇지 않다고 가정한다.[47]

이 단조로운 진술의 이면에는 과감한 주장이 있다. 네덜란드 심리학자인 아프 데이크스테르하위스Ap Dijksterhuis가 이끄는 연구 팀은 일부 결정을 무의식에 맡기는 편이 낫다는 사실을 증명하는 일에 나섰다. 다시 말해서 결정을 내리려고 적극적으로 애쓰는 것이 관련된 정보를 접한 다음 무의식이 작동하는 동안 다른 일로 넘어가는 것보다 나쁜 결과로 이어진다.

연구 팀은 피실험자들에게 자동차 구입과 관련된 복잡한 결정에 필요한 정보를 제공했다. 이때 절반은 세심하게 따져서 최선의 결정을 내리라는 요청을 받았다. 반면 나머지 절반은 정보를 읽은 다음 쉬운 퍼즐을 풀면서 딴짓을 하다가 고민할 시간 없이 바로 결정하라는 요청을 받았다. 그 결과 딴짓을 한 집단이 더 나은 결정을 내렸다.

연구 팀은 이런 실험 결과를 관찰한 후 무의식적 사고 이론을 수립했다. 이 이론은 의사 결정에서 의식과 무의식이 담당하는 다른 역할을 이해하기 위한 시도에서 나왔다. 즉 엄격한 규칙을 적용해야 하는 고차원적 결정에는 의식이 개입해야 한다. 가령 수학 문제를 풀 때는 의식만이 정확성을 기하는 데 필요한 수학적 규칙을 따를 수 있다. 반면 대량의 정보와 모호하며, 심지어 상충하는 복수의 제약을 수반하는 결정에는 무의식이 적합하다. 그 이유는 무의식을 담당하는 두뇌 부위가 더 넓은 대역폭을 지녀서 의식을 담당하는 두뇌 부위보다 더 많은 정보

를 처리하고, 더 많은 잠재적 해결책을 살필 수 있기 때문이다. 이 이론
에 따르면 의식은 세심하게 만든 프로그램을 돌려서 한정된 문제에 대
해 정확한 답을 얻을 수 있는 가정용 컴퓨터와 같은 반면, 무의식은 통
계 알고리즘을 통해 테라바이트 단위의 구조화되지 않은 정보를 훑어
서 어려운 문제에 대해 놀랍도록 유용한 해결책을 찾아내는 구글의 방
내한 데이터 센터와 같다.

　　이런 연구 결과가 말해 주는 사실은 의식에 쉴 시간을 주면 무의식
이 교대하여 대단히 복잡한 문제들을 처리한다는 것이다. 따라서 의식
을 차단한다고 해서 생산적인 일을 하는 시간이 줄어드는 것이 아니라,
오히려 처리할 수 있는 일의 유형이 다양해진다고 볼 수 있다.

이유 2 휴식기는 집중력을 회복시킨다

　　2008년에 《심리학Psychological Science》에 게재되어 자주 인용된[48] 한 논
문[49]에는 간단한 실험이 실려 있다. 이 실험에서 연구자들은 피실험
자를 두 집단으로 나누었다. 한 집단은 연구가 진행된 학교 캠퍼스 근
처에 있는 수목원의 숲길을 걸었다. 다른 집단은 혼잡한 도심지를 걸
었다. 뒤이어 두 집단은 역순으로 숫자를 외우는 시험을 치렀다. 실험
결과 숲길을 거닌 집단이 20퍼센트나 더 높은 성적을 기록했다. 일주
일 후에 집단을 바꿔서 실험했을 때도 동일한 결과가 나왔다. 즉 성적
을 좌우한 것은 집단의 구성원이 아니라 어떤 길을 산책했는지 여부
였다.

　　이 실험은 자연 속에서 시간을 보내면 집중력이 향상된다는 주의
회복 이론attention restoration theory을 뒷받침한다. 1980년대에 미시간대 심

리학자인 레이철 캐플런Rachel Kaplan과 스티븐 캐플런Stephen Kaplan(2008년
에 마크 버먼Marc Berman, 존 조니더스John Jonides와 함께 앞서 소개한 논문을 썼
다.)이 처음 제시한 이 이론은 '주의 피로'라는 개념에 토대를 둔다.[50] 집
중하려면 이른바 **지향성 있는 주의**directed attention가 필요하다. 이 자원은
한정되어 있다. 즉 모두 소모하면 집중하기가 어렵다.(우리의 논의와 관련
하여 지향성 주의를 바우마이스터가 말한 의지력과 같은 것으로 볼 수 있다.*) 혼
잡한 도심지를 지나려면 언제 차에 치이지 않게 길을 건널지 혹은 인도
를 막는 관광객들을 앞지를지 판단하는 복잡한 일들을 해야 하기 때문
에 지향성 주의를 써야 한다. 이렇게 집중하는 상태를 50분만 유지해도
지향성 주의의 저장분이 줄어든다.

　　반면 자연 속을 걸으면 마크 버먼이 석양을 예로 든 "본질적 매력
을 지닌 자극제"[51]에 노출된다. 이 자극제는 "주의를 약하게 끌어내서
초점 주의 기제focused attention mechanism를 재충전한다." 다시 말해서 자연
속을 걸을 때는 (횡단보도 건너기처럼) 신경 쓸 일이 거의 없어서 주의를
유도하지 않아도 되며, 흥미로운 자극제에 정신이 팔려서 적극적으로
주의를 기울일 필요가 없다. 이런 상태는 지향성 주의를 재충전할 시간
을 준다. 그래서 50분 동안 숲길을 거닐며 재충전을 한 피실험자들의
집중력이 향상되었다.

　　(물론 야외에서 석양을 바라보면 기분이 좋아지고, 좋은 기분이 성적을 높이
는 데 도움을 주었다고 주장할 수도 있다. 그러나 연구자들은 가학적이게도 같은

　　＊　정확하게 같은지 여부에 대해서는 논쟁이 있다. 그러나 우리의 논의에서는 문제
　　　　가 되지 않는다. 핵심은 주의를 기울이려면 아껴야 하는 한정된 자원이 필요하다
　　　　는 것이다.

실험을 추운 겨울에 반복함으로써 이 가설을 무너트렸다. 추운 겨울에는 야외를 걷는다고 해서 기분이 좋아질 리 없다. 그럼에도 해당 피실험자들은 여전히 집중력 시험에서 더 나은 성적을 올렸다.)

우리의 논의와 관련하여 중요한 점은 주의 회복 이론을 적용하는 범위가 자연의 혜택을 넘어선다는 것이다. 이 이론의 핵심 기제는 휴식을 통해 주의를 기울이는 능력을 회복일 수 있다 는 것이다. 가연 속을 거니는 일은 이런 정신적 휴식을 제공한다. 비슷한 "본질적 매력을 지닌 자극제"를 접할 수 있고 지향성 주의를 소모할 필요가 없는 모든 여유로운 활동도 마찬가지다. 가령 친구와 담소를 나누거나, 저녁 준비를 하는 동안 음악을 듣거나, 아이들과 놀거나, 달리기를 하는 등 일과 관련된 생각을 차단한 채 저녁 시간을 보내는 활동들은 자연 속을 거니는 것처럼 집중력을 회복시킨다.

반면 저녁 시간에 계속 이메일을 확인하거나 답신을 보내고, 저녁을 먹은 후 임박한 시한을 맞추려고 두어 시간을 할애하면 지향성 주의를 관장하는 부위가 재충전에 필요한 휴식을 취할 수 없다. 이런 급한 활동은 짧은 시간만 소비한다고 해도 집중력을 회복할 수 있을 만큼 깊은 수준의 휴식에 이르지 못하게 만든다. 내일까지 일을 하지 않겠다고 마음먹어야만 두뇌가 재충전을 시작할 수 있는 수준으로 안정된다. 다시 말해서 저녁에 시간을 짜내려고 노력하다가 오히려 다음 날 업무 효율이 떨어져서 아예 처음부터 신경을 끈 경우보다 더 적은 성과를 낼 수 있다.

이유 3 **일과 후에 하는 일은 대개 그다지 중요하지 않다**

일과에 분명한 마침표를 찍어야 하는 마지막 이유를 살펴보기 위해 의식적 훈련 이론을 만든 앤더스 에릭슨에게 잠시 돌아가 보자. 1부에서 설명한 대로 의식적 훈련은 특정한 기술을 연마하기 위해 실력을 체계적으로 향상하는 것이다. 어떤 일을 더 잘하려면 의식적 훈련이 필요하다. 앞서 주장한 대로 딥 워크와 의식적 훈련은 겹치는 부분이 많다. 우리의 논의와 관련하여 의식적 훈련을 인지적 노력으로 폭넓게 대체할 수 있다.

에릭슨은 1993년에 발표한 「전문가 수준의 실력을 얻는 일에서 의식적 훈련이 맡는 역할」이라는 주요 논문에서 한 단락을 할애하여 인지적 작업을 처리하는 개인의 능력에 대해 살핀다. 그가 밝힌 바에 따르면 초심자는 하루에 한 시간 정도 집중하는 것이 한계인 반면 전문가는 그 시간을 최대 네 시간까지 늘릴 수 있다.(다만 그 이상 늘리는 경우는 드물다.)[52]

가령 이 논문에서 인용한 한 연구는 베를린 예술대에 다니는 정상급 바이올린 연주자들이 어떻게 연습하는지 관찰했다. 그 결과 하루에 평균 3시간 30분 동안 대개 두 번에 걸쳐서 의식적 훈련을 하는 것으로 드러났다. 실력이 떨어지는 연주자들은 몰입 상태로 연습하는 시간이 더 짧았다.

이 연구 결과가 말해 주는 사실은 하루에 딥 워크를 할 수 있는 능력이 제한되어 있다는 것이다. (가령 규칙 4에서 설명한 생산성 전략을 활용하여) 신중하게 계획을 세우면 일과 중에 그 한계까지 이르기 마련이다. 저녁이 되면 딥 워크를 효과적으로 이어 갈 수 있는 지점을 넘어선다.

그래서 저녁 시간에 끼워 넣는 일은 높은 가치를 창출하여 경력에 실제
로 도움이 되기 어렵다. 즉 (기운 없이 느리게 실행되는) 가치 낮은 피상적
작업에 한정될 수밖에 없다. 다시 말해서 저녁에 일을 하지 않는다고
해서 그다지 중대한 손실이 생기는 것은 아니다.

앞서 제시한 세 가지 이유는 일과를 엄격하게 마무리하는 전략을
포괄적으로 뒷받침한다. 끝으로 실행과 관련된 세부적인 내용을 살펴
도록 하자.

이 전략이 성공하려면 우선 일과 후에는 일과 관련된 아주 사소한
문제도 신경 쓰지 말아야 한다. 거기에는 이메일을 확인하거나 업무 관
련 웹 사이트를 둘러보는 일이 포함된다. 두 경우에 아주 사소한 계기로
도 차단에 따른 효과를 저해하는 산만한 흐름이 생길 수 있다.(가령 대다
수 사람들은 토요일 아침에 이메일을 본 후 주말 내내 신경을 쓴 경험이 있다.)

또 다른 핵심 요건은 일과 후에 엄격한 **차단 의식**을 실행하여 성공
가능성을 극대화하는 것이다. 구체적으로 이 의식은 당면한 모든 과제
나 목표 혹은 프로젝트를 살핀 후 (1) 완결 계획을 세우거나 (2) 적기에
다시 다룰 수 있도록 정리하는 일이다. 그 절차는 하나의 알고리즘, 즉
항상 순서대로 실행하는 일련의 단계를 이뤄야 한다. 절차를 마무리한
후에는 완료를 알리는 구호를 말하라.(나는 '차단 완료'라고 말한다.) 이 구
호는 조금 유치하게 보일 수 있지만 남은 시간 동안 일과 관련된 생각을
끊어도 된다는 간단한 정신적 신호가 된다.

보다 구체적인 조언을 위해 내가 치르는 차단 의식의 단계들을 제
시하겠다.(나는 이 의식을 박사 논문을 쓸 때 개발한 이후 이런저런 형태로 계속

따르고 있다.) 처음 하는 일은 일과를 끝내기 전에 시급하게 답할 이메일이 없는지 수신함을 확인하는 것이다. 그다음에는 머릿속에 있거나 기록한 새로운 과제를 공식 목록으로 옮긴다.(나는 어느 컴퓨터에서든 접근할 수 있는 기능이 좋아서 구글 독스로 과제 목록을 작성한다. 다만 어떤 프로그램을 쓰는지 여부는 그다지 중요치 않다.) 과제 목록을 열면 모든 과제를 훑은 후 달력을 살핀다. 잊어버린 시급한 일이 없는지 혹은 중요한 마감 시한이나 약속이 다가오고 있는지 확인하기 위해서다. 그러면 일과 관련된 모든 측면을 확인한 셈이 된다. 나는 이 정보를 토대로 다음 날을 위한 대략의 계획을 세우면서 의식을 마무리한다. 계획을 세운 후에는 '차단 완료'라고 말한다. 이것으로 일과 관련된 생각은 끝난다.

차단 의식은 언뜻 극단적으로 보일 수 있지만 충분한 근거가 있다. 바로 자이가닉 효과Zeigarnik effect다. 20세기 초에 관련 실험을 한 심리학자 블루마 자이가닉Bluma Zeigarnik의 이름을 딴 이 효과는 완료되지 않은 과제가 정신을 지배하는 경향을 가리킨다. 그에 따르면 그냥 오후 5시에 모든 일을 중단하고 손을 떼는 것으로는 머릿속에서 일과 관련된 생각을 지우기가 어렵다. 자이가닉이 진행한 실험에서 드러났듯이 해결되지 않은 일들이 저녁 내내 주의를 빼앗기 위한 다툼을 벌일(그리고 종종 이길) 것이기 때문이다.

처음에는 이 문제를 해결할 수 없을 것이라고 생각할 수도 있다. 바쁘게 일하는 지식 노동자들은 완료되지 않은 일이 항상 있기 마련이라고 주장한다. 이 경우 모든 일을 처리한 상황은 허상에 불과하다. 그러나 다행히 과제를 완료해야만 머릿속에서 지울 수 있는 것은 아니다. 이 문제로부터 우리를 구해 주는 인물은 앞서 소개한 심리학자 로이 바우마이스터다. 그는 마시캄포E. J. Masicampo와 함께 「끝낸 걸로 치세요 Consider It Done!」라는 장난스러운 제목의 논문[53]을 썼다. 두 사람은 피실험자들에게 과제를 제시해 놓고 강제로 중단시키는 방법을 써서 자이가닉 효과를 실험했다. 실험 결과 강제로 중단시킨 다음 나중에 완료하기 위한 계획을 세우게 하면 자이가닉 효과의 영향이 크게 줄어든다는 사실이 밝혀졌다. 두 사람의 말에 따르면 "구체적인 계획은 목표를 달성하는 데 도움을 줄 뿐만 아니라 다른 일에 할애할 수 있도록 인지적 자원을 풀어 준다."[54]

앞서 설명한 차단 의식은 이 전술을 활용하여 자이가닉 효과와 맞선다. 이때 (부담스럽게) 목록에 있는 모든 과제에 대한 계획을 명시할 필요는 없다. 단지 모든 과제를 담아 목록을 만들고 내일을 위한 계획을 세우기 전에 검토하기만 하면 된다. 그러면 잊어버릴 일이 없다. 모든 과제를 매일 검토해서 적기에 처리할 수 있다. 덕분에 두뇌는 과제를 항시 관리해야 하는 의무에서 벗어난다. 이 일은 차단 의식이 맡는다.

차단 의식은 일과가 끝날 때 추가로 10~15분(때로는 더 많은 시간)을 소요하므로 짜증스러울 수도 있다. 그러나 앞서 소개한 대로 체계적 게으름이 안기는 보상을 누리기 위해 반드시 필요하다. 개인적인 경험에 따르면 차단 의식을 치르는 습관이 자리 잡기까지, 즉 두뇌가 의식을 믿고 실제로 저녁에 일과 관련된 생각을 하지 않게 되기까지 한두 주가 걸린다. 이 의식은 일단 자리 잡으면 평생 따르게 된다. 거르기가 불안할 정도로 말이다.

수십 년에 걸쳐 여러 심리학 분파에서 실행한 연구 결과는 모두 두뇌를 정기적으로 쉬게 하는 일이 딥 워크의 질을 향상시킨다는 결론을 제시한다. 그러니 일할 때는 열심히 일하고, 쉴 때는 확실히 쉬어라. 이메일에 답하는 시간이 평균적으로 조금 지체될지는 모르지만 피곤한 동료들보다 더 깊이 몰입하는 능력을 통해 일과 중에 이루는 실로 중요한 업무의 양이 그 점을 보완하고도 남을 것이다.

무료함을 받아들여라

산만함을
극복하는 훈련

딥 워크를 하는 능력을 습득하는 방법이 무엇인지 알고 싶다면 주중 아침 6시에 뉴욕주 스프링밸리에 있는 크네세스 이스로엘Knesses Yisroel 유대 교회를 방문해 보라. 그러면 주차장에서 적어도 20대의 차를 발견할 것이다. 또한 교회 안에서는 고대 언어로 된 경전을 입 모양으로 조용히 따라 읽거나 짝을 지어서 논쟁을 벌이는 20여 명의 신도들을 접하게 될 것이다. 한쪽 끝에서는 랍비가 여러 사람들이 참여하는 토론을 이끌 것이다. 이 아침 모임에 참석하는 사람들은 주중에 일찍 일어나 유대교의 핵심 교리대로 경전을 매일 공부하는 수십만 유대인 중 일부다.[1]

나에게 이 세계를 소개한 사람은 크네세스 이스로엘 교회의 신도이며 아침 모임에 꾸준히 참석하는 애덤 말린이다. 그의 목표는 매일

탈무드 경전을 한 쪽씩 해석하는 것이다.(때로 한 쪽도 해석하지 못하는 경
우도 있다.) 그는 종종 체브루타chevruta, 공부 동료와 함께 한계까지 이해력을
밀어붙인다.

내게 흥미로웠던 부분은 고대 경전에 대한 말린의 지식이 아니라
이 지식을 얻는 데 필요한 노력이었다. 그는 인터뷰에서 아침 공부의 강
도를 강조하면서 이렇게 설명했다. "내부분 (정신이 다루는 주제인) '딥 워
크'로 구성되는 극단적이고 진지한 공부입니다. 나는 규모를 늘려 가는
사업체를 운영하고 있습니다. 그러나 아침 공부가 더 힘든 경우가 많습
니다." 이 어려움은 말린만 겪는 것이 아니라 공부 자체가 지닌 성격이
다. 말린의 랍비는 "정신적 능력의 한계에 이르기 전에는 의무를 다했
다고 말할 수 없다."라고 설명했다.

말린은 다른 유대 교도와 달리 뒤늦게 입문하여 20대가 되어서야
탈무드 공부를 시작했다. 이 사소한 사실은 유용한 의미를 지닌다. 전
후 비교를 통해 이 정신적 체조가 미친 영향을 분명하게 파악할 수 있
기 때문이다. 그 결과는 놀라웠다. 공부를 시작하기 전에 말린은 아이
비리그 대학에서 학위를 세 개나 땄을 정도로 엄청난 고학력자였다. 그
러나 공부 모임에서 만난 사람들은 작은 종교 학교만 다녔음에도 상당
한 지적 능력을 발휘했다. 말린은 이렇게 설명했다. "그들 중 다수는 (직
업적으로) 큰 성공을 거뒀습니다. 그들의 지적 능력을 향상시킨 것은 좋
은 학교가 아니라 일찍이 5학년 때부터 시작하는 아침 공부였습니다."

말린은 얼마 후 깊은 사고를 하는 능력이 향상되는 것을 체감하기
시작했다. 그는 내게 이렇게 말했다. "최근에는 사업에서도 더 창의적인
통찰을 얻고 있어요. 분명 매일 하는 정신 수련 덕분입니다. 오랫동안

꾸준히 기울인 노력이 정신적 근육을 강화시킨 거죠. 처음부터 이런 변화를 목표로 시작한 일이 아니지만 효과를 보고 있어요.”

애덤 말린의 사례는 딥 워크와 관련된 중요한 사실을 말해 준다. 강한 집중력을 기르려면 훈련이 필요하다는 사실 말이다. 이 점은 막상 지적하면 명백하게 보인다. 그러나 대다수 사람들은 다르게 생각한다. 경험에 따르면 집중을 치실질처럼 방법과 효용은 알지만 의욕이 없어서 무시하는 습관으로 여기는 경우가 많다. 이런 생각은 매력적이다. 충분한 의욕만 생기면 금세 산만한 생활을 집중하는 생활로 바꿀 수 있음을 시사하기 때문이다. 그러나 여기에는 집중의 어려움과 “정신적 근육”을 강화하는 데 필요한 오랜 수련이 빠져 있다. 애덤 말린이 사업에서 누리는 창의적인 통찰은 더 깊이 생각하겠다는 일시적 결정과 아무 관계가 없으며, 매일 아침 집중력을 기르겠다는 의지와 많은 관계가 있다.

이 사실은 중요한 요건을 수반한다. 산만함에 의존하는 버릇을 버리지 않으면 집중력을 기르기가 어렵다. 운동선수들이 훈련 시간 외에도 몸을 관리하지 않으면 안 되듯이 나머지 시간에 조금만 무료해도 견디지 못하면 가장 깊은 수준의 집중에 이를 수 없다.

스탠퍼드대 커뮤니케이션학 교수로서 디지털 시대의 행동 양상에 대한 분석으로 널리 알려진 고故 클리퍼드 나스Clifford Nass의 연구에서 그 증거를 찾을 수 있다. 그의 연구는 온라인에서 끊임없이 주의를 기울이는 대상을 바꾸는 행동이 두뇌에 오랫동안 부정적인 영향을 끼친다는 사실을 밝혀 냈다. 다음은 그가 2010년에 NPR의 아이라 플래토Ira Flatow와 가진 인터뷰에서 말한 내용이다.

우리에게는 멀티태스킹을 항상 하는 사람과 드물게 하는 사람을 나누는 척도가 있으며, 그 차이는 엄청납니다. 항상 멀티태스킹을 하는 사람은 무의미한 것을 걸러 내지 못합니다. 또한 작업 기억을 관리하지 못하고, 고질적으로 산만하며, 당면한 과제와 무관한 훨씬 큰 두뇌 부위를 작동시킵니다. …… 사실상 정신적으로 망가신 상태에 기깝즈.[2]

플래토는 고질적으로 산만한 사람들이 두뇌의 상태가 바뀐 줄 아는지 물었다. 나스는 이렇게 대답했다.

우리가 대화를 나눈 사람들은 계속 "이봐요. 정말로 집중해야 할 때는 모든 것을 차단하고 날카롭게 집중해요."라고 말합니다. 그러나 안타깝게도 그들은 날카롭게 집중하지 못하도록 만드는 정신적 습관을 길렀어요. 무의미한 대상들에 빠져서 과제를 계속 해 나가지 못하게 된 겁니다.

나스가 발견한 바에 따르면 두뇌가 즉각적인 산만함에 익숙해지면 집중하고 싶을 때도 중독에서 벗어나기 힘들다. 더욱 분명하게 말해서, 5분 동안 줄을 서거나 식당에서 친구를 기다릴 때처럼 무료함을 느끼는 모든 순간에 스마트폰을 들여다보면 나스가 말한 "정신적으로 망가진 상태"로 두뇌가 바뀐다. 그에 따라 꾸준하게 집중할 시간을 정한다고 해도 딥 워크를 할 준비를 갖출 수 없다.

규칙 1은 딥 워크를 일과에 접목하고, 꾸준하게 집중력의 한계까지 나아가도록 돕는 의식으로 뒷받침하는 법을 말해 주었다. 규칙 2는 이 한계를 크게 넓히도록 도울 것이다. 지금부터 제시하는 전략들은 딥 워크를 통해 최대한 많은 것을 얻어 내려면 훈련이 필요하다는 생각을 핵심 토대로 삼는다. 앞서 밝힌 대로 이 훈련은 강하게 집중하는 능력을 개선하고 산만해지려는 욕구를 극복하는 두 가지 목표를 추구한다. 그러기 위해서 방해 요소를 격리하거나 특수한 형태의 명상법을 습득하는 등 다양한 접근법을 다룰 것이다. 이 접근법들은 지속적인 딴짓으로 망가지고 집중에 익숙지 않은 정신에서 실로 날카로운 집중력을 지닌 정신으로 나아가는 여정에 실용적인 이정표를 제공할 것이다.

인터넷을 현명하게 활용하는 법

많은 사람들은 필요에 따라 산만한 상태에서 집중하는 상태로 전환할 수 있다고 생각한다. 그러나 방금 주장한 대로 이 생각은 심하게 낙관적이다. 두뇌는 한번 딴짓하는 상태로 바뀌면 거기에 빠져든다. 우리의 전략은 이 점을 고려하여 두뇌가 과제에 머물러 있는 상태를 유지하는 데 초점을 맞춘다.

자세한 내용을 제시하기 전에 문제를 해결하는 데 그다지 도움이 되지 않는데도 흔히 추천되는 인터넷 안식일(디지털 디톡스라고도 부른다.)부터 살펴보자. 기본적으로 이 의식은 대개 일주일에 하루 동안 인터넷을 쓰지 않는 것이다. 『구약 성서』에서 안식일이 되면 신과 그 노고에 감사드리며 고요와 성찰의 시간을 갖듯이 인터넷 안식일은 화면에 눈길을 고정시킨 동안 놓친 것들을 상기하기 위한 시간이다.

누가 먼저 이 개념을 제시했는지는 확실치 않다. 그러나 대중적으로 알린 공로는 기술과 인간의 행복을 성찰한 『속도에서 깊이로』[3]에서 인터넷 안식일을 갖자고 주장한 저널리스트 윌리엄 파워스에게 종종 돌아간다. 그는 나중에 한 인터뷰에서 이렇게 입장을 정리했다. "달아나지는 말고 소로처럼 연결된 세계에서 약간의 단절을 이루는 법을 배우세요."[4]

산만함의 문제에 대한 많은 조언은 이처럼 가끔 소음으로부터 떨어지는 시간을 가지라는 일반적인 틀을 따른다. 그래서 1년에 한두 달 동안 속박에서 벗어나는 사람도 있고, 일주일에 하루 동안 인터넷을 멀리하라는 파워스의 조언을 따르는 사람도 있으며, 매일 한두 시간을 같은 목적에 할애하는 사람도 있다. 이 모든 노력은 그 나름의 혜택을 안긴다. 그러나 두뇌의 상태라는 관점에서 산만함의 문제를 바라보면 인터넷 안식일만으로 치료를 할 수 없다는 사실이 명확해진다. 일주일에 하루만 몸에 좋은 식사를 한다고 해서 체중이 줄어들 가능성은 낮다. 다른 날에는 대부분 폭식을 하기 때문이다. 마찬가지로 일주일에 하루만 피한다고 해서 산만한 자극제에 대한 욕구가 줄어들 가능성은 낮다. 다른 날에는 대부분 그 욕구에 굴복하기 때문이다.

그래서 나는 인터넷 안식일의 대안을 제안한다. 가끔 산만함에서 벗어나 집중하는 시간을 정할 것이 아니라 가끔 **집중**에서 벗어나 산만함을 허용하는 시간을 정하자. 보다 구체적인 설명을 위해, 인터넷을 하는 행동을 산만한 자극제를 찾는 행동으로 단순하게 간주하자.(물론 인터넷을 통한 몰입도 가능하다. 그러나 산만함에 중독된 사람들에게는 어려운 일이다.) 또한 인터넷 없이 일하는 것을 더욱 집중한 상태에서 일하는 것으로 간주하자.(물론 인터넷을 하지 않아도 산만하게 일할 수 있다. 그러나 다른 방해 요소들은 더 참기 쉽다.)

이렇게 단순한 범주를 설정한 상태에서 추구할 전략은 다음과 같다. 인터넷을 쓰는 시간을 미리 정해 두고 나머지 시간에는 일체 쓰지 마라. 이때 컴퓨터 옆에 노트를 둘 것을 권한다. 노트에 인터넷을 쓸 시간을 기록하라. 그때까지는 아무리 하고 싶더라도 절대 써서는 안 된다.

이 전략이 토대로 삼는 사실은 인터넷을 쓰는 일 자체는 집중력을 줄이지 않는다는 것이다. 문제는 조금만 무료하거나 정신적으로 부담이 되면 저자극/고가치 활동에서 고자극/저가치 활동으로 **전환**하는 것이다. 이 과정에서 두뇌는 자극이 없는 상태를 견디지 못하게 된다. 이처럼 잦은 전환은 말하자면 주의를 요구하는 많은 자원들을 조직하는 정신적 근육을 약화한다. 인터넷을 쓰는 시간을 분리하면 산만함에 굴복하는 시간을 줄일 수 있다. 그에 따라 주의를 다스리는 정신적 근육이 강화된다.

가령 30분 후에 인터넷을 쓸 예정인 상황에서 무료한 나머지 산만한 자극제를 바라는 경우를 보자. 이 욕구를 견디는 일은 집중력을 기르는 훈련이 된다. 즉 산만한 자극제를 쓸 수 있는 시간을 정해 두면 종일 정신적 훈련을 하는 셈이다.

이 전략의 이면에 있는 기본적인 생각은 단순하지만 실행에 옮기기는 어렵다. 그래서 실행에 도움이 되는 세 가지 요점을 제시한다.

요점 1 인터넷을 쓰지 않는 시간을 지키는 것이 핵심이다

업무상 하루에 몇 시간씩 인터넷을 하거나 이메일에 신속하게 답해야 한다고 해도 괜찮다. 이 사실은 인터넷을 쓸 수 있도록 허용하는 시간이 다른 경우보다 많다는 것을 뜻할 뿐이다. 인터넷을 쓰는 총 시간이나 지속 시간보다 인터넷을 쓰지 않는 시간을 준수하는 일이 훨씬 중요하다.

가령 회의 사이에 두 시간이 비어서 15분마다 이메일을 확인하기로 한다고 가정하자. 또한 확인 시간은 평균 5분으로 가정하자. 이 경우 두 시간에 걸쳐 15분마다 이메일을 확인하고 나머지 시간은 오프라인 활동에 할애할 수 있다. 그러면 두 시간 중에서 약 90분 동안 산만한 자극제를 적극적으로 피하면서 오프라인 상태로 일할 수 있다. 이런 방식으로 온라인 활동을 너무 심하게 제한하지 않고도 집중력 강화 훈련에 상당한 시간을 할애할 수 있다.

요점 2 인터넷의 유혹에 무너지지 않는 요령

이 원칙은 말로 제시하기는 쉽지만 정신없이 돌아가는 직장생활의 현실에서 실제로 지키기는 어렵다. 가령 오프라인 구간에 해당하는 시간이지만 일을 진행하려면 인터넷에서 정보를 가져와야 하는 경우가 불가피하게 생긴다. 이때 온라인 구간까지 시간이 많이 남았다면 발이 묶이게 된다. 그래서 원칙을 포기하고 정보를 확인한 다음 다시 일을 하기로 결정하기 쉽다. 이런 유혹에 저항해야 한다! 인터넷은 유혹적이다. 그냥 일과 관련된 이메일만 한 통 확인하겠다고 생각해도 이미 들어온 다른 '시급한' 이메일들을 무시하기는 어렵다. 그래서 예외를 두다 보면 어느새 인터넷 구간과 오프라인 구간의 구분이 흐릿해져서 전략의 취지가 사라진다.

따라서 일이 막히더라도 바로 오프라인 구간에서 벗어나지 말아야 한다. 가능하다면 남은 시간 동안 다른 오프라인 활동으로 전환하라.(아니면 차라리 휴식을 취하라.) 바로 끝내야 하는 일이라서 그렇게 할 수 없다면 일정을 바꿔서 다음 인터넷 구간을 앞당기는 것이 옳다. 다만 이때 다음 인터넷 구간을 바로 시작하지 않는 것이 중요하다. 인터넷을 쓸 때까지 적어도 5분 동안 간격을 두어라. 이렇게 짧은 간격은 일을 심하게 지체하지 않는다. 그러나 행동학적 관점에서 보면 중대한 의미를 지닌다. 인터넷을 쓰고 싶다는 욕구와 실제로 쓰는 데서 얻는 보상을 분리하기 때문이다.

요점 3 일과 후에도 인터넷 사용 시간을 정해 둔다

저녁과 주말 내내 스마트폰이나 노트북에 매달린다면 두뇌의 상태를 바꾸려고 직장에서 기울인 많은 노력이 허사로 돌아갈 가능성이 높다.(그래서 두 환경 사이에는 차이가 없다.) 이 경우 일과가 끝난 후에도 인터넷 사용 시간을 정하는 전략을 따를 것을 권한다.

문제를 단순하게 만들기 위해 일과 후에는 오프라인 구간이라도 그 자리에서 바로 해야 하는 의사소통(친구와 문자메시지로 저녁 약속을 잡는 등)이나 정보 확인(휴대전화로 식당 위치를 검색하는 등)을 위해 인터넷 사용을 허용할 수 있다. 그러나 이런 현실적인 예외 말고는 휴대전화를 멀리하고, 문자메시지를 무시하며, 인터넷을 쓰지 말아야 한다. 이 전략을 직장에서 적용하는 경우와 마찬가지로 인터넷이 저녁에 즐기는 오락에서 중대한 역할을 한다고 해도 괜찮다. 인터넷 구간을 길게 설정하라. 핵심은 산만한 행동을 하는 시간을 피하거나 줄이는 것이 아니라 조금만 무료해도 그런 행동으로 전환하려는 욕구에 저항하는 기회를 충분히 제공하는 것이다.

직장을 벗어나서 이 전략을 적용하기가 특히 어려운 경우는 (가령 매장에서 줄을 설 때처럼) 어쩔 수 없이 기다려야 할 때다. 이 시간이 오프라인 구간이라면 일시적인 무료함을 감수하고 생각만 하면서 싸워 나가는 것이 중요하다. 현대 생활에서는 그저 무료하게 기다리는 일이 드물어졌다. 그러나 집중력 훈련의 관점에서는 대단히 귀중한 일이다.

요컨대 딥 워크에 성공하려면 산만한 자극제를 이겨 내도록 두뇌를 재설정해야 한다. 산만한 행동을 일절 끊을 필요는 없다. 산만한 행동에 주의를 빼앗기지 않는 것으로 충분하다. 인터넷 구간을 설정하는 간단한 전략은 주의의 자율성을 회복하는 데 큰 도움을 준다.

데드라인의 힘

1876~1877년 학기에 하버드대를 다녔다면 작지만 단단한 몸집에 구레나룻을 길게 기르고, 자신만만하며, 엄청나게 활기찬 시어도어 루스벨트라는 신입생이 눈에 띄었을 것이다. 그리고 그와 친해지기 위해 가까이 지내다가 곧 역설적인 면을 발견했을 것이다.

한편으로 그는 한 급우가 말한 "놀랄 만큼 넓은 관심사"[5]에 걸쳐 산만하기 그지없는 활동을 했다. 전기 작가인 에드먼드 모리스Edmund Morris가 정리한 목록에 따르면 그의 관심 영역은 권투, 레슬링, 보디빌딩, 댄스 강습, 시 강독 그리고 평생에 걸쳐 집착한 박물학(집주인은 그가 방에서 표본을 해부하고 박제로 만드는 것을 좋아하지 않았다.)을 아울렀다.[6] 박물학에 대한 관심은 이듬해 여름에 『애디론댁 산맥의 여름새The Summer Birds of the Adirondacks』라는 첫 책을 펴내는 수준에 이르렀다. 이 책은 조류 관련 서적을 진지하게 다루기 마련인《너톨 조류학회보Bulletin of the Nuttall Ornithological Club》에서 호평을 받았다.[7] 또한 모리스는 그를 "미국에서 가장 박식한 젊은 박물학자 중 한 명"[8]으로 평가했다.

　　루스벨트는 이런 과외 활동을 하기 위해 핵심이어야 할 학업에 할애할 시간을 크게 줄일 수밖에 없었다. 모리스는 당시 루스벨트가 쓴 일기와 편지를 토대로 공부에 쓴 시간이 일과의 4분의 1을 넘지 않았던 것으로 추정했다. 그렇다면 성적이 나빠야 마땅했다. 그러나 그렇지 않았다. 그는 과 수석은 아니었지만 열등생도 아니었다. 오히려 1학년 때 일곱 과목 중 다섯 과목에서 우수 학점을 받을 정도였다. 이처럼 역설적인 성적을 거둘 수 있었던 비결은 특별한 공부법이었다. 루스벨트는 아침 8시 30분부터 오후 4시 30분까지 여덟 시간을 기준으로 일과를 짰다. 우선 수업과 (하루에 한 번 하는) 운동 그리고 점심 식사에 필요한 시간을 제외했다. 나머지 시간은 모두 공부에 할애했다. 앞서 언급한 대로 이 자투리 시간들을 모두 합쳐도 대개 긴 시간은 아니었다. 그러나 그는 엄청난 **집중력**으로 **오로지** 학업에만 몰두하여 최대한의 효과를 거두었다. 모리스는 이렇게 설명했다. "그가 책상 앞에 앉아서 보낸 시간은 비교적 짧다. 그러나 집중력이 엄청나게 강하고, 독해 속도가 엄

청나게 빨라서 대다수 학생들보다 더 많은 시간을 (학업이 아닌) 여가에
쓸 수 있었다."[9]

이 전략은 일과 중에 루스벨트처럼 집중적으로 일하는 시간을 삽
입하는 것이다. 먼저 우선순위가 높은 심층적 과제(즉 딥 워크를 해야 완료
힐 수 있는 과제)를 파악하고. 그다음 이 과제에 얼마나 많은 시간이 들어
갈지 추정한 후 이 시간을 상당히 줄이는 빠듯한 시한을 설정하라. 가능
하다면 시한을 공개적으로 밝혀라. 가령 완성된 프로젝트를 제시할 사
람에게 언제까지 될지 말하라. 그렇게 할 수 없다면(혹은 회사 생활에 지
장이 생긴다면) 휴대전화에 카운트다운 타이머를 설정해 놓고 눈에 띄는
곳에 두어서 동기를 부여하라.

이 시점에서 심층적 과제를 제때 완료할 수 있는 방법은 하나뿐이
어야 한다. 바로 엄청나게 집중해서 일하는 것이다. 이메일도 보지 말고, 몽
상도 하지 말고, 페이스북도 확인하지 말고, 커피 머신으로 왔다 갔다
하지도 마라. 하버드 시절의 루스벨트처럼 확고한 집중력의 공세 아래
과제가 무너질 때까지 모든 여유 뉴런으로 공략하라.

처음에는 일주일에 한 번 정도만 이 실험을 하라. 그래야 집중력을
훈련하는 동시에 두뇌에 휴식을 주고 스트레스를 낮출 수 있다. 완료
시간과 집중력을 교환하는 능력에 자신감이 생기면 루스벨트식 속행
의 빈도를 늘려라. 이때 시한은 항상 빠듯하게 실행할 수 있을 정도로
설정해야 한다. 그래야 꾸준하게 (혹은 적어도 비슷하게) 시한을 지키되,
그러기 위해서 치열한 집중력을 발휘한다.

이 전략의 주된 동기는 단순하다. 딥 워크는 대다수 지식 노동자들

이 편하게 여기는 수준을 훌쩍 넘어서는 집중을 필요로 한다. 루스벨트식 속행은 인위적인 시한을 활용하여 꾸준하게 달성할 수 있는 수준을 체계적으로 높이는 데 도움을 준다. 그래서 어떤 의미로는 두뇌에서 주의를 담당하는 부위를 대상으로 고강도 반복 훈련을 하는 셈이다. 이 전략이 지니는 또 다른 이점은 속행이 산만함과 양립할 수 없다는 점에서 나온다.(방해 요소에 굴복하고도 시한을 맞출 길은 없다.) 그래서 모든 속행은 무료함을 느끼고 새로운 자극에 대한 욕구가 생길 때 견디는 힘을 기를 기회를 제공한다. 앞선 전략에서 주장한 대로 욕구에 저항하는 훈련은 많이 할수록 쉬워진다.

이 전략을 두어 달 동안 따르고 나면 이전에 경험하지 못한 높은 수준에 이르러서 집중에 대한 인식이 바뀔 것이다. 그리고 더불어 얻은 자유 시간을 다른 인생의 낙을 추구하는 데 할애할 수 있을 것이다. 높은 안목을 지닌 너톨 조류학회의 회원들에게 강한 인상을 남겼던 젊은 시절의 루스벨트처럼 말이다.

생산적 명상 훈련

나는 MIT에서 2년 동안 박사후 연구원 생활을 할 때 아내와 함께 유서 깊은 비콘 힐의 핀크니 거리에 있는 작지만 매력적인 연립주택에서 살았다. 행정상으로 집은 보스턴, 직장은 케임브리지였지만 찰스강의 양안에 자리 잡은 두 곳은 불과 1.5킬로미터밖에 떨어져 있지 않았다. 나는 건강을 유지하려고 길고 음울한 뉴잉글랜드의 겨울 동안에도 걸어서 다니기로 마음먹었다.

　그래서 아침이면 날씨가 어떻든(암울하게도 시 당국은 눈보라가 분 후에 인도를 치우는 속도가 느렸다.) 롱펠로 다리를 건너 캠퍼스로 향했다. 점심시간에는 운동복으로 갈아입고 찰스 강둑을 따라가다가 매사추세츠 애비뉴 다리를 건너는 더 먼 거리를 달려서 집으로 갔다. 집에 도착하면 신속하게 점심을 먹고 샤워를 한 후 지하철을 타고 강을 건너 캠퍼스로 돌아왔다.(그러면 대략 500미터를 거리를 단축할 수 있었다.) 퇴근 후에는 집까지 걸어갔다. 다시 말해서 2년 동안 나는 많은 시간을 걷거나 뛰어다니는 데 썼다. 그렇게 들인 습관을 이제 딥 워크를 위한 훈련에 접목하라고 제안하고자 한다. 바로 **생산적 명상**이라는 습관이다.

　생산적 명상의 목표는 걷거나 뛰거나 운전하거나 샤워를 하는 등 머리를 쓸 필요가 없는 활동을 할 때 특정한 직업적 문제에 집중하는 것이다. 이 문제는 직업에 따라 논문의 틀을 잡는 것일 수도 있고, 강연 내용을 작성하는 것일 수도 있고, 논증을 진전시키는 것일 수도 있고, 사업 전략을 다듬는 것일 수도 있다. 다만 주의 깊은 명상의 경우처럼 생각이 방황하거나 정체될 때 당면 문제에 다시 집중해야 한다.

　나는 보스턴에 살 때 적어도 하루에 한 번은 생산적 명상을 연습했다. 능력이 향상될수록 성과도 나아졌다. 가령 지난번에 쓴 책의 중요한 부분에 해당하는 장의 틀을 잡을 수 있었고, 연구와 관련된 여러 까다로운 기술적 문제를 해결하는 일에도 진전을 이룰 수 있었다.

　당신도 생활하는 동안 생산적 명상을 연습하기를 권한다. 매일 진지한 연습을 할 필요는 없다. 다만 일주일에 적어도 두세 번은 연습하는 것을 목표로 잡아야 한다. 다행히 연습할 시간을 찾는 일은 쉽다. (개를 산책시키거나 통근할 때처럼) 어차피 소모할 시간을 활용하면 되기 때문이다. 그래서 제대로 연습하면 일하는 시간을 빼앗지 않고도 실제로 생산성을 높일 수 있다. 심지어 가장 시급한 문제를 해결하기 위해 일과 중에 생산적 명상을 위한 산책 시간을 정하는 것도 고려할 수 있다.

그렇다고 해서 오로지 생산성을 향상시키기 위해서 이 훈련을 권하는 것은 아니다.(좋은 일이기는 하지만 말이다.) 내게 흥미로운 부분은 깊은 사고를 할 수 있는 능력을 빠르게 개선하는 데 있다. 나의 경험에 따르면 생산적 명상은 앞서 제시한 두 가지 핵심 요건을 모두 충족한다. 즉 산만한 자극에 저항하고 구체적인 문제로 거듭 주의를 돌려서 정신적 근육을 강화하며, 갈수록 초점을 좁혀서 집중력을 연마한다.

생산적 명상에 성공하려면 다른 형태의 명상처럼 연습이 필요하다는 사실을 깨달아야 한다. 나도 초기 몇 주 동안 시도할 때는 심하게 산만했다. 그래서 오랜 '생각'을 하고도 노력의 대가를 얻지 못했다. 10여 회 넘게 연습한 후에야 실질적인 효과를 경험하기 시작했다. 당신도 비슷할 것이니 인내심을 가져야 한다. 다만 초기 절차를 앞당기기 위해 두 가지 조언을 제시한다.

조언 1 잡념과 되새김에 주의하라

초심자가 생산적 명상을 시도할 때 두뇌가 처음 하는 반항은 관련이 없으면서도 흥미로워 보이는 생각을 떠올리는 것이다. 가령 나의 두뇌는 써야 하는 이메일을 떠올려서 주의를 돌리는 데 성공하는 경우가 많았다. 객관적으로 보면 이런 생각은 아주 따분하지만 그 순간에는 너무나 감질나게 바뀐다. 이처럼 당면한 문제에서 멀어지려 할 때는 나중에 생각해도 된다는 사실을 상기하고 주의를 되돌려라.

이런 잡념은 여러 측면에서 생산적 명상을 하는 습관을 기를 때 쓰러트려야 할 명백한 적이다. 그보다 은근하지만 마찬가지로 강력한 적은 되새김이다. 두뇌는 어려운 문제에 직면하면 과도하게 원기를 소모하는 일을 피하는 쪽으로 진화해 왔다. 그 한 가지 방법이 문제를 더 깊이 파고드는 것이 아니라 이미 알고 있는 내용을 계속 되새기는 것이다. 가령 논증 작업을 할 때 나의 두뇌는 해답을 향해 나아가는 어려운 작업을 피하려고 간단한 예비 결론을 계속 다시 이끌어 낸다. 이런 되새김을 하지 않도록 주의해야 한다. 생산적 명상을 금세 좌절시킬 수 있기 때문이다. 되새김을 인지했을 때는 자신을 상기시키고 다음 단계로 주의를 유도하라.

조언 2 생각을 구조화하라

문제를 '깊이 파고드는 것'은 설명이 필요없는 일처럼 보이지만 현실적으로는 그렇지 않다. 산만한 정신적 풍경과 어려운 문제 그리고 생각할 시간에 직면하면 다음 단계는 놀랄 만큼 모호하다. 나의 경험상 깊은 생각을 하는 절차에 약간의 구조를 적용하면 도움이 된다. 우선 문제를 해결하기 위한 연관 변수들을 세심하게 살핀 다음 작업 기억에 저장하라. 가령 한 단락의 틀을 잡는 경우 제시할 요점들이 연관 변수에 해당한다. 혹은 수학의 증명을 풀 때는 실제 변수나 가정 혹은 보조정리가 연관 변수에 해당한다. 연관 변수를 파악한 다음에는 구체적인 다음 단계 문제를 정의하라. 가령 단락의 경우 "어떻게 효과적으로 글머리를 열 것인가?"가 될 수 있고, 증명의 경우 "이 속성이 유효하다고 가정하지 않는다면 어떤 오류가 생길까?"가 될 수 있다. 이렇게 연관 변수를 저장하고 다음 단계 문제를 파악하면 주의를 기울일 구체적 대상이 생긴다.

다음 단계 문제를 풀 수 있다는 가정하에 마지막 단계는 답을 분명하게 검토하여 성과를 **통합**하는 것이다. 이 과정을 되풀이하면 더 높은 수준의 심층성으로 나아갈 수 있다. 이렇게 변수를 검토하고 저장하며, 다음 단계 문제를 파악하고 해결하며, 성과를 통합하는 절차는 집중력을 향상하는 고강도 운동 순서와 같다. 그래서 생산적 명상을 통해 더 많은 것을 얻고, 집중력을 향상하는 속도를 높여 준다.

집중력을 높이는
암기 훈련

대니얼 킬로프Daniel Kilov는 5분만 주어지면 뒤섞은 카드 한 벌의 순서나 무작위로 늘어놓은 100자리 숫자 혹은 115개(호주 기록)의 추상적 형태를 기억할 수 있다. 그러니 그가 근래에 호주 기억력 경진 대회에서 연달아 은메달을 딴 것도 놀랄 일이 아니다. 개인사를 볼 때 놀라운 점은 기억력 대회에 나가는 선수가 되었다는 것이다.

킬로프는 내게 "뛰어난 기억력을 타고나지 않았다."[10]라고 말했다. 실제로 고등학교 시절만 해도 건망증이 심하고 체계적이지 못한 편이었다. 성적도 좋지 않았으며, 주의력 결핍 장애라는 진단까지 받았다. 킬로프가 기억력을 진지하게 연마하기 시작한 것은 호주에서 큰 성공을 거둔 유명한 기억력 챔피언 탄셀 알리Tansel Ali를 우연히 만난 후였다. 그리고 대학을 졸업할 무렵에 처음으로 전국 대회 메달을 땄다.

킬로프가 세계적인 수준의 기억력 선수로 변신하는 과정은 대단히 빨랐다. 그러나 이처럼 빠른 변신이 유례없는 일은 아니었다. 2006년에 미국의 과학 저술가인 조슈아 포어Joshua Foer는 겨우 1년 동안 훈련한 후 전미 기억력 경진 대회에서 우승했다. 그는 그 여정을 2011년에 펴낸 베스트셀러『1년 민에 기어려 천재가 뒤 남자Moonwalking with Einstein』[11]에 기록했다. 다만 우리에게는 킬로프가 집중적으로 기억력을 개발하던 시기에 학업 성적에도 변화가 생겼다는 점이 중요하다. 주의력 결핍 장애를 가진 열등생이던 그는 두뇌를 훈련하는 과정을 거친 후 까다로운 대학을 우등으로 졸업했다. 그리고 정상급 대학원에 박사과정 학생으로 입학하여 현재 유명 철학자 밑에서 수학하고 있다.

워싱턴대에서 기억 연구소를 운영하는 헨리 뢰디거Henry Roediger의 연구는 이런 변신에 대한 설명을 제공한다. 그는 2014년에 샌디에이고에서 열리는 기억력 대회에 연구 팀을 파견했다. 그들은 정상급 기억력 선수들과 일반인들이 어떤 면에서 다른지 알고 싶었다. 뢰디거의 설명에 따르면 "기억력 선수들과 일반인의 가장 큰 차이는 기억이 아니라 주의의 직접적인 척도에 해당하는 인지적 능력에 있다."[12] 이 능력은 주의 통제력attentional control으로 불리며, 중요한 정보에 집중하는 능력을 가리킨다.

다시 말해서 기억력 훈련의 부수적 효과는 전반적인 집중력이 개선되는 것이다. 이 능력은 딥 워크가 필요한 모든 과제에 요긴하게 활용된다. 대니얼 킬로프가 우등생이 된 것은 대회에서 입상할 정도로 뛰어난 기억력 덕분이 아니다. 기억력을 향상하려고 노력하는 과정에서 (부수적으로) 공부를 잘하는 데 필요한 딥 워크 능력이 생겼을 뿐이다.

이 전략은 킬로프의 훈련이 지닌 핵심 요소를 모방하여 같은 방식으로 집중력을 개선하는 것이다. 특히 대다수 기억력 선수들이 기본적으로 보유한 상당히 인상적인 능력, 뒤섞은 카드의 순서를 외우는 능력을 익혀야 한다.

지금부터 설명하는 카드 암기법은 전문가의 글을 보고 습득한 것이다. 그 전문가는 전미 기억력 챔피언 출신이자 카드 암기 부문의 기록 보유자인 론 화이트Ron White다.[13] 화이트가 강조하는 첫 번째 사항은 프로 기억력 선수들은 절대 정보를 거듭 보면서 머릿속에서 반복하는 기계적 암기를 하지 않는다는 것이다. 학생들 사이에서 유행하는 이 방법은 두뇌가 작동하는 방식에 대한 오해에서 기인한다. 두뇌는 추상적인 정보를 재빨리 내면화하도록 만들어지지 않았다. 반면 장면을 기억하는 일에는 아주 뛰어나다. 컨퍼런스의 개막식에 참석하거나, 오래 보지 못한 친구를 만나 술을 마시는 등 근래에 당신의 삶에서 일어난 인상적인 일을 생각해 보라. 가능한 한 그 장면을 선명하게 그려 보라. 대다수 사람들은 놀랄 만큼 생생하게 회상할 수 있다. 당시에는 기억하려는 노력을 전혀 하지 않았는데도 말이다. 기억 속에 떠오른 세부적인 대상들을 체계적으로 세어 보면 그 수가 놀랄 만큼 많을 것이다. 다시 말해서 두뇌는 세부적인 정보를 재빨리 저장할 수 있다. 다만 올바른 방식으로 저장해야 한다. 화이트의 카드 암기법은 이 통찰을 토대로 삼는다.

고용량 암기 과제를 수행하기 위해서는 우선 집에서 다섯 개의 방을 지나는 상황을 머릿속으로 그려야 한다. 가령 문으로 들어와 입구를 지난 다음 1층 욕실, 손님용 침실, 주방, 지하실을 거치는 식이다. 이때 각 방에서 어떤 물건들이 보이는지 선명하게 떠올려라.

각 방마다 열 가지 물건을 결부시켜라. 이 물건들은 연필이 아니라 책상처럼 커야(따라서 더욱 인상적이어야) 한다. 그다음 각 방에서 이 물건들을 바라보는 순서를 정하라. 가령 복도에서는 깔개, 그 옆에 놓인 신발, 신발 위에 있는 외자 순이 될 수 있다. 이 물건들을 합하면 쉰 개밖에 되지 않으므로 가령 마당에 있는 물건을 두 개 더하라. 그러면 각 카드와 짝짓는 데 필요한 쉰두 개의 물건이 확보된다.

머릿속으로 방들을 지나면서 물건들을 정해진 순서대로 보는 훈련을 하라. 이런 유형의 암기는 익숙한 장소와 물건들에 대한 시각적 이미지를 토대로 삼기 때문에 학창 시절에 하던 기계적 암기보다 훨씬 쉬울 것이다.

두 번째 단계는 인상적인 물건 혹은 인물을 카드와 짝짓는 것이다. 이때 논리적 연관성을 부여하면 일이 쉬워진다. 가령 화이트는 도널드 트럼프를 다이아몬드 킹과 짝짓는 사례를 제시한다. 다이아몬드는 부를 상징하기 때문이다. 아무 카드나 집어서 바로 짝지어진 이미지를 떠올릴 수 있을 때까지 훈련하라. 앞서 말한 대로 인상적인 이미지와 연관성을 활용하면 짝짓기가 쉬워진다.

이 두 단계는 일종의 선행 단계로서 한 번만 해 보면 카드를 기억할 때 거듭 활용할 수 있다. 두 단계를 거치면 뒤섞은 카드의 순서를 재빨리 기억하는 주 행사를 치를 준비가 된 것이다. 방법은 간단하다. 집을 걸어다니는 광경을 떠올리기 시작하라. 각 물건을 접할 때 카드를 보고 해당하는 인물이나 물건이 근처에서 인상적인 일을 하는 상상을 하라.

가령 첫 번째 장소와 물건이 입구에 놓인 깔개이고, 첫 번째 카드가 다이아몬드 킹이라면 도널드 트럼프가 깔개 위에서 값비싼 구두에 묻은 흙을 닦아 내는 모습을 상상할 수 있다.

이런 식으로 각 방을 지나면서 올바른 순서로 이미지와 물건을 짝지어라. 한 방을 마쳤다면 두어 번 반복하여 확고하게 이미지를 고정시켜라. 그러면 친구에게 카드를 건네고 정확한 순서를 대서 놀라게 만들 준비가 된 것이다. 그저 머릿속으로 다시 집을 돌아다니면서 각 인물이나 물건과 짝지어진 카드를 떠올리기만 하면 된다.

이 방법을 연습하다 보면 이전에 시도한 많은 기억력 선수들처럼 몇 분 만에 전체 카드를 기억할 수 있음을 알게 된다. 물론 친구를 놀라게 만드는 능력보다 중요한 것은 두뇌에 제공하는 훈련이다. 앞서 제시한 단계들을 거치려면 명확한 대상에 거듭 주의를 집중해야 한다. 이런 훈련은 근육을 써서 무거운 물건을 들 때처럼 전반적인 집중력을 향상시켜서 더 쉽게 몰입하도록 도와준다.[14]

그러나 카드 암기 자체에 특별한 점은 없다는 명백한 사실을 강조할 필요가 있다. 확고한 집중을 요구하는 모든 체계적인 사고 절차는 규칙 2에서 소개한 애덤 말린의 탈무드 공부든, 생산적 명상이든, (한때 내가 좋아했던) 노래를 귀로 듣고 따라 하는 기타 연주든 비슷한 효과를 낸다. 그러니 카드 암기가 어색하다면 비슷한 두뇌 활동을 요구하는 다른 훈련을 골라라. 핵심은 구체적인 방식이 아니라 마음먹은 만큼 훈련을 통해 집중력을 기를 수 있다는 사실이다.

소셜 미디어를 끊어라

디지털
미니멀리즘

　　2013년에 저술가이자 디지털 미디어 컨설턴트인 배러툰데이 서스턴Baratunde Thurston은 한 가지 실험을 했다. 바로 25일 동안 페이스북, 트위터, (2011년 그에게 '올해의 시장'상을 안긴) 포스퀘어, 심지어 이메일까지 온라인 활동을 일체 하지 않는 실험이었다. 그에게는 휴식이 필요했다. 친구들로부터 "세상에서 가장 많이 연결된 사람"이라는 평가를 받는 서스턴은 스스로 집계한 바에 따르면 실험하기 전까지 1년 동안 5만 9000건이 넘는 지메일 대화를 나눴고, 페이스북 담벼락에 1500건의 글을 올렸다. 그는 "너무나 지쳐서 기운이 하나도 남지 않은 상태였다." 라고 밝혔다.

　　실험이 알려진 것은 서스턴이 '단절UnPlug'이라는 아이러니한 제목으로 실험을 소개하는 글을《패스트 컴퍼니Fast Company》에 실었기 때문이다. 이 글에 따르면 단절된 삶에 적응하는 데는 오랜 시간이 걸리지 않았다. 그는 이렇게 썼다. "첫 주말이 되자 조용한 일상의 리듬이 훨씬 덜 낯설어졌다. 새로운 것을 모르는 데 따른 스트레스도 많이 줄었고, 인터넷으로 존재의 증거를 일일이 공유하지 않아도 여전히 존재하고 있음을 느꼈다." 그는 낯선 사람들과 대화를 나눴고, 인스타그램으로 알리지 않고도 음식을 즐겼으며, 자전거를 샀다.("알고 보니 트위터를 확인하지 않으면 자전거를 타는 일이 훨씬 쉬웠다.") 그래서 "실험을 끝내는 날이 너무 빨리 왔다."라며 아쉬워했다. 그러나 그는 회사를 운영했고, 책도 홍보해야 했기에 25일이 지난 후 마지못해 온라인 활동을 재개했다.

서스턴의 실험은 현재 우리의 문화가 페이스북, 트위터, 인스타그램 같은 소셜 네트워크 서비스와 비즈니스 인사이더Business Insider, 버즈피드 같은 인포테인먼트 사이트(앞서 이 두 범주에 속하는 온라인 방해 요소를 '네트워크 도구'로 불렀다.)와 맺은 관계에 대해 두 가지 요점을 명확하게 밝혀 준다. 첫 번째 요점은 네트워크 도구들이 정신을 산만하게 하고 집중력을 약화시킨다는 사실이 점점 알려지고 있다는 것이다. 그래서 더는 많은 논쟁을 불러일으키지 않는다. 모두가 실감하고 있기 때문이다. 이 점은 많은 사람들에게 실질적인 문제다. 딥 워크를 하려는 경우에는 특히 심각하다. 앞서 집중력을 연마하기 위한 여러 방법들을 소개했다. 그러나 실험 이전의 서스턴처럼 앱과 브라우저 탭 속에 파묻혀 산만하게 생활하면 이런 노력들이 갈수록 어려워질 것이다. 의지력은 한정되어 있다. 유혹적인 도구를 더 많이 쓸수록 중요한 일에 계속 집중하기가 어려워진다. 따라서 딥 워크를 하는 능력을 습득하려면 수많은 자극제에 빼앗긴 시간과 주의에 대한 통제권을 되찾아야 한다.

싸움을 시작하기 전에 전장을 잘 이해해야 한다. 이 점은 서스턴의 이야기가 말해 주는 두 번째 요점으로 이어진다. 그것은 지식 노동자들이 네트워크 도구와 주의의 문제를 이야기할 때 드러내는 무력함이다. 시간에 대한 네트워크 도구들의 요구에 압도당한 서스턴은 인터넷을 (잠시) 끊는 것이 유일한 방법이라고 생각했다. 극단적인 인터넷 안식기*가 소셜 미디어와 인포테인먼트가 초래한 산만함을 피하는 유일한 대안이라는 생각은 갈수록 널리 퍼지고 있다.

이 이원적 대응이 지니는 문제는 너무 투박해서 유용하지 않다는 것이다. 물론 인터넷을 끊는 것은 대다수 사람들에게는 불가능한 과장된 허수아비에 불과하다.(산만함에 대한 글을 쓰는 저널리스트가 아니라면 말이다.) 실제로 서스턴처럼 하려는 사람은 없다. 이런 현실은 유일한 대안, 즉 산만한 상태를 불가피한 것으로 받아들이는 대안을 정당화한다. 가령 서스턴은 인터넷 안식기를 통해 수많은 통찰과 깨달음을 얻었지만 실험이 끝난 후 곧 산만한 상태로 되돌아갔다. 내가 이 장을 쓰기 시작한 날은 서스턴이 《패스트 컴퍼니》에 글을 실은 지 겨우 6개월 후였다. 그런데도 확인해 보니 그는 이미 아침에 일어난 지 두어 시간 만에 10여 개의 트윗을 보낸 상태였다.[2]

이 규칙은 세 번째 대안을 통해 속박에서 벗어나도록 돕는다. 그 대안은 바로 네트워크 도구들이 본질적으로 나쁘지 않으며 일부는 성공과 행복에 크게 도움이 될 수도 있다는 사실을 받아들이는 **동시에,**

---

* 여기서 말하는 인터넷 안식기는 규칙 2에서 언급한 인터넷 안식일과 다르다. 후자는 정기적으로(대개 일주일에 하루) 잠시 인터넷을 끊는 것이고, 전자는 길게는 몇 주, 때로는 더 오래 인터넷을 끊는 것이다.

사이트가 정기적으로 취할 수 있는 (개인적인 데이터는 말할 것도 없고) 시간과 주의를 훨씬 엄격하게 제한해야 하므로 대다수 사람들은 그런 도구들을 훨씬 적게 사용해야 한다는 사실을 받아들이는 것이다. 다시 말해서 서스턴처럼 25일 동안 인터넷을 아예 쓰지 말라는 말이 아니다. 단지 애초에 그런 극단적인 실험을 하게 만든 산만한 과연결 상태를 거부하라는 것이다. 둘 사이에는 중간 지대가 있다. 딥 워크 습관을 개발하고 싶다면 거기에 이르려고 노력해야 한다.

네트워크 도구를 바라보는 두 가지 관점

네트워크 도구를 활용하는 일에서 중간 지대를 찾기 위한 첫 번째 단계는 대다수 인터넷 사용자들이 따르는 기본적인 결정 과정을 이해하는 것이다. 나는 2013년 가을에 페이스북에 가입하지 않는 이유를 설명하는 글을 올린 것을 계기로 이 과정에 대한 통찰을 얻었다. 원래 의도는 설교나 비판이 아니었지만 그럼에도 많은 사람들은 방어적인 태도를 취했다. 그들은 댓글로 페이스북을 이용하는 나름의 이유를 밝혔다.[3]

- "처음에는 재미있어서 페이스북에 이끌렸어요. 친구들이 어떤 관심사를 가졌는지 알 수 있고, 재미있는 사진을 올릴 수 있고, 바로 댓글도 달 수 있으니까요."
- "가입할 때는 왜 했는지 몰랐어요. …… 그냥 호기심으로 단

편소설 포럼에 가입했죠. 거기서 글솜씨를 연마하고 좋은 친구
들도 사귀었어요."

- "고등학교 시절의 친구들이 많이 쓰기 때문에 나도 쓰고 있
어요."

(해당 주제와 관련하여 내가 받은 수많은 댓글들을 대표하는) 이 내용이
인상적인 점은 놀랄 만큼 사소하다는 것이다. 가령 첫 댓글을 단 사람
은 분명 페이스북을 쓰면서 재미를 느낄 것이다. 그러나 페이스북에 가
입하기 전에도 재미를 얻을 대안이 심각하게 부족하지는 않았을 것이
다. 또한 페이스북이 갑자기 문을 닫아도 무료함을 떨칠 길을 찾을 것이
다. 페이스북은 기껏해야 이미 존재하는 여러 대안에 (상당히 평범한) 하
나를 더할 뿐이다.

두 번째 댓글을 단 사람은 글쓰기 포럼에서 친구들을 사귀었다고
말했다. 물론 실제로 거기서 사귄 친구들이 있을 것이다. 그러나 그들
의 우정은 컴퓨터를 통해 주고받는 짧은 메시지를 토대로 삼는다는 점
에서 가벼울 수밖에 없다. 가벼운 우정이라고 해서 잘못된 것은 아니지
만 이것이 사회생활의 중심일 가능성은 낮다. 고등학교 시절의 친구들
과 다시 연락하게 되었다고 말한 사람의 경우도 마찬가지다. 흐뭇한 일
이기는 하지만 이것이 그의 사회적 교류나 행복감의 중심일 가능성은
낮다.

분명하게 말하자면 앞서 언급한 혜택들을 폄하하려는 것은 아니
다. 이 혜택들이 착각이거나 오도된 것은 아니다. 다만 내가 강조하는
것은 이런 혜택들이 사소하며 다소 무작위적이라는 것이다.(반면 더욱

일반적으로 인터넷이나 이메일을 쓰는 이유를 물어보면 훨씬 확고하고 설득력 있는 주장이 제기될 것이다.) 그래도 '가치는 가치다.'라고 대꾸할지 모른다. 페이스북 같은 서비스를 이용하는 데서 작더라도 혜택을 얻는다면 이용하지 않을 이유가 있을까? 나는 이런 사고방식을 **혜택 중시 태도**any-benefit mind-set라고 부른다. 어떤 혜택이라도 얻을 수 있다면 네트워크 도구를 쓸 만한 이유가 된다고 보기 때문이다. 더 자세히 정의하면 다음과 같다.

_____ 네트워크 도구에 대한 혜택 중시 접근법: 네트워크 도구를 사용함으로써 조금이라도 혜택을 얻을 수 있거나 사용하지 않음으로써 조금이라도 손해를 볼 수 있다면 사용하는 것이 좋다는 접근법.

물론 이 접근법의 문제점은 네트워크 도구가 수반하는 모든 부정적인 요소를 간과하는 것이다. 이 서비스들은 중독성을 지니도록 만든다. 그래서 (딥 워크와 같은) 직업적, 개인적 목표를 뒷받침할 활동들로부터 시간과 주의를 빼앗는다. 이런 네트워크 도구들을 많이 쓰다 보면 배러툰데이 서스턴과 다른 수백만 명을 힘들게 만든 피곤하고 산만한 연결 상태에 이르게 된다. 이 지점에서 혜택 중시 태도가 지닌 진정으로 해로운 속성이 드러난다. 네트워크 도구를 쓰는 일은 해로울 수 있다. 장점과 단점을 따지지 않고 조금이라도 혜택이 있으면 마음껏 써도 된다는 생각은 뜻하지 않게 지식 노동에서 성공할 수 있는 능력을 약화한다.

객관적으로 살펴보면 이 결론은 놀라운 것이 아니다. 네트워크 도구의 맥락에서 우리는 혜택 중시 태도에 익숙해졌다. 그러나 한발 물러서서 숙련 노동의 맥락에서 더 넓게 바라보면 이런 태도는 도구를 선택하는 이상하고도 반역사적인 접근법처럼 보인다. 다시 말해서 인터넷과 관련된 모든 것을 혁명으로 묘사하는 표현들, 1부에서 언급한 대로 '혁명'에 동참하든 러다이트 운동에 동참하든 선택해야 한다는 생각을 떨치고 나면 네트워크 도구가 예외적이지 않다는 사실을 곧 깨닫게 된다. 네트워크 도구도 대장장이의 망치나 화가의 붓처럼 숙련 노동자들이 일을 하기 위해(그리고 때로 재미를 느끼기 위해) 사용한 도구와 다르지 않다. 역사를 통틀어 숙련 노동자들은 새로운 도구를 활용하는 문제를 세심하고 회의적인 태도로 다루었다. 인터넷과 관련하여 지식 노동자들이 같은 태도를 취하지 못할 이유가 없다. 숙련 노동이 디지털 비트를 다룬다고 해서 사실이 바뀌지는 않는다.

　　세심한 도구 선택이 어떤 양상인지 알려면 (비디지털) 도구로 생계를 유지하고 도구와 맺은 복잡한 관계를 통해 성공하는 사람들을 살피는 것이 좋다. 다행히 나는 영문학도에서 성공적인 유기농 농부로 변신한 (그 이름도 적절한) 포러스트 프리처드Forrest Pritchard를 안다.

　　포러스트 프리처드는 워싱턴 DC에서 서쪽으로 한 시간 떨어진 곳에 있는 가족 농장으로서 블루 리지 산맥 계곡에 모인 여러 농장 중 하나인 스미스 메도스Smith Meadows를 운영한다.[4] 프리처드는 부모에게서 농장을 물려받은 직후에 전통적인 단일 작물 재배 농업에서 목초 비육 농업으로 넘어갔다. 그의 농장은 유통 업체를 우회하여(홀 푸즈Whole Foods 매장에는 스미스 메도스의 스테이크가 없다.) 워싱턴 DC의 도심지에 있는 직판장에서 소비자들에게 직접 고기를 판다. 그럼에도 소규모 운영으로 성공하기 힘든 산업에서 번성하고 있다.

나는 메릴랜드주 타코마 파크에 있는 직판장에서 프리처드를 처음 만났다. 이곳에 세워진 스미스 메도스의 가판대는 장사가 잘되는 편이었다. 대다수 손님들보다 한 뼘은 더 큰 키에 농부들 특유의 색 바랜 플란넬 셔츠를 입은 그의 모습은 자기 일에 자신감을 지닌 장인의 느낌을 풍긴다. 나는 그에게 내 소개를 했다. 농업이 도구를 세심하게 관리해야 하는 일이고, 비디지털 분야의 장인은 어떤 식으로 접근하는지 알고 싶었기 때문이다.

프리처드는 대화를 시작한 지 얼마 되지 않아 이렇게 말했다. "건초를 만드는 일이 좋은 예죠. 이면의 경제적인 문제를 얼버무리지 않고도 기본적인 개념을 제시할 수 있으니까요."

프리처드의 설명에 따르면 처음 농장을 물려받았을 때는 겨울 동안 먹일 건초를 직접 만들었다. 이 작업에는 트랙터 뒤에 달아서 건초를 압축하고 묶어서 더미로 만드는 건초 포장기가 필요했다. 동해안 지역에서 가축을 키우려면 건초 포장기를 보유해야 할 명백한 이유가 있다. 가축에게 건초를 먹여야 하기 때문이다. 자기 땅에서 공짜로 먹일 풀이 자라는데 뭐하러 사료를 사는 데 돈을 들이겠는가? 따라서 지식노동자들처럼 혜택 중시 접근법을 따른다면 당연히 건초 포장기를 사야 한다. 그러나 프리처드는 (남을 헐뜯는 것을 미리 사과한 후) 그렇게 단순한 생각으로 농사를 짓다가는 "조만간 농장 앞에 '매각' 공고가 붙을 것"이라고 말했다. 그는 대다수 농부들처럼 도구를 평가할 때 더욱 세심한 판단 절차를 거친다. 그에 따라 내린 결론은 건초 포장기를 바로 팔아 버리는 것이었다. 현재 스미스 메도스는 모든 건초를 사서 먹인다.

프리처드는 그 이유를 이렇게 설명했다. "건초 제작 비용부터 살펴봅시다. 우선 연료비와 수리비 그리고 보관용 창고 같은 실제 비용이 발생합니다. 게다가 세금도 내야 하죠." 이렇게 직접적으로 측정할 수 있는 비용은 쉽게 판단할 수 있는 부분이었다. 신경을 더 써야 하는 문제는 "기회비용"이었다. 그는 이렇게 말했다. "여름 내내 건초를 만들면 다른 일을 할 수 없어요. 하지만 지금은 닭을 기르는 데 그 시간을 활용하죠. 덕분에 부가 수입을 얻을 수 있어요. 게다가 토질을 개선하는 데 쓸 수 있는 비료도 생산하죠." 뒤이어 구매한 건초가 지니는 이차적 가치도 평가했다. "건초를 사는 것은 현금을 단백질로 바꾸는 일이에요. 또한 (배설물에서 나오는) 비료로 땅에 줄 영양분도 더 얻을 수 있죠. 그리고 여름 내내 차량을 몰아서 땅을 굳히는 일도 피할 수 있어요."

프리처드는 건초 포장기를 보유할지 여부를 결정할 때 근본적으로 일회성인 직접 비용을 떠나 토질이라는 장기적인 세부 문제로 주의를 돌렸다. 그래서 앞서 제시한 이유에 따라 건초를 사는 편이 토질에 더 좋다는 결론을 내렸다. 그는 "토질이 기준"이라고 밝혔다. 이 기준에 따르면 건초 포장기를 팔아야 했다.

프리처드의 결정이 얼마나 복잡한 과정을 거쳤는지 보라. 이 복잡성은 중요한 현실, 즉 약간의 혜택만 있으면 돈과 시간 그리고 주의를 도구에 투자할 수 있다는 생각이 농부에게는 거의 웃음거리나 다름없는 현실을 드러낸다. 물론 건초 포장기는 혜택을 제공한다. 농기계 매장에 있는 모든 도구는 유용한 기능을 지닌다. 물론 건초 포장기는 부정적인 면도 지닌다. 그래서 프리처드는 세부적인 면을 살펴서 결정해야 한다는 사실을 알았다. 그는 농사를 성공시키는 데 더없이 중요한 토질이라는 분명한 기준에서 시작하여 특정한 도구를 사용할지 여부를 판단하는 최종 결정으로 나아갔다.

당신이 지식 노동자, 특히 딥 워크 습관을 기르고 싶은 지식 노동자라면 농부 같은 다른 숙련 노동자들처럼 세심하게 도구를 선택해야한다. 다음에 나오는 내용은 이 평가 전략을 정리한 것이다. 나는 도구가 궁극적으로 더 큰 목표를 이루도록 돕는 수단임을 강조하는 의미에서 이 전략을 **장인 접근법**이라고 부른다.

_____ **도구 선택에 대한 장인 접근법**: 직업적, 개인적 삶에서 성공과 행복을 좌우하는 핵심 요소를 파악한 다음 부정적인 영향보다 긍정적인 영향이 훨씬 큰 도구를 선택하는 것.

이 접근법은 혜택 중시 접근법과 대치된다. 혜택 중시 접근법은 긍정적인 영향만 있으면 도구를 써도 된다고 보지만 장인 접근법은 긍정적인 영향이 중요한 핵심 요소에 작용해야 하며, 부정적인 영향보다 커야 한다고 본다.

장인 접근법은 혜택 중시 접근법이 지닌 단순성을 배척한다. 그러나 현재 사람들을 네트워크 도구로 이끄는 혜택을 무시하거나, '좋은' 기술이 무엇이고 '나쁜' 기술이 무엇인지 예단하지 않는다. 단지 숙련 노동의 역사에 걸쳐서 다른 도구들을 대상으로 그랬던 것처럼 네트워크 도구도 신중하고 세부적인 판단을 거친 후 활용하도록 요청할 뿐이다.

이 규칙에 따른 세 가지 전략은 시간과 주의를 할애할 도구를 고를 때 혜택 중시 접근법을 버리고 더욱 신중한 장인 접근법을 취하도록 만들기 위한 것이다. 이 지침이 중요한 이유는 장인 접근법이 뻔하지 않기 때문이다. 삶에서 가장 중요한 요소를 파악한 다음 다양한 요소들이 미치는 영향을 판단하는 일은 간단한 공식으로 환원되지 않는다. 대신 훈련과 실험이 필요하다. 다음에 나오는 전략은 이 훈련과 실험을 체계화하여 다양한 각도에서 네트워크 도구를 재검토하도록 만든다. 그래서 시간과 주의에 대한 통제권을 되찾아 2부에 나오는 다른 요구들을 충족하기 위해 도구와 더욱 세심한 관계를 맺도록 돕는다.

목표에 미치는 영향을
신중히 탐색하라

말콤 글래드웰은 트위터를 하지 않는다. 그는 2013년에 가진 인터뷰에서 그 이유를 이렇게 설명했다. "팬들이 트위터에서 내 말을 듣고 싶어 한다고 말하는 사람이 있나요?"[5] 뒤이어 그는 "나를 덜 보고 싶어 하는 사람들은 많이 알아요."라며 농담을 던졌다. 또 다른 베스트셀러 작가인 마이클 루이스Michael Lewis도《와이어*The Wire*》와 가진 인터뷰에서 이렇게 말했다. "트윗을 올리지 않고, 트위터도 하지 않아요. 트위터 메시지를 어디서 찾아서 어떻게 읽는지도 몰라요."[6] 그리고 1부에서 언급한 대로 전미 도서상을 받은《뉴요커》기고가인 조지 패커도 트위터를 하지 않으며, 근래에야 스마트폰을 써야 하는 필요성에 굴복했다.

이 세 사람이 트위터가 쓸모없다고 생각하는 것은 아니다. 그래서 다른 작가들은 유용하게 쓴다는 사실을 선뜻 인정한다. 사실 패커는

《뉴욕 타임스》의 미디어 평론가였던 고故 데이비드 카David Carr가 쓴 노골적인 친트위터 성향의 글에 대한 반응으로 트위터를 하지 않는다고 밝혔다. 이 글에서 카는 다음과 같이 토로했다.

> 그래서 거의 1년이 지난 지금 트위터가 내 뇌를 곤죽으로 만들었나? 아니다. 나는 지금끼기 가능하다고 생각했던 것보다 더 많은 일들에 대한 이야기를 항상 접하며, 스타벅스에서 커피를 기다리는 시간에 잠시만 검색하면 그날의 뉴스 그리고 사람들의 반응을 알 수 있다.[7]

그러나 글래드웰, 루이스, 패커는 트위터가 자신의 상황에서 부정적인 영향을 상쇄할 만큼 이점이 충분히 크다고 생각지 않는다. 가령 루이스는 접촉 수단을 추가하면 기운을 빼앗기고, 좋은 글을 쓸 능력이 약화될지 모른다고 우려하면서 이렇게 밝혔다. "사람들을 접촉할 수 있는 수단이 얼마나 많은지 보면 놀랍다. 나의 경우에도 삶을 풍요롭게 만드는 것이 아니라 궁핍하게 만드는 소통이 많다." 또한 패커는 산만해질지 모른다는 우려를 나타내면서 "트위터는 미디어 중독자에게 코카인과 같다."[8]라고 말했다. 그는 한발 더 나아가 카의 트위터 예찬에 대해 "신세기에 들어서 지난 10년 동안 읽은 글 중에서 가장 두려운 미래의 그림을 그렸다."라고 평가했다.

트위터(및 기타 도구)를 피하기로 한 이 작가들의 개인적인 결정이 옳은지 따질 필요는 없다. 판매 부수와 수상 실적이 말해 주기 때문이다. 그 대신 그들이 내린 결정을 장인적 접근법의 긍정적인 면을 보여 주는 사례로 삼을 수 있다. 수많은 지식 노동자들, 특히 창의적인 분야에 속한 지식 노동자들이 여전히 모든 혜택 중시 접근법에 갇혀 있는 시대에 더욱 성숙한 접근법을 접하는 일은 상쾌한 느낌을 준다. 그러나 이런 사례가 드물다는 사실은 이처럼 성숙하고 확신에 찬 평가를 내리기가 쉽지 않음을 말해 준다. 포러스트 프리처드가 건초 포장기와 관련된 결정을 내리기 위해 거친 복잡한 사고 절차를 생각해 보라. 많은 지식 노동자들과 그들이 쓰는 많은 도구의 경우에도 마찬가지로 복잡한 결정을 내려야 한다. 그래서 이 전략의 목표는 이 사고 절차에 약간의 체계, 어떤 도구가 정말로 중요한지 파악하는 일의 복잡성을 줄이는 길을 제공하는 것이다.

첫 단계는 직업적, 개인적 삶에서 추구하는 주된 고차원적 목표를 파악하는 것이다. 가령 가족이 있다면 좋은 부모가 되고 정돈된 가정을 꾸리는 것이 개인적 목표가 될 수 있다. 직업적 삶은 어떤 일을 하느냐에 따라 세부적인 목표가 달라진다. 가령 나는 교수로서 두 가지 중요한 목표를 추구한다. 하나는 학부생들을 잘 가르치고, 대학원생들에게 좋은 멘토가 되는 것이다. 다른 하나는 뛰어난 학자가 되는 것이다. 당신의 목표는 다르겠지만 핵심은 가장 중요한 목표로 목록을 제한하고 그에 맞게 고차원적인 내용을 부여하는 것이다.("100만 달러어치의 매출을 올린다." 혹은 "1년에 대여섯 편의 논문을 발표한다." 같은 목표는 우리의 목적에 비춰 볼 때 너무 구체적이다.) 이 일을 끝내면 직업적, 개인적 삶에서 추구할 소수의 목표가 정해진다.

목표를 정했다면 달성하는 데 도움이 되는 두세 가지 주요 활동을 나열하라. 이 활동들은 실행하는 모습을 분명하게 떠올릴 수 있을 만큼 구체적이어야 한다. 다른 한편으로는 일회성 결과에 얽매이지 않을 만큼 포괄적이어야 한다. 가령 "연구를 더 잘한다."는 너무 포괄적이고 ('연구를 더 잘하는' 것은 어떤 모습인가?) "이번 학회에서 발표할 논문을 제시간에 끝낸다."는 너무 구체적이다.(일회성 결과) 이 맥락에서 좋은 활동의 사례를 들면 다음과 같다. "내 분야에서 나오는 최신 연구 결과를 꾸준하게 읽고 이해한다."

다음 단계는 현재 사용하는 네트워크 도구를 검토하는 것이다. 각 도구가 앞서 정한 활동들을 꾸준하게 잘해 내는 데 크게 긍정적인 영향을 끼치는지 혹은 크게 부정적인 영향을 끼치는지 아니면 거의 영향이 없는지 파악하라. 이제 중요한 결정을 내려야 할 때다. 중요한 활동에 크게 긍정적인 영향을 끼치고, 긍정적인 영향이 부정적인 영향보다 큰 경우에만 계속 사용하라.

이 전략을 실행하는 양상을 그릴 수 있도록 사례를 들어 보자. 마이클 루이스가 다음과 같이 저술 활동에서 추구할 목표와 주요 활동을 정했다고 가정하자.

- **직업적 목표**: 사람들이 세상을 이해하는 방식을 바꾸는 이야기 중심의 뛰어난 글을 쓴다.
- **주요 활동**
1   인내심을 갖고 깊이 있게 자료를 조사한다.
2   목적 의식을 갖고 세심하게 글을 쓴다.

이제 루이스가 이 목표를 기준으로 삼아 트위터를 쓸지 결정한다
고 상상해 보라. 우리의 전략에 따르면 그는 트위터가 주요 활동에 어
떤 영향을 미치는지 따져야 한다. 트위터가 두 활동을 잘하는 데 도움
이 된다는 분명한 근거는 없다. 깊이 있게 자료 조사를 하려면 소수의
취재원을 아는 데 몇 주에서 몇 달을 들여야 한다.(그는 여러 번에 걸쳐 취
재원이 지닌 이야기를 뽑아내는 장기 취재의 달인이다.) 또한 세심하게 글을
쓰려면 방해 요소에서 벗어나야 한다. 두 경우에 트위터는 최선의 경우
실질적인 영향을 미치지 않으며, 최악의 경우 중독성에 얼마나 취약한
지 여부에 따라 크게 부정적인 영향을 미친다. 따라서 결론은 트위터를
쓰지 말아야 한다는 것이다.

하나의 목표로 사례를 한정하는 것은 인위적이라고 주장할 수도
있다. 트위터 같은 서비스가 기여할 가능성이 높은 분야를 간과하기 때
문이다. 특히 작가들에게 트위터는 독자들과 소통하는 통로를 제공한
다. 이는 궁극적으로 판매를 늘릴 수 있다. 그러나 마이클 루이스 같은
작가들이 직업적 삶에서 중요한 것이 무엇인지 고려할 때 마케팅은 그
다지 가치를 지니지 못한다. 정말로 좋은 책을 쓰기만 하면 영향력 있
는 매체에서 대대적으로 다룰 만큼 높은 명성을 지녔기 때문이다. 따라
서 작가가 주도하는 비효율적인 수단을 통해 판매를 조금 늘리려고 애
쓰는 것보다 가능한 한 최선의 책을 쓰는 데 집중하는 것이 훨씬 생산
적이다. 다시 말해서 문제는 트위터가 루이스에게 분명한 혜택을 제공
하는지 여부가 아니라 직업적 삶에서 가장 중요한 활동에 큰 영향을 미
치는지 여부다.

그렇다면 덜 유명한 작가들은 어떨까? 이 경우 마케팅이 더 중요한

역할을 할 수도 있다. 그러나 트위터를 통한 가벼운 일대일 접촉이 목표를 뒷받침하는 주요 활동에 들어갈 가능성은 낮다. 이 점은 간단한 계산으로 알 수 있다. 가상의 작가가 일주일에 5일, 하루에 열 개의 트윗을 부지런히 보낸다고 가정하자. 각 트윗은 그를 잠재적 독자와 일대일로 연결한다. 이제 트윗을 받는 사람 중 50퍼센트가 다음에 나올 책을 살 팬이 된다고 가정하자. 책을 쓰는 데 2년이 걸린다면 트위터 활동이 도움을 준 판매 부수는 2000부다. 베스트셀러가 되려면 매주 그것의 두세 배를 더 팔아야 하는 시장에서는 적은 수량이 아닐 수 없다. 다시 문제는 트위터가 어떤 혜택을 제공하는지 여부가 아니라 (작가에게 특히 중요한 두 가지 자원인) 시간과 주의를 빼앗기는 것을 상쇄할 만큼 **충분한** 혜택을 제공하는지 여부다.

직업적인 맥락에서 이 접근법을 적용하는 사례를 보았으니 더 큰 지장을 받는 개인적 목표를 살펴보자. 특히 우리 문화에서 가장 보편적이며 맹렬한 변호를 받는 도구인 페이스북에 이 접근법을 적용해 보자.

페이스북(혹은 비슷한 SNS)을 쓰는 일을 정당화할 때 대다수 사람들은 사회생활에서 중요한 역할을 한다고 말한다. 이 사실을 염두에 두고 우리의 전략을 적용하여 페이스북이 개인적 목표에 긍정적인 영향을 미치는 면에서 합격점을 받는지 살펴보자. 그러기 위해서 다시 가상의 목표와 주요 활동을 설정해 보자.

- **개인적 목표**: 내게 소중한 사람들과 친밀하고 보람찬 우정을 유지한다.

• 주요 활동

1   내게 소중한 사람들과 정기적으로 의미 있는 소통을 나누는 시간을 가진다.(가령 긴 대화나 식사 혹은 공동 활동을 한다.)
2   내게 소중한 사람들에게 나 자신을 베푼다.(그들의 삶을 개선하는 중요한 희생을 한다.)

이 목표나 주요 활동이 모두에게 해당하지는 않을 것이다. 그래도 많은 사람들에게 해당한다고 가정하자. 이제 한발 물러서서 개인적 목표라는 맥락에 비추어 우리의 전략이 지닌 여과 논리를 페이스북에 적용해 보자. 물론 페이스북은 사회생활에 여러 가지 혜택을 제공한다. 자주 언급되는 혜택으로는 오랫동안 만나지 못한 사람들과 안부를 나누게 해 주고, 자주 만나지 않는 지인들과 가벼운 연락을 유지하게 해 주고, 사람들의 삶에 생긴 중대사(결혼을 했는지 혹은 얼마 전에 낳은 아기가 어떻게 생겼는지)를 쉽게 확인하게 해 주며, 관심사와 맞는 온라인 모임이나 단체를 찾을 수 있게 해 준다.

분명 페이스북은 이런 실질적 혜택들을 제공한다. 그러나 오프라인에서 많은 노력을 기울여야 하는 두 가지 주요 활동에 크게 긍정적인 영향을 미치는 것은 없다. 따라서 우리의 전략은 놀랍고도 명확한 결론을 제시한다. 페이스북은 사회생활에 혜택을 제공하지만 시간과 주의를 할애할 만큼 진정으로 중요하지는 않다.*

----

* 나는 바로 이런 분석에 따라 페이스북을 쓰지 않는다. 그래서 한 번도 가입한 적이 없다. 물론 앞서 제시한 사소한 혜택들은 많이 놓쳤겠지만 이 점이 활발하고 보람찬 사회생활을 한다는 목표에 뚜렷한 영향을 미치지는 않았다.

분명하게 밝히지만 모두가 페이스북을 끊어야 한다는 말은 아니다. 다만 앞서 제시한 특정한(대표적인) 사례에서는 페이스북을 끊어야한다는 결론이 나온다는 것이다. 물론 상반되는 결론으로 이어지는 다른 상황들도 있을 것이다. 가령 대학 신입생의 사례가 그렇다. 이 경우 기존 교우 관계를 유지하는 일보다 새로운 교우 관계를 맺는 일이 더 중요할 수 있다. 그래서 활발한 사회생활을 한다는 목표를 뒷받침하기 위해 '많은 행사에 참여하여 여러 사람과 사귀려고' 노력할 수 있다. 이 주요 활동을 캠퍼스에서 추구하는 경우 페이스북 같은 도구가 크게 긍정적인 영향을 미칠 수 있으므로 쓰는 것이 맞다.

다른 사례로는 해외로 파병된 군인을 들 수 있다. 이 가상의 군인에게 고국에 남겨 둔 가족 및 친구들과 가벼운 연락을 자주 나누는 일은 타당한 우선순위다. 그래서 SNS를 통해 도움을 받는 것이 좋다.

그래도 분명한 사실은 앞서 설명한 대로 이 전략을 적용하면 모두는 아니지만 많은 사람들이 페이스북이나 트위터 같은 도구를 버려야한다는 것이다. 이 대목에서 소수의 활동만을 토대로 네트워크 도구에 대한 결정을 내리는 것은 자의적이라고 반발할 수 있다. 이미 밝혔듯이 페이스북은 사회생활에 많은 혜택을 제공한다. 그런데 중요하다고 판단되는 소수의 활동에 도움이 되지 않는다고 해서 버려야만 할까? 그러나 우선순위를 극단적으로 줄이는 것은 자의적인 조건이 아니라 고객 수익성부터 사회적 평등, 컴퓨터 프로그램의 장애 방지까지 여러 분야에서 거듭 제기된 다음 개념을 토대로 삼는다는 점을 이해하는 것이 중요하다.

──────── **핵심 소수의 법칙**[*]: 많은 경우 20퍼센트의 원인이 80퍼센트의 결과를 좌우한다.[9]

가령 단 20퍼센트의 고객이 이익의 80퍼센트를 창출할 수 있고, 20퍼센트의 국민이 80퍼센트의 국부를 보유할 수 있으며, 20퍼센트의 버그가 80퍼센트의 장애를 일으킬 수 있다. 이 현상을 뒷받침하는 수학적 근거가 있지만(80 대 20은 대체로 충격에 대한 멱함수 분포를 기술할 때 나오는 것으로, 이런 유형의 분포는 종종 현실 세계에서 양을 측정할 때 나타난다.) 많은 경우 결과에 대한 기여가 균등하게 분포하지 않는다는 사실을 상기하는 어림법으로 적용할 때 가장 유용할 것이다.

그러면 논의를 진전시켜서 이 법칙이 중요한 인생의 목표를 추구할 때도 유효하다고 가정하자. 앞서 언급한 대로 여러 활동이 목표를 달성하는 데 기여할 수 있다. 그러나 핵심 소수의 법칙에 따르면 이 전략에서 집중하도록 요구하는 중요한 두세 가지 활동이 목표 달성에 성공하는지 여부에 가장 큰 영향을 미친다. 이 사실을 받아들이더라도 여전히 혜택을 안기는 나머지 80퍼센트의 활동을 간과하지 말아야 한다고 주장할 수 있다. 이 덜 중요한 활동들은 중요한 활동들만큼 목표를 달성하는 데 기여하지 않는다. 그래도 약간의 혜택을 제공하는데 포기할 이유가 있을까? 중요한 활동들을 간과하지 않는 한 덜 중요한 활동들을 병행해서 나쁠 것은 없어 보인다.

────────────

[*] 이 개념은 '80 대 20 법칙', '파레토의 법칙', 거창하게는 '희소 인자의 법칙' 등 여러 명칭과 형태가 있다.

그러나 이 주장은 중요성과 무관하게 모든 활동이 한정된 시간과 주의를 동일하게 소모한다는 요점을 놓치고 있다. 영향력이 작은 활동을 하면 영향력이 큰 활동에 쓸 시간을 빼앗긴다. 시간 분배는 제로섬 게임이다. 영향력이 큰 활동에 시간을 투자해야 훨씬 큰 성과를 거둘 수 있다. 영향력이 작은 활동에 시간을 많이 투자할수록 전반적인 혜택이 줄어드나.

비즈니스 세계는 이 사실을 안다. 기업들이 크게 도움이 되지 않는 고객을 자르는 일이 드물지 않은 이유가 여기에 있다. 20퍼센트의 고객이 80퍼센트의 이익을 창출한다면 다른 고객에게 들일 노력을 그들에게 돌리는 편이 낫다. 돈이 되는 소수 고객에게 투자하는 시간은 돈이 되지 않는 고객에게 투자하는 시간보다 더 많이 이익을 안긴다.

직업적, 개인적 목표를 추구하는 경우도 마찬가지다. 페이스북에서 옛 친구를 찾는 것 같은 영향력이 작은 활동에 소모하는 시간을 좋은 친구와 함께 점심을 먹는 것 같은 영향력이 큰 활동으로 돌리면 목표를 이루는 데 더 큰 성공을 거두게 된다. 그러므로 이 논리에 따라 네트워크 도구를 버리는 것은 작은 혜택들을 놓치는 일이 아니라 큰 혜택을 제공하는 활동에서 혜택을 더 많이 얻는 일이다.

다시 출발점으로 돌아와서, 말콤 글래드웰, 마이클 루이스, 조지 패커에게 트위터는 저술가로서 성공하도록 해 주는 20퍼센트의 활동을 뒷받침하지 않는다. 따로 놓고 보면 약간의 혜택을 제공할지 모르지만 전체 경력을 따지면 트위터를 쓰지 않고 그 시간을 더 실속 있는 활동으로 돌리는 편이 낫다. 한정된 당신의 시간과 주의를 할애할 도구를 결정할 때도 그들처럼 세심하게 따질 필요가 있다.

SNS
차단 실험

라이언 니커디머스Ryan Nicodemus가 단순한 삶을 살기로 결정했을 때 첫 번째 타깃은 소유물이었다. 당시 그는 넓은 방 세 개짜리 콘도에 혼자 살았다. 또한 오랫동안 소비 충동에 이끌려 넉넉한 공간을 채우는 데 최선을 다했다. 이제 물건들에게 빼앗긴 삶을 되찾아야 할 때였다. 그가 활용한 전략은 설명하기에는 단순하지만 개념적으로는 극단적이기도 했다. 그는 마치 이사를 가기라도 하는 것처럼 오후 내내 모든 물건을 상자에 담았다. 그는 이 "힘든 일"을 덜 부담스럽게 만들려고 "짐 싸기 파티"로 불렀다. 그리고 "파티가 되면 무엇이든 더 재미있는 법이다. 그렇지 않은가?"라고 설명했다.[10]

니커디머스는 짐 싸기를 끝낸 후 일주일 동안 정상적인 일과를 이어 갔다. 필요한 물건이 있으면 상자에서 꺼내 원래 자리에 두었다. 그렇게 일주일을 보내고 나니 대다수 물건은 상자 안에 그대로 남아 있었다.

그래서 모두 없애 버렸다.

물건이 계속 쌓이는 이유 중 하나는 막상 없애려고 하다가도 '나중에 필요하면 어쩌지?'라는 걱정이 들고, 이 걱정을 핑계로 그냥 놔 두기 때문이다. 니커디머스가 감행한 짐 싸기 파티는 대다수 물건이 실제로 필요치 않다는 분명한 증거를 제공하여 단순한 생활을 꾸리는 데 도움을 주었다.

앞서 제시한 전략은 현재 당신의 시간과 주의를 차지하는 네트워크 도구들을 분류하기 위한 체계적인 수단을 제공했다. 라이언 니커디 머스가 쓸모없는 물건을 처리한 방법에서 영감을 얻은 이 전략은 앞선 전략과 다르지만 같은 문제를 해결하는 보완적인 수단을 제공한다.

구체적으로 말하면 이 전략은 현재 사용하는 SNS에 대해 짐 싸기 파티와 같은 일을 하도록 요구한다. 다만 물건을 싸는 것이 아니라 30일 동안 서비스 사용을 스스로 금해야 한다. 페이스북이든, 인스타그램이든, 구글플러스든, 트위터든, 스냅챗이든, 바인이든 혹은 내가 이 단어들을 처음 쓴 이후 인기를 얻은 다른 어떤 서비스든 전부 말이다. 정식으로 회원 탈퇴를 하지도 말고, (이 점이 중요한데) 그만한다고 온라인상에 밝히지도 마라. 그냥 완전히 끊어라. 누군가 다른 수단으로 연락하여 왜 활동을 하지 않는지 물어보면 설명을 해 줄 수는 있지만 굳이 먼저 나서서 알리지 마라.

이렇게 30일 동안 자신을 고립시킨 후 각 서비스에 대해 다음 두 가지 질문을 제기하라.

1 이 서비스를 사용했다면 지난 30일이 크게 더 나아졌을까?
2 내가 이 서비스를 사용하지 않는 것을 사람들이 신경 썼을까?

두 질문에 대한 답이 '아니다'라면 영원히 해당 서비스를 끊어라. 답이 명백히 '그렇다'라면 다시 사용하라. 그렇지 않고 단서가 붙거나 모호하다면 다시 사용할지 여부는 당신에게 달려 있다. 그러나 나는 끊을 것을 권한다.(언제든 나중에 다시 쓸 수 있다.)

이 전략은 구체적으로 소셜 미디어를 겨냥한다. 시간과 주의를 빼앗는 여러 네트워크 도구 중에서 제한 없이 사용했을 때 딥 워크를 가장 심하게 저해하는 것이기 때문이다. 소셜 미디어는 예측할 수 없는 간격으로 개인화된 정보를 제공하여 엄청난 중독성을 지닌다. 그래서 일과를 정해서 집중하는 데 큰 지장을 초래할 수 있다. 이런 위험을 감안할 때 많은 지식 노동자들이 해당 도구들을 끊을 것이라고 예상하기 쉽다. 특히 딥 워크의 성과에 생계가 걸린 컴퓨터 프로그래머나 저술가는 더욱 그렇다. 그러나 소셜 미디어가 해로운 부분적인 이유는 사람들의 주의를 빼앗아서 돈을 버는 회사들이 능숙한 마케팅으로 성공했다는 점에 있다. 그들은 소셜 미디어를 쓰지 않으면 많은 것을 **놓칠** 수 있다고 사람들을 설득한다.

많은 것을 놓칠지 모른다는 두려움은 옷장에 쌓아 둔 산더미 같은 물건들이 언젠가는 필요할지 모른다는 니커디머스의 두려움과 비슷하다. 내가 그의 짐 싸기 파티와 같은 조치를 취할 것을 제안한 이유가 여기에 있다. 소셜 미디어 사용을 한 달 동안 중단함으로써 행사, 대화, 공통의 문화적 경험 같은 것들을 놓칠지 모른다는 두려움을 현실에 대한 깨달음으로 바꿀 수 있다. 대다수 사람들에게 이 깨달음은 네트워크 도구를 둘러싼 마케팅 메시지에서 벗어나는 어려운 일을 해내야만 비로소 명백하게 드러나는 사실, 바로 소셜 미디어가 실은 삶에서 그다지 중요치 않다는 사실을 확인해 준다.

이 30일간의 실험을 주위에 알리지 말라고 한 이유는 일부 사람들을 소셜 미디어에 얽매이게 만드는 착각의 다른 요소 때문이다. 그 요소란 사람들이 당신의 말을 듣고 싶어 하며, 당신이 갑자기 의견을 제시하지 않으면 실망할지 모른다는 생각이다. 표현이 다소 짓궂지만 이 이면의 감정은 보편적이어서 제대로 대응하는 것이 중요하다. 가령 이 글을 쓰는 현재 트위터 사용자당 평균 팔로워 수는 208명이다.[11] 200명 이상이 **자발적**으로 챙겨 본다는 사실을 알면 당신의 활동이 중요하다고 믿기 쉽다. 생각을 팔아서 먹고사는 사람으로서 말하건대 이런 감정은 중독성이 상당하다!

그러나 소셜 미디어 시대의 청중들이 처한 현실은 다르다. 소셜 미디어 서비스들이 존재하기 전에는 친구와 가족을 넘어서 청중을 모으는 일이 어렵고 경쟁이 심했다. 가령 2000년대 초만 해도 누구나 블로그를 시작할 수 있었지만 소규모의 방문자라도 확보하려면 주의를 끌만큼 가치 있는 정보를 전달하기 위해 실질적인 노력을 기울여야 했다. 나는 이 일이 얼마나 어려운지 잘 안다. 나는 2003년 가을에 처음 블로그를 시작했다. 이름은 영리하게도 '고무적인 별칭Inspiring Moniker'이었다. 나는 이 블로그에 스물한 살 대학생으로서 느끼는 삶에 대한 감상들을 적었다. 인정하기 창피하지만 (문자 그대로) **한 사람도** 글을 읽지 않는 기간이 상당히 길었다. 이후 10년 동안 현재 운영하는 블로그인 '스터디 핵스Study Hacks'를 찾는 사람을 한 달에 10여 명에서 수십만 명으로 힘들게, 참을성 있게 늘리는 과정에서 알게 된 사실은 온라인으로 사람들의 주의를 끄는 일은 어렵고도 어렵다는 것이다.

다만 지금은 그렇지 않다.

내가 보기에 소셜 미디어가 급격하게 부상한 부분적인 요인은 실질적인 가치를 생산하는 어려운 일과 사람들의 주의를 끄는 긍정적인 성과 사이의 연관성을 끊은 데 있다. 소셜 미디어는 이 둘 사이의 시대를 초월하는 자본주의적 교환 관계를 얄팍한 집산주의적 대안, 즉 가치에 상관없이 내 말을 들어주면 당신 말도 들어주는 교환 관계로 바꾸었다. 가령 페이스북 담벼락이나 트위터 피드를 차지하는 전형적인 콘텐츠를 블로그나 잡지 혹은 텔레비전 프로그램에서 다루면 대체로 전혀 주의를 끌지 못할 것이다. 그러나 소셜 미디어 서비스의 사회적 관습 안에서는 같은 콘텐츠가 '좋아요'와 댓글의 형태로 주의를 끈다. 이런 행동을 자극하는 암묵적 합의는 (대개는 받을 자격이 없는) 주의를 받은 대가로 (마찬가지로 받을 자격이 없는) 주의를 후하게 되돌려주는 것이다. 가령 나의 상태 업데이트에 '좋아요'를 눌러 주면 나도 '좋아요'를 눌러 주는 식이다. 이 합의는 모두에게 별다른 노력을 기울이지 않고도 중요한 콘텐츠를 올린 듯한 허구적인 느낌을 준다.

다른 사람들에게 알리지 않고 이런 서비스들을 끊으면 콘텐츠 생산자로서 실제 위상이 어떤지 검증할 수 있다. 대다수 사람들 그리고 대다수 서비스의 경우 그 현실은 정신을 번쩍 들게 할 것이다. 가까운 친구와 가족들 외에는 누구도 당신이 활동하지 않는다는 사실조차 모를 것이다. 내 말이 다소 심술궂게 들릴 수도 있다.(하지만 다른 방식으로 말할 수 있을까?) 그래도 논의를 하는 것이 중요하다. 가짜 중요성을 얻기 위한 노력이 시간과 주의를 생각 없이 쪼개도록 만드는 데 결정적인 역할을 하기 때문이다.

물론 어떤 사람들은 30일 동안 실험을 하기가 어렵고 많은 문제를 겪을 것이다. 가령 대학생이거나 온라인 유명 인사라면 복잡한 문제가 생기고 다른 사람들의 눈에 띌 것이다. 그러나 대다수 사람들은 결과적으로 인터넷을 사용하는 습관을 대대적으로 고치는 수준은 아닐지라

도 소셜 미디어가 일상에서 차지하는 역할을 더욱 현실적으로 보게 될
것이다.

이 서비스들은 홍보하는 내용과 달리 인터넷으로 연결된 현대 세
계의 핏줄이 아니다. 단지 기업이 후한 자금을 받아 개발하고, 세심하
게 홍보하며, 궁극적으로 개인 정보와 관심을 모아서 광고주들에게 팔
기 위한 제품일 뿐이다. 그래서 쓰임새는 모르지만 인생과 성취의
관점에서 보면 가볍고 기발한 대상, 즉 몰입을 방해하는 수많은 것들
가운데 또 하나의 중요치 않은 방해 요소에 불과하다. 혹은 SNS가 당
신이 존재하는 방식의 핵심일 수도 있다. 어느 쪽인지는 없이 살아 보지
않고서는 모른다.

재미를 위해
인터넷을 사용하지 마라

아널드 베넷Arnold Bennett은 19세기 말에 태어난 영국 작가다. 당시
영국의 경제 상황은 어려웠다. 그때까지 수십 년 동안 왕성하게 진행된
산업혁명은 제국의 자원으로부터 충분한 잉여자본을 짜내어 새로운
계급인 화이트 칼라 노동자를 만들어 냈다. 그에 따라 일주일에 정해진
시간만큼 사무실에서 일하고, 그 대가로 가계를 지탱하기에 충분한 월
급을 꼬박꼬박 받는 일자리를 얻을 수 있었다. 이런 생활 방식은 현대인
에게는 대체로 익숙하지만 베넷과 당대인들에게는 새롭고도 여러모로
걱정스러운 일이었다. 베넷이 크게 우려한 점은 새로운 계급에 속한 사
람들이 충만한 삶을 살 기회를 잃고 있다는 것이었다.

베넷은 1910년에 펴낸 자기계발서의 고전인 『하루 24시간 어떻게 살 것인가*How to Live on 24 Hours a Day*』에서 "오전 10시부터 오후 6시까지 사무실에서 일하고 통근하는 데 50분을 쓰는 런던 사람"[12]의 예를 들었다. 이 가상의 런던 사람이 하루에 일과 관련된 시간 외에 쓸 수 있는 시간은 열여섯 시간 남짓이다. 그가 보기에 열여섯 시간은 긴 시간이다. 그러나 이런 상황에 처한 대다수 사람들은 안타깝게도 그 잠재력을 깨닫지 못한다. 그의 지적에 따르면 "내가 대표적인 예로 든 사람이 일과와 관련하여 저지르는 심대한 과오"는 ("생계"를 위한 것일 뿐) 일을 딱히 즐기지 않으면서도 "10시부터 6시에 이르는 시간을 '일과'로 보고 앞선 열 시간과 뒤이은 여섯 시간을 서장과 종장으로만 취급하는 것"이다. 그는 이런 태도가 "명백히 비논리적이며 유익하지 않다."라고 비판했다.

그렇다면 대안은 무엇일까? 베넷은 열여섯 시간에 이르는 자유 시간을 '일과 안의 일과'로 보아야 한다고 주장하면서 이렇게 말했다. "이 열여섯 시간 동안 그는 자유롭다. 더는 월급쟁이가 아니다. 돈벌이를 신경 쓸 필요가 없다. 그래서 자산가와 다를 바 없다." 따라서 이 시간을 귀족들처럼 엄격한 자기계발, 베넷의 말에 따르면 주로 훌륭한 책과 시를 읽는 일에 할애해야 한다.

베넷은 100년도 더 전에 이 글을 썼다. 그 사이에 세계적으로 중산층이 급증하는 동안 여가 시간에 대한 우리의 생각이 바뀌었을 것이라고 생각하기 쉽다. 그러나 사실은 그렇지 않다. 무엇보다 인터넷 그리고 그에 따라 저급한 주의를 토대로 삼는 경제가 부상하면서 일주일에 40시간을 일하는 일반적인 직장인, 특히 기술 제품을 잘 다루는 밀레니엄 세대에 속한 직장인들이 보내는 여가 시간의 질이 저하되었다.

대개 이 시간은 대중 지향적인 디지털 환경에서 산만한 클릭을 하는 일에 소모된다. 베넷이 현대에 환생한다면 인간 발달이라는 영역에서 전혀 진전이 이루어지지 않은 데 절망할 것이다.

분명히 밝히자면 나는 베넷의 주장을 뒷받침하는 윤리적 근거에는 관심이 없다. 시와 훌륭한 책을 읽어서 중산층의 영혼과 정신을 고양한다는 그의 비전은 디소 시대에 뒤떨어지며 계급적 편견을 지닌 듯 보인다. 그러나 일하는 시간 외에 남는 시간을 의도적으로 활용할 수 있고, 활용해야 한다는 논리적 토대는 지금도 유효하다. 특히 네트워크 도구가 딥 워크에 미치는 영향을 줄이려는 우리의 목표에 비춰 보면 더욱 그렇다.

사실 지금까지 여러 전략들을 설명하면서 몰입을 위한 노력과 연관성이 깊은 네트워크 도구들을 많이 다루지 않았다. 바로 될 수 있는 대로 오래 당신의 주의를 붙잡아 두려고 만들어진 오락 중심의 웹 사이트들이다. 이 글을 쓰는 현재 가장 인기 있는 사이트로는 허핑턴 포스트, 버즈피드, 비즈니스 인사이더, 레딧이 있다. 물론 이 목록은 계속 바뀔 것이다. 그러나 오락용 사이트들은 공통적으로 주의를 최대한 끌기 위한 알고리즘을 적용해 세심하게 지은 제목과 쉽게 소화할 수 있는 콘텐츠를 내세운다.

이 사이트들에서 글을 하나 읽으면 측면이나 하단에 뜨는 링크가 계속 클릭을 유도한다. 당신을 끌어들이려고 '인기 있는'이나 '유행하는' 같은 제목을 다는 것부터 눈길을 끄는 사진을 활용하는 것까지 심리학을 토대로 삼은 모든 기법을 동원한다. 가령 현재 버즈피드에서 인기를 끄는 글은 '거꾸로 표기하면 의미가 완전히 달라지는 단어 열일곱 개'와

'못하는 일이 없는 개 서른세 마리'다.

이 사이트들은 일과가 끝난 후에 특히 해롭다. 이때는 자유로운 일정 덕분에 이들이 여가 시간의 중심을 차지할 수 있다. 가령 줄을 서거나, 드라마에서 이야기가 흥미로워지기를 기다리거나, 식사가 끝나기를 기다릴 때 무료할 틈이 없도록 정신을 사로잡을 볼거리를 제공한다. 규칙 2에서 주장한 대로 이런 행동은 산만함에 저항하는 능력을 약화하고, 정말로 집중하고 싶을 때 딥 워크를 어렵게 만들기 때문에 위험하다. 게다가 이 사이트들은 가입할 필요가 없어서 탈퇴할 수도 없다.(그래서 앞서 제시한 두 전략이 쓸모없어진다.) 즉 클릭만 하면 언제든 이용할 수 있다.

다행히 아널드 베넷은 100년 전에 해법을 발견했다. 바로 여가 시간을 어떻게 보낼지 더 신중하게 생각하는 것이다. 다시 말해서 여가 시간에 내 주의를 끄는 대상을 무작정 즐기지 말고 '일과 안의 일과'를 어떻게 보낼지 미리 생각해야 한다. 앞서 언급한 중독적인 사이트들은 아무 계획이 없는 상태에서 힘을 발휘한다. 그래서 할 일을 정해 놓지 않으면 매력적인 선택지로서 당신을 유혹한다. 대신 자유 시간을 더욱 알차게 채우면 이 사이트들의 장악력이 약해진다.

따라서 저녁과 주말에 무엇을 할지 미리 정해 놓는 일이 아주 중요하다. 체계적으로 즐기는 취미는 이 시간들을 보내기에 아주 좋은 재료다. 구체적인 목표에 따른 구체적인 활동을 제시하기 때문이다. 베넷식 독서, 즉 매일 저녁 정해진 시간에 계획적으로 고른 일련의 책들을 읽는 것도 좋은 선택지다. 물론 운동을 하거나 좋은 사람들과 (직접 만나서) 즐거운 시간을 보내는 것도 마찬가지다.

가령 나의 경우 교수, 저술가, 아버지로서 시간을 들일 일이 많은 점을 감안하면 놀랄 만한 양의 책을 읽는다.(평균적으로 한 번에 세 권에서 다섯 권을 읽는다.) 이런 일이 가능한 이유는 아이들을 재운 후 자유 시간에 가장 즐기는 여가 활동이 흥미로운 책을 읽는 것이기 때문이다. 그래서 일과가 끝난 후 다음 날 아침까지 스마트폰과 컴퓨터 그리고 그에 따른 방해 요소는 뒷전으로 밀려난다.

이 대목에서 여가 시간을 체계적으로 계획하는 일은 휴식이라는 목표에 어긋난다고 우려할 수도 있다. 흔히 휴식을 취하려면 계획이나 의무에서 완전히 벗어나야 한다고 믿기 때문이다. 체계적인 방식으로 저녁 시간을 보내면 (재충전이 되지 않아) 다음 날 직장에서 피곤하지 않을까? 베넷은 용하게도 이런 반론을 예상했다. 그의 주장에 따르면 이런 우려는 정신에 활력을 부여하는 방식을 잘못 안 데서 기인한다.

> 열여섯 시간 동안 온전히 기운을 쓰면 일하는 여덟 시간의 가치가 줄어든다고? 그렇지 않다. 확신하건대 오히려 그 가치가 늘어날 것이다. 우리가 알아야 할 핵심적인 사실은 정신이 어려운 일을 지속하는 능력을 지녔다는 것이다. 정신은 팔이나 다리처럼 지치지 않는다. 정신이 원하는 것은 잠자는 경우를 제외하고는 휴식이 아니라 변화다.

나의 경우에 비춰 보면 이 분석은 정확하다. 깨어 있는 시간 내내 정신에 의미 있는 과제를 부여하면 반쯤 깨어 있는 상태로 무작정 인터넷 서핑을 하는 것보다 더욱 충만하게 하루를 마무리하고 다음 날을 더욱 편안하게 시작할 수 있다.

　요컨대 오락용 사이트가 지닌 중독성 강한 인력을 제거하려면 두 뇌에 양질의 대안을 제공해야 한다. 그러면 방해 요소에 저항하고 집 중하는 능력을 보존하는 동시에 단지 존재하는 것이 아니라 살아 있음 의 의미를 깨닫는다는 아널드 베넷의 야심 찬 목표를 달성할 수 있을 것이다.

규칙 **4**

피상적 작업을 차단하라

딥 워크를 위한
시간을 확보하는 법

2007년 여름 소프트웨어 기업인 37시그널스(지금은 베이스캠프로 불린다.)에서 한 가지 실험을 했다. 바로 주 5일 근무제를 주 4일 근무제로 바꾸는 것이었다. 근무일이 하루 줄어도 직원들이 해내는 일의 양은 같았다. 그래서 주 4일 근무제를 지속하기로 결정했다. 그에 따라 5월에서 10월까지는 (지금도 한 주 내내 계속하는 고객 지원 업무를 제외하고) 월요일부터 목요일까지만 근무했다. 공동 설립자인 제이슨 프라이드Jason Fried는 블로그에 올린 글에서 이 결정에 대해 농담조로 "여름에는 날씨를 즐겨야 한다."라고 말했다.

얼마 지나지 않아 비즈니스 매체에서 불만스러운 말들이 나왔다. 주 4일 근무제를 지속한다는 결정을 발표한 지 두어 달 후 저널리스트인 타라 와이스Tara Weiss는 《포브스》에 '주 4일 근무제가 성공할 수 없

는 이유'라는 제목으로 비판적인 글을 실었다. 그녀는 이 제도의 문제점
을 다음과 같이 요약했다.

> 4일 동안 40시간을 몰아넣는 것은 효율적인 근무 방식이 아니
> 다. 많은 사람들에게는 여덟 시간도 버겁다. 그런데 두 시간 더
> 일을 시키면 사기와 생산성이 떨어진다.[2]

프라이드는 이런 비판에 신속하게 대응했다. 그는 《포브스》는 주
4일 근무제의 핵심을 놓치고 있다.'라는 제목의 글에서 4일 동안 40시
간을 몰아서 일하면 직원들에게 스트레스를 줄 수 있다는 점에 일단 동
의했다. 그러나 새로운 제도의 진정한 의도는 달랐다. 프라이드가 밝힌
바에 따르면 "주 4일 근무제의 핵심은 일을 덜하는 것이다. 그러니까 4일
동안 하루 열 시간을 일하는 것이 아니라 정상적으로 여덟 시간을 일하
는 것이다."[3]

이 말은 언뜻 혼란스러울 수 있다. 앞서 직원들이 4일을 근무할 때
도 5일을 근무할 때만큼 많은 일을 했다고 밝혔기 때문이다. 그러나 사
실은 근무시간이 더 적다. 어떻게 그럴 수 있을까? 알고 보면 차이는 피
상적 작업에서 생기는 것이었다. 프라이드의 설명을 들어 보자.

> 하루에 여덟 시간이라고 해도 내내 일하는 사람은 거의 없다.
> 일반적인 일과를 채우는 수많은 회의와 중단 요소, 웹 서핑, 사
> 내 정치, 개인적 일 사이에 두어 시간만 제대로 일할 수 있어도
> 다행이다.

근무시간을 줄이면 쓸데없는 일과를 제거할 수 있다. 모두가 일할 시간이 줄면 그만큼 시간을 존중하게 된다. 그래서 시간을 아껴 쓰게 되며, 이는 좋은 일이다. 더는 중요치 않은 일에 시간을 낭비하지 않기 때문이다. 쓸 수 있는 시간이 줄면 대개 더 현명하게 쓰게 된다.

다시 말해서 37시그널스가 근무일을 줄인 조치는 딥 워크와 비교되는 피상적 작업을 그만큼 제거했다. 또한 딥 워크는 대개 그대로 남았기에 중요한 업무는 계속 완수되었다. 반대로 과거에는 시급하게 보였던 피상적 작업들은 예상과 달리 버려도 되는 것으로 드러났다.

이 실험에 대한 자연스러운 반응으로 37시그널스가 한 걸음 더 나아간다면 어떤 일이 생길지 궁금할 것이다. 피상적 작업을 하는 시간을 줄이는 것이 성과에 별다른 영향을 미치지 않는다면 새로 얻은 시간을 딥 워크에 할애하면 어떨까? 다행히 37시그널스는 곧 이 과감한 생각도 실험에 옮겼다.

프라이드는 근무시간의 20퍼센트를 개인적인 프로젝트에 할애할 수 있도록 허용하는 구글 같은 기술 기업들의 정책에 항상 관심이 있었다. 그는 이 정책을 좋아했지만 바쁜 일주일 중에서 하루를 줄이는 것으로는 진정한 돌파구를 여는 딥 워크를 뒷받침하는 데 충분치 않다고 생각했다. "차라리 5주에 걸쳐 5일을 띄엄띄엄 할애하는 것보다 연달아 5일을 할애하겠다. 우리의 이론은 방해받지 않는 시간을 길게 가지면 더 나은 성과를 낼 수 있다는 것이다."[4]

37시그널스는 이 이론을 검증하기 위해 극단적인 조치를 감행했

다. 바로 직원들이 6월 한 달 내내 개인 프로젝트에 깊이 매달릴 수 있도
록 허용한 것이다. 직원들은 한 달 동안 피상적 작업을 수반하는 모든
의무에서 해방되었다. 현황 점검 회의에 참석하거나, 업무 서신을 작성
하거나, 파워포인트 프레젠테이션을 준비할 필요가 없었다. 월말에는
직원들이 아이디어를 소개하는 '발표일' 행사를 가졌다. 프라이드는
《잉크Inc.》에 실은 글에서 이 실험을 성공으로 자평했다. 실제로 발표일
행사에서 나온 프로젝트 중 두 가지, 고객 지원 업무를 처리하는 더 나
은 도구 모음과 고객들의 제품 사용 양상을 보여 주는 데이터 시각화
시스템이 곧 제작에 들어갈 예정이었다. 회사에 상당한 가치를 안길 것
으로 예상되는 이 프로젝트들은 방해받지 않고 딥 워크를 할 수 있는
시간을 직원들에게 제공하지 않았다면 거의 틀림없이 시작되지 않았
을 것이다. 직원들이 지닌 잠재력을 끄집어내려면 오랜 시간 집중해서
노력할 수 있는 여건이 필요했다.

프라이드는 이렇게 수사적 질문을 던졌다. "어떻게 한 달 동안 사
업을 멈추고 새로운 아이디어를 '주무를' 형편이 되냐고? 오히려 그렇게
하지 않을 형편이 될까?"[5]

37시그널스의 실험은 중요한 현실을 조명한다. 지식 노동자의 시간
과 주의를 갈수록 지배하는 피상적 작업은 당장 보이는 것보다 덜 중요
하다는 현실 말이다. 대다수 기업은 피상적 작업을 많이 제거해도 실적
에 변화가 없을 것이다. 또한 제이슨 프라이드가 발견한 대로 피상적 작
업을 제거하는 데 그치지 않고 그 시간을 딥 워크로 대체하면 회사가
계속 돌아가는 것은 물론이고 더 큰 성공을 거둘 수 있다.

개인적인 생활에도 이 통찰을 적용해야 한다. 지금부터 제시하는 전략은 현재 일과에서 피상적 작업을 냉정하게 파악한 다음 최소한으로 줄여서 궁극적으로 가장 중요한 딥 워크에 더 많은 시간을 할애하기 위한 것이다.

구체적인 내용으로 들어가기 전에 먼저 피상적 작업을 줄이는 데 한계가 있는 현실을 직면해야 한다. 딥 워크의 가치는 피상적 작업의 가치보다 훨씬 크다. 그렇다고 해서 막무가내로 **모든** 시간을 딥 워크에 투자할 수는 없다. 우선 지식 노동 분야에서 대다수 일자리를 유지하려면 상당한 시간 동안 피상적 작업을 해야 한다. 10분마다 이메일을 확인하는 일은 피할 수 있지만 중요한 이메일에 답신을 하지 않으면 그 자리에서 오래 버티지 못할 것이다. 따라서 일과에서 피상적 작업을 아예 제거하는 것이 아니라 줄이는 것을 목표로 삼아야 한다.

인지능력의 문제도 있다. 딥 워크는 능력을 한계까지 밀어붙이기 때문에 힘들다. 성과심리학은 하루 동안 이런 노력을 얼마나 오래 유지할 수 있는지 폭넓은 연구들을 진행했다.* 앤더스 에릭슨과 동료들은 의식적 훈련을 다룬 주요 논문에서 이 연구들을 살폈다. 그들은 의식적 훈련을 처음 하는 경우(가령 전문가 수준의 기술을 개발하는 초기 단계에 있는 아동들) 하루 한 시간이 적정한 한계라고 말했다. 반면 의식적 훈련을 오래 한 경우 네 시간까지 한계를 늘릴 수 있다. 다만 그 이상 가는 경우는 드물다.

---

* 이 연구들은 딥 워크 개념과 (완전히는 아니지만) 크게 겹치는 의식적 훈련 활동을 살핀다. 우리의 논의와 관련하여 의식적 훈련은 딥 워크가 속하는 인지적으로 힘든 과제의 일반적인 범주를 나타내는 좋은 대용물이다.

이 사실이 지니는 의미는 하루에 딥 워크에 매달릴 수 있는 한계에 이르면 더 오래 해도 성과가 체감된다는 것이다. 따라서 피상적 작업은 딥 워크에 할애할 시간을 줄이기 전까지는 해도 해롭지 않다. 언뜻 이 단서는 낙관적으로 보인다. 일반적인 일과는 여덟 시간이다. 아무리 딥 워크에 능숙한 사람이라도 네 시간 이상 진정한 몰입을 할 수 없다. 그러므로 하루에 절반은 피상적 작업을 해도 악영향을 받지 않는다. 그러나 이런 분석이 간과하는 위험은 특히 회의, 약속, 전화 그리고 다른 행사의 영향을 고려할 때 이 시간을 소비하기가 **정말로** 쉽다는 것이다. 많은 일자리의 경우 이렇게 시간을 소비하고 나면 혼자 일할 수 있는 시간이 놀랄 만큼 적다.

교수인 나는 위에 나열한 일들에 시달리는 정도가 덜하다. 그래도 특히 학기 중에는 종종 상당한 시간을 빼앗긴다. 가령 전 학기 중에 하루를 무작위로 골라서 보면(지금은 조용한 여름방학 기간이다.) 11시부터 12시까지 첫 번째 회의, 1시부터 2시 30분까지 두 번째 회의, 3시부터 5시까지 강의가 있었다. 이 경우 여덟 시간의 일과는 이미 네 시간으로 줄어든다. 그래서 (이메일, 잡무 같은) 다른 피상적 작업을 30분 만에 전부 해치워도 여전히 네 시간 동안 딥 워크를 하겠다는 목표를 달성하기에 부족하다. 다시 말해서 하루 내내 행복한 몰입 상태로 지낼 능력이 안 된다고 해서 피상적 작업을 제거하는 일이 시급하지 않은 것은 아니다. 지식 노동자의 일반적인 일과는 많은 사람들이 생각하는 것보다 더 쉽게 파편화되기 때문이다.

요컨대 피해가 종종 심하게 과소평가되고 중요성이 심하게 과대평가되므로 의구심을 갖고 피상적 작업을 대해야 한다. 피상적 작업은 불가피하다. 그러나 궁극적으로는 딥 워크가 당신이 발휘할 영향력을 결정한다. 따라서 딥 워크를 온전히 활용하는 능력을 저해하지 못하는 수준까지 피상적 작업을 제한해야 한다. 지금부터 거기에 도움이 되는 전략들을 살펴보자.

하루의 계획을 분 단위로 세워라

25~34세 사이의 영국인이라면 생각보다 오랜 시간 동안 텔레비전을 시청할 가능성이 높다. 2013년에 영국 방송 수신료 관리 당국은 시청자들의 시청 습관을 조사했다. 조사에 응한 25~34세 사이의 시청자들은 일주일에 텔레비전을 보는 시간이 열다섯 시간에서 열여섯 시간 정도 될 것이라고 추정했다. 이것만 해도 많은 편이지만 실은 크게 과소평가된 수치였다. 이 사실을 알 수 있는 이유는 텔레비전 시청 습관에 대한 실측 자료가 있기 때문이다.[6] 방송 시청자 조사 위원회(미국의 닐슨 컴퍼니에 해당하는 시청률 조사 기관이다.)는 표본 가구에 측정기를 설치한다. 이 측정기는 편견이나 바람과 무관하게 사람들이 **실제로** 얼마나 오래 텔레비전을 시청하는지 기록한다. 그 결과 일주일에 열다섯 시간 정도 시청할 거라고 응답한 25~34세 사이의 시청자들은 실제로는 스물여덟 시간 넘게 시청하는 것으로 드러났다.

어떤 일에 시간을 얼마나 쓰는지 잘못 예측하는 것은 영국인들의 텔레비전 시청 문제에만 국한되지 않는다. 여러 집단이 다양한 활동에 쓰는 시간을 스스로 추정한 자료를 보면 비슷한 간극이 일관되게 나타난다. 비즈니스 저술가인 로라 밴더캠Laura Vanderkam은 《월스트리트 저널》에 실은 관련 기사에서 이런 예들을 제시했다.[7] 전미수면재단이 실시한 조사 결과 미국인들은 자신이 평균적으로 일곱 시간을 잔다고 추정했다. 그러나 실제 수면 시간을 측정한 전미 시간 활용 조사에 따르면 미국인들이 실제 자는 시간은 8.6시간이었다. 또 다른 조사에서도 일주일에 64시간을 일한다고 주장한 사람들은 실제로는 평균 44시간을 일했고, 75시간 넘게 일한다고 주장하는 사람들은 실제로는 55시간 미만으로 일했다.

이 사례들은 중요한 사실을 말해 준다. 바로 우리가 시간을 어떻게 쓸지 깊이 생각하지 않고 일과 중 대부분을 '자동 주행 방식으로' 보낸다는 것이다. 이는 문제다. 딥 워크와 피상적 작업의 균형을 직시하고 어떤 일을 하기 전에 '지금 무엇을 해야 가장 합리적일까?'라고 자문하는 습관을 들이지 않으면 사소한 문제들이 일과를 잠식하는 것을 막기가 어렵다. 지금부터 설명하는 전략은 그렇게 하기 위한 것이다. 처음에는 극단적으로 보일 수 있지만 곧 이것이 딥 워크의 가치를 온전히 활용하는 데 필수적이라는 사실을 알게 될 것이다. 그 전략은 바로 **일과를 분 단위로 계획을 세우는 것이다.**

시간 블록을 활용해 일정 짜기

내가 제안하는 내용은 다음과 같다. 일주일을 시작하기 전에 일정 관리용으로 마련한 노트의 새로운 페이지를 펴라. 왼쪽 페이지에 두 줄마다 시간을 쭉 적어 내려가라. 이때 일하는 시간 전체를 기록해야 한다. 그다음이 중요하다. 시간을 블록으로 나누고 활동을 배정하라. 가

령 9시부터 11시까지는 고객사에 보낼 보도 자료를 쓰는 시간으로 할
애할 수 있다. 그렇게 하기 위해 해당 시간에 박스를 그린 다음 그 안에
'보도 자료'라고 써라. 모든 시간 블록에 업무를 배정할 필요는 없다. 점
심 식사나 휴식에 배정할 수도 있다. 일정표를 깔끔하게 만들기 위해 최
소 시간 단위는 30분(즉 한 줄)으로 정하라. **상사의 이메일에 답하거나, 환
급 서류를 제출하거나, 보고서에 대한 질문을 하는 것** 같은 사소한 과제는 일
일이 블록에 넣지 않아도 된다. 대신 비슷한 일들을 포괄적인 **과제 블록**
에 한데 넣는다. 이 경우 과제 블록에서 비어 있는 오른쪽 페이지로 줄
을 그어서 완수하고자 하는 사소한 과제들의 목록을 기재하는 방식이
유용하다.

　일정을 정할 때는 매 분까지 블록을 배정해야 한다. 사실상 분 단
위로 할 일을 정하는 것이다. 이 일정을 지침으로 삼아 하루를 보내면
된다.

　물론 대다수 사람들은 문제를 겪을 것이다. 하루를 보내다 보면 두
가지 문제가 생길 수 있다.(그럴 가능성이 높다.) 첫 번째 문제는 소요 시간
을 잘못 예측하는 것이다. 가령 보도 자료를 쓰는 일에 두 시간을 배정
했는데 실제로는 두 시간 반이 걸릴 수 있다. 두 번째 문제는 원래 계획
한 일에서 방해를 받고 갑자기 새로운 과제가 생기는 것이다. 이런 일들
도 정해진 일정을 흐트린다.

　그래도 괜찮다. 일정이 흐트러지면 여유가 생길 때 잠시 시간을 갖
고 남은 시간에 대한 계획을 세워야 한다. 이때 다음 페이지로 넘어가
거나, 기존 블록을 지우고 새로운 블록을 그릴 수 있다. 혹은 나처럼 기
존 블록에 줄을 긋고 오른쪽에 새 블록을 그릴 수 있다.(나는 여러 번 고

칠 수 있도록 블록을 얇게 그린다.) 어떤 날에는 대여섯 번 일정을 변경할 수
있다. 그래도 좌절하지 마라. 목표는 어떤 일이 있어도 정해진 일정을 고
수하는 것이 아니라 항상 할 일을 신중하게 정하는 것이다. 일과를 진
행하면서 계획을 계속 바꿔야 한다고 해도 말이다.

　　일정을 변경하는 빈도가 지나치게 잦으면 안정성을 확보하기 위해
취할 수 있는 두어 가지 전술이 있다. 첫째, 처음에는 대다수 일을 하는
데 소요되는 시간을 거의 확실하게 과소평가할 가능성이 높다는 사실을
알아야 한다. 초심자들은 일정표에 바라는 바의 실현, 하루를 보내는
최선의 가정을 담는 경향이 있다. 그래서 경험이 쌓일수록 과제에 필요
한 시간을 정확하게(그렇지 않다면 다소 보수적으로) 예측하려고 노력해야
한다.

　　두 번째 전술은 초과 조건부 이중 블록을 활용하는 것이다. 어떤 일
이 얼마나 걸릴지 모를 때 예상 시간을 배정한 다음 이중의 목적을 지
닌 추가 블록을 뒤에 두어라. 예상보다 시간이 더 걸리면 추가 블록까
지 이어서 하라. 반대로 원래 예상한 시간에 일을 끝내면 추가 블록에
배정한 다른 일(가령 시급하지 않은 과제)을 하라. 이렇게 하면 일정을 계
속 바꾸지 않고도 예측하지 못한 문제에 대응할 수 있다. 가령 보도 자
료 사례로 돌아가서 두 시간으로 잡되 필요하면 계속 쓸 수 있는 추가
블록을 뒤에 둘 수 있다. 이때 제시간에 일을 끝내는 경우에 대비하여
이메일을 처리하는 과제를 함께 배정할 수 있다.

　　세 번째 전술은 과제 블록을 자유롭게 쓰는 것이다. 하루 동안 많
은 과제 블록을 배치하고 과제를 처리하는 데 필요한 시간보다 길게 설
정하라. 지식 노동자의 일과 중에는 많은 일이 생긴다. 이런 일들을 처

리할 시간 블록을 일정하게 배치하면 일과가 원활하게 진행된다.

　이 전략을 실행에 옮기기 전에 흔히 제기되는 반론에 대응할 필요가 있다. 일정표의 가치를 홍보하다 보면 부담스러운 제약이 될지 모른다는 우려를 많이 접한다. 가령 이 문제를 다룬 블로그 글에 조셉이라는 독자는 다음과 같은 댓글을 달았다.

> 일과에서 발생하는 불확실성의 영향을 심하게 과소평가하는 것 같습니다. …… 몰입보다 일정에 집착하는 (그리고 유익하지 않은) 정도로 분 단위 계획의 중요성을 우선시하는 이 전략을 너무 진지하게 따르는 독자들이 생길까 걱정스럽네요.[8]

　나는 이런 우려를 이해하며, 이런 반론은 조셉이 처음 제기한 것도 아니다. 다행히 쉬운 대응책이 있다. 나는 일정을 계획할 때 원칙적으로 사색과 토론에 상당한 시간을 할애할 뿐만 아니라 중요한 통찰이 떠오르면 나머지 일과를 무시한다.(물론 생략할 수 없는 일들은 예외다.) 그래서 번뜩임이 사라질 때까지 이 예기치 않은 통찰을 붙잡는다. 그다음 한 발 물러서서 남은 시간에 대한 계획을 세운다.

　다시 말해서 나는 즉흥성을 허용할 뿐만 아니라 격려한다. 조셉의 비판은 일정표의 목표가 완고한 계획에 행동을 맞추는 것이라는 오해에서 기인한다. 내가 제시하는 일정 수립의 핵심은 제약이 아니라 신중함이다. 이 단순한 습관은 하루 동안 잠시 시간을 들여서 '남은 시간에 무엇을 하는 것이 합리적일까?'라고 계속 자문하도록 만든다. 그래서 답을 경직된 태도로 고수하는 것이 아니라 성과를 안긴다.

감히 주장하건대 이렇게 일정을 포괄적으로 수립하되 필요에 따라 맞추거나 변경하는 방식을 따르는 사람은 아무런 체계 없이 열린 상태로 하루를 맞는 과거의 '즉흥적인' 방식을 따르는 사람보다 창의적 통찰을 더 많이 얻을 것이다. 체계가 없으면 이메일, 소셜 미디어, 웹 서핑에 매달리는 피상적 활동에 시간을 빼앗기기 쉽다. 이런 피상적 활동은 그 순간에는 만족스럽지만 창의성으로 이어지지 않는다. 반면 체계가 있으면 혁신을 촉진하는 새로운 아이디어와 씨름하거나, 어려운 일에 몰입하거나, 구상 회의를 하는 시간을 정기적으로 가질 수 있다.(가령 규칙 1에서 소개한 대로 수많은 창의적 사상가들이 따른 엄격한 의식을 떠올려 보라.) 또한 혁신적인 아이디어가 떠오르면 계획을 포기할 수 있으므로 영감이 찾아올 때 뒤따르는 산만한 방식보다 못할 것이 없다.

요컨대 이 전략의 토대는 딥 워크 습관을 기르려면 시간을 존중해야 한다는 깨달음이다. 그 첫 단계는 다음과 같은 조언을 따르는 것이다. 분 단위까지 무엇을 할지 미리 정하라. 처음에는 이 조언에 반발하는 것이 당연하다. 일시적인 기분과 외부 상황의 변화에 따라 일과를 보내는 것이 분명 더 쉽기 때문이다. 그러나 중요한 창조를 이루는 사람처럼 진정한 잠재력에 이르고 싶다면 이런 불신을 극복해야 한다.

과제의 깊이를 파악하라

일정표를 세우는 데 따른 이점은 피상적 활동에 실제로 얼마나 많은 시간을 쓰는지 파악할 수 있는 것이다. 다만 현실적으로 이 통찰을 얻는 일은 약간 까다로울 수 있다. 해당 과제가 얼마나 피상적인지 항상 분명하게 드러나는 것은 아니기 때문이다. 이 문제를 설명하기 위해 우선 머리말에서 제시한 피상적 작업의 정의부터 다시 살펴보자.

_____ 피상적 작업: 지적 노력이 필요하지 않고, 종종 다른 곳에 정신을 팔면서 수행하는 부수적 작업. 피상적 작업은 새로운 가치를 많이 창출하지 않으며, 따라 하기 쉽다.

이 정의에 확실히 해당하는 활동들이 있다. 가령 이메일을 확인하거나 전화 회의 시간을 정하는 일은 본질적으로 피상적이다. 그러나 다른 활동들은 분류하기가 다소 애매하다. 가령 다음 사례들을 보라.

- 사례 1: 조만간 학술지에 제출할 논문의 초고 편집
- 사례 2: 이번 분기 매출 수치에 대한 파워포인트 발표 자료 제작
- 사례 3: 주요 프로젝트의 현황을 논의하고 다음 조치를 합의하기 위한 회의 참석

처음에는 이런 사례들을 분류하기가 쉽지 않다. 첫 두 사례는 상당히 어려운 과제이며, 마지막 사례는 주요 목표를 진전시키는 일로서 중요해 보인다. 이번 전략의 목적은 모호성을 제거하는 정확한 척도를 제공하는 것이다. 그래야 주어진 과제가 심층성 척도에서 어디에 속하는지 분명하고 일관되게 판단할 수 있다. 그러기 위해서 다음과 같은 단

순한 (그러나 놀라울 만큼 시사적인) 질문을 통해 활동을 평가해야 한다.

전문 훈련을 받지 않은 똑똑한 대학 졸업생이 이 과제를 완수하는 데 몇 개월이 걸릴까?

그러면 위에서 제시한 사례에 이 질문을 적용해 보자.

- 사례 1: 논문을 제대로 편집하려면 (정확하게 설명되었는지 알 수 있도록) 연구 내용과 (제대로 인용되었는지 알 수 있도록) 참고 문헌의 맥락을 이해해야 한다. 그러기 위해서는 해당 분야에 대한 첨단 지식이 필요하다. 요즘 같은 전문화 시대에 이 과제를 달성하려면 대학원부터 몇 년 동안 부지런히 공부해야 한다. 따라서 우리의 질문에 대한 답은 50~75개월 정도로 상당히 긴 시간이 될 것이다.

- 사례 2: 두 번째 사례는 이 분석에서 그다지 높은 평가를 받지 못한다. 분기 매출 수치를 담은 파워포인트 발표 자료를 만들려면 세 가지 요소가 필요하다. 첫째, 파워포인트를 다룰 수 있어야 한다. 둘째, 회사에서 사용하는 발표 양식을 알아야 한다. 셋째, 회사에서 다루는 척도와 이 척도를 올바른 그래프로 전환하는 법을 알아야 한다. 일반적인 대학 졸업생이라면 파워포인트를 쓸 줄 안다. 또한 발표 양식을 익히는 일도 일주일 넘게 걸리지 않을 것이다. 따라서 핵심적인 문제는 척도를 파악하

고, 자료를 얻고, 발표에 맞는 그래프와 차트로 바꾸는 법을 익히는 데 걸리는 기간이다. 이는 사소한 과제가 아니다. 그러나 똑똑한 대학 졸업생이라면 한 달 넘게 필요하지는 않을 것이다. 따라서 보수적으로 두 달로 잡을 수 있다.

• 사례 3: 회의는 분석하기 까다롭다. 당장은 지루해 보이지만 대단히 중요한 활동에서 핵심적인 역할을 하는 것처럼 종종 제시되기 때문이다. 앞서 소개한 방법은 이 장막을 걷는 데 도움을 준다. 똑똑한 대학 졸업생에게 회의를 준비하는 일을 가르치는 데 얼마나 걸릴까? 이를 위해서는 프로젝트를 충분히 이해하여 이정표와 참가자들의 능력을 알아야 한다. 또한 참가자 간 역학과 프로젝트가 실행되는 양상에 대한 통찰도 필요하다. 이 대목에서 프로젝트와 관련된 분야에 대한 전문성도 필요할지 궁금할 수 있다. 그러나 기획 회의를 준비하는 데는 아마 필요치 않을 것이다. 실질적인 내용을 깊이 다루는 대신 작은 문제를 많이 다루고, 서로 실제 그렇지 않으면서 많이 헌신하는 것처럼 꾸미기 바쁜 경향이 있기 때문이다. 그래서 똑똑한 대학 졸업생에게 3개월 동안 배우게 하면 문제없이 일을 대신할 수 있을 것이다.

이 질문은 사고 실험으로 제시된 것이다.(실제로 대학 졸업생을 고용해서 낮은 점수가 나온 과제를 맡기라는 말이 아니다.) 그러나 그에 따른 답은 다양한 활동의 피상적이고 심층적인 정도를 객관적으로 측정하는 데 도움을 준다. 가상의 대학 졸업생이 어떤 과제를 익히는 데 여러 달이 걸린다면 해당 과제는 어렵게 습득한 전문성을 활용하는 종류의 것이다. 앞서 주장한 대로 전문성을 활용하는 과제는 심층적 성격을 띠므로 이중의 혜택을 제공한다. 즉 투자한 시간 대비 더 많은 가치를 안기고, 능력을 개발하는 데 도움을 준다. 반면 가상의 대학 졸업생이 빨리 습득할 수 있는 과제는 전문성을 활용하지 않으므로 피상적 성격을 띤다고 볼 수 있다.

이 전략을 어떻게 적용해야 할까? 당신이 하는 여러 활동들의 깊이를 파악한 후 심층적 작업, 즉 딥 워크에 더 많은 시간을 할애하라. 가령 앞선 사례에서 첫 번째 과제는 시간을 할애할 가치가 있는 우선 항목으로 올릴 수 있지만 두 번째와 세 번째 과제는 최소화해야 한다. 생산적인 느낌을 줄지는 모르지만 (시간 대비) 보상이 형편없기 때문이다.

물론 피상적 작업에서 딥 워크로 시간을 몰아넣는 방법이 항상 분명한 것은 아니다. 과제의 성격을 정확하게 파악하더라도 말이다. 그래서 이 까다로운 목표를 달성하는 구체적인 지침으로서 다음 전략들이 필요하다.

피상적 작업의
비율을 줄여라

다음은 드물게 제기되는 중요한 질문이다. 업무 시간 중 몇 퍼센트를 피상적 작업에 써야 할까? 우리의 전략은 이 질문을 제기하고 여기에 드는 시간을 요청하는 것이다. 상사가 있다면 이 문제를 논의하라.(아마 피상적 작업과 딥 워크가 무엇인지 먼저 설명해야 할 것이다.) 혼자 일한다면 스스로 따져 보라. 두 경우 모두 구체적인 답을 내야 한다. 그다음 대목이 중요하다. 이 비율을 고수하라.(이 절의 앞뒤에 나오는 전략이 목표를 달성하는 데 도움을 줄 것이다.)

초심자 수준을 벗어난 지식 노동에 종사하는 대다수 사람들의 경우 그 답은 30퍼센트에서 50퍼센트 정도일 것이다.(업무 시간 중 대다수를 비숙련 과제에 할애하는 것은 심리적으로 좋지 않다고 보는 시각이 있다. 따라서 50퍼센트가 자연스러운 상한선이다. 동시에 이 비율이 30퍼센트 아래로 내려가면 대다수 상사는 부하가 거창한 사고에 빠져서 이메일에 답을 하지 않는 은둔형 직원이 될까 걱정하기 시작한다.)

이 비율을 준수하려면 아마도 행동을 바꿔야 할 것이다. 그래서 피상적 작업으로 가득한 프로젝트를 거부하는 한편 기존 프로젝트에서도 피상적 작업을 더욱 적극적으로 줄여야 할 것이다. 가령 주간 현황 점검 회의를 없애고 (중대한 진전을 이룬 후에 논의하는) 성과 중심 보고로 대체해야 할 것이다. 또한 아침을 아무런 접촉 없이 보내는 날을 늘리거나, 참조로 들어온 모든 이메일에 신속하고 자세한 답신을 보내는 일을 중시하지 말아야 할 것이다.

이런 변화는 딥 워크를 일의 중심으로 삼기 위한 노력에 도움을 준다. 그렇다고 주요 피상적 작업들을 모조리 버리도록 요구하지 않는다. 그러면 문제와 반발을 초래할 뿐이다. 이런 작업들에는 여전히 많은 시간을 들이게 된다. 그러나 다른 한편으로는 일과에 끼어든 덜 시급한 피상적 작업들에 엄격한 상한선을 두도록 요구한다. 이 한계는 상당한 양의 딥 워크를 꾸준하게 할 수 있는 여지를 제공한다.

이 변화를 상사와 나누는 대화로 시작해야 하는 이유는 암묵적인 지원을 얻을 수 있기 때문이다. 그래서 피상적 작업을 거절하거나 피상성을 최소화하는 방향으로 프로젝트를 재설계할 때 엄호를 받을 수 있다. 이 경우 정해진 업무 목표를 달성하는 데 필요하다는 이유를 제시할 수 있다. 2장에서 설명한 대로 지식 노동에서 상당량의 피상적 작업이 지속되는 이유는 일과에 미치는 전체적인 영향력을 인식하지 못하기 때문이다. 그래서 그때그때 건별로 평가하게 된다. 이 경우 각 과제가 상당히 타당하고 편리해 보인다. 그러나 앞서 제시한 도구들은 피상적 작업들이 미치는 영향을 명시적으로 드러낸다. 그래서 상사에게 "이것이 지난주에 피상적 작업에 들인 시간의 정확한 비율입니다."라고 자신 있게 말하고, 그 비율을 분명하게 승인하도록 요구할 수 있다. 상사들은 이 수치들이 분명하게 드러내는 경제적 영향(가령 고도의 훈련을 거친 전문가가 이메일을 보내고 회의에 참석하는 데 일주일에 30시간을 쓰는 것은 엄청난 낭비다.)을 알고 나면 일부 과제를 거부하고 정리할 필요가 있다는 자연스러운 결론에 이를 것이다. 설령 상사 자신이나 당신 혹은 동료들에게 불편을 초래하더라도 말이다. 기업의 궁극적인 목표는 직원들의 생활을 가능한 한 편하게 만드는 것이 아니라 가치를 창출하는 것이기 때문이다.

혼자 일하는 경우 이 작업은 '바쁜' 일과 중에서 실제로 가치를 창출하는 시간이 얼마나 적은지 직시하게 만든다. 분명한 수치는 시간을 잡아먹는 피상적 작업을 줄이는 데 필요한 확신을 제공할 것이다. 이런 수치가 없으면 긍정적인 보상을 안길지도 모르는 기회를 거부하기 어렵다. 그래서 트위터, 페이스북, 블로그를 써야 한다고 생각한다. 따로 놓고 보면 이런 활동을 하지 않는 것이 오히려 게을러 보이기 때문이다. 대신 피상적 작업과 딥 워크의 비율을 정하고 지키면 죄책감 때문에 무작정 하고 보는 습관을 바꿀 수 있다. 그래서 피상적 작업에 할애한 시간을 통해 최대한 많은 것을 얻으려고 노력하되(따라서 여전히 많은 기회를 접하되) 시간과 주의를 충분히 제한하여 궁극적으로 사업을 진전시키는 딥 워크를 수행할 수 있는 여건을 마련하게 된다.

물론 이 질문을 제기했을 때 냉엄한 답이 나올 가능성도 있다. 어떤 상사도 "피상적 작업에 100퍼센트의 시간을 들여라."라고 말하지 않는다.(하급 직원이라면 예외다. 이 경우 공식 직무에 딥 워크가 포함될 때까지 충분한 기술을 습득해야 한다.) 그러나 "무엇이든 지금 바로 해야 하는 피상적 작업은 전부 하라."라는 대답은 얼마든지 나올 수 있다. 이런 대답도 여전히 유용하다. 현재 직무가 딥 워크를 뒷받침하지 않는다는 사실을 말해 주기 때문이다. 이런 일자리는 현대의 정보 경제에서 성공하는 데 도움이 되지 않는다. 따라서 상사의 의견에 고마움을 표시한 다음 딥 워크에 가치를 두는 다른 자리로 옮길 계획을 세워야 한다.

5시 30분까지
일을 마쳐라

나는 이 책을 쓰는 작업에 들어가기 전 일주일 동안 이메일 65통을 보냈다. 그중 오후 5시 30분 이후에 보낸 이메일은 다섯 통이다. 이 수치가 바로 드러내는 사실은 드문 경우를 제외하고 5시 30분 이후에는 이메일을 보내지 않는다는 것이다. 그러나 이메일이 보편적으로 일과 얽힌 상황을 감안하면 이면에 더욱 놀라운 사실이 숨겨져 있다. 바로 오후 5시 30분 이후에는 일을 하지 않는다는 것이다.

이 방침을 나는 **고정 일과 생산성**fixed-schedule productivity이라고 부른다. 특정한 시간 이후에는 일을 하지 않는다는 확고한 목표를 정한 다음 그 안에 생산성을 발휘할 전략을 찾기 때문이다. 지금까지 만족스럽게 이 방침을 따른 지 5년이 넘었다. 이 방침은 딥 워크를 중심으로 생산적인 삶을 구축하는 데 핵심적인 역할을 했다. 지금부터 당신도 이 방침을 따라야 할 이유를 제시하겠다.

우선 통념에 따르면 내가 속한 학계에서는 이 방식이 실패할 수밖에 없다는 사실을 밝힐 필요가 있다. 교수들, 특히 초임 교수들은 야간과 주말로 이어지는 가혹한 일과를 감수하는 것으로 유명하다. 가령 톰이라는 젊은 컴퓨터공학과 교수가 2014년 겨울에 블로그에 올린 근래의 일과를 보면 연구실에서 열두 시간을 보낸 것으로 나온다. 이날 그는 회의를 다섯 차례 하고, 세 시간 동안 "많은 이메일을 처리하며, 양식을 작성하고, 회의록을 정리하며, 다음 회의를 준비하는 행정적인" 업무를 했다. 그가 추정한 바에 따르면 연구실에서 보낸 열두 시간 중에서 "연구 성과"를 진전시키는 "실질적인" 일을 한 시간은 한 시간 반에 불과하다. 그러니 일반적인 업무 시간을 훌쩍 넘어서 일하도록 강제되었다는 느낌을 받을 만도 하다. 그는 다른 글에서 이런 결론을 내렸다. "주말에도 일해야 하는 현실을 이미 받아들였다. 이런 운명을 피할 수 있는 초임 교수는 드물다."

그러나 나는 예외다. 나는 2011년 가을에 부임하여 2014년 가을에 이 책의 집필을 시작할 때까지 야간과 주말에 일한 적이 없다. 그래도 논문을 스무 편 정도 발표했다. 또한 경쟁을 거쳐 연구 지원금을 두건 따냈고, 비학술서 한 권을 펴냈으며, (당신이 지금 읽고 있는) 이 책을 거의 마무리했다. 세상의 모든 톰들이 필요하다고 느끼는 가혹한 일과를 피했는데도 말이다.

이 역설을 어떻게 설명할 수 있을까? 하버드대 컴퓨터공학과 교수로서 나보다 훨씬 경력이 길고 많은 성과를 이룬 학자인 라디카 나그팔Radhika Nagpal이 2013년에 발표하여 널리 알려진 논문에서 설득력 있는 답을 찾을 수 있다. 나그팔은 서두에서 종신 과정 교수들이 시달리는 스트레스는 대부분 자초한 것이라고 주장했다. 그녀는 "R1'(연구 중심) 대학에서 일하는 종신 과정 교수들의 생활을 둘러싼 무시무시한 속설과 데이터"[9]를 언급한 후 이 통념을 무시하고 "행복을 지키기 위해 의식적인 행동에 나서기로" 결정한 과정을 설명했다. 이 의식적 노력 덕분에 그녀는 종신 교수가 되기 이전에도 "엄청난" 즐거움을 누릴 수 있었다.

나그팔은 의식적 노력의 몇 가지 사례를 구체적으로 제시했다. 그 중에서 특히 우리에게 친숙하게 들리는 것이 하나 있다. 나그팔은 경력 초기에는 아침 7시부터 밤 12시까지 시간이 날 때마다 일을 밀어 넣으려고 애썼다.(이 시기에는 어린 자녀들이 있어서 특히 저녁 시간이 심하게 쪼개지는 경우가 많았다.) 그러나 얼마 지나지 않아 이런 식으로는 오래 버틸 수 없다는 결론이 나왔다. 그래서 그녀는 일주일에 50시간이라는 한계를 먼저 정하고 이를 지키기 위해 어떤 규칙과 습관이 필요할지 판단했다. 다시 말해서 고정 일과 생산성 전략을 따른 것이다.

앞서 밝힌 대로 이 전략은 학자로서의 경력을 해치지 않았다. 나

그팔은 정상적인 경로대로 종신 재직권을 얻었고, (인상적으로) 겨우 3년
만에 정교수로 승진했다. 어떻게 이런 일이 가능했을까? 그녀의 논문
에 따르면 업무 시간 제한을 지키기 위한 주요 수단 중 하나는 피상적
작업을 낳는 주요 원인에 엄격한 제한을 설정하는 것이었다. 가령 그녀
는 어떤 목적이든 출장은 1년에 다섯 번으로 제한했다. 출장은 (숙박부
터 강연 내용 작성까지) 시급한 피상적 작업을 놀랄 만큼 많이 만들기 때
문이었다. 다섯 번도 여전히 많아 보이지만 학자로서는 적은 편이었다.
가령 나그팔의 전 동료 교수이자 지금은 구글에서 일하는 맷 웰시Matt
Welsh는 블로그에 올린 글에서 초임 교수는 대개 1년에 열두 번에서 스
물네 번 출장을 간다고 밝혔다.[10] (나그팔이 열 번에서 열다섯 번의 출장을 줄
여서 얼마나 많은 피상적 작업을 피할 수 있었을지 상상해 보라!) 출장 제한은
나그팔이 일과를 통제하기 위해 활용한 여러 전술 중 하나일 뿐이었
다. (가령 1년에 검토할 논문 수도 제한했다.) 그러나 모든 전술은 피상적 작업
을 가차 없이 제한하되 궁극적으로 직업적 운명을 좌우하는 딥 워크(즉
독창적 연구)를 보호하는 데 기여한다는 공통점을 지녔다.

   나도 비슷한 노력 덕분에 고정 일과 방식을 성공시킬 수 있었다. 가
령 생산성과 관련된 말 중에 가장 위험한 대답인 '네'를 아주 신중하게
썼다. 그래서 피상적 작업을 초래하는 과제에 내가 동의하게 만들려면
많은 근거가 필요했다. 학교 측에서 반드시 필요하지 않은 일에 참여해
달라는 요청이 오면 학과장에게서 배운 방법대로 "종신 재직권을 얻은
후에 이야기해요."라고 대꾸했다. 효과가 좋았던 다른 전술은 확실하게
거절하되 이유는 모호하게 설명하는 것이었다. 구체적인 핑계를 대지
않으면 상대방이 반박하지 못한다. 가령 나는 시간을 많이 잡아먹는

강연 요청을 거절하면서 다른 출장 계획이 잡혀 있다는 핑계를 댔다. 그러나 상대방이 일정을 맞출 방법을 찾지 못하게 구체적인 내용은 말하지 않고 그냥 "흥미롭기는 한데 다른 일정 때문에 안 될 것 같군요." 라며 거절했다. 또한 미안한 마음에 마찬가지로 시간을 잡아먹는 다른 제안을 하고 싶은 욕구(가령 "위원회에 참석하지는 못하지만 제안 내용을 읽어 보고 의견을 드리겠습니다."라고 말하는 것)도 억눌렀다. 깔끔하게 거절하는 것이 최선이다.

　나는 과제를 신중하게 가려낼 뿐 아니라 시간 관리도 아주 성실하게 한다. 매일 일할 수 있는 시간이 한정되어 있으므로, 계획을 제대로 세우지 않아서 중요한 시한에 갑자기 임박하거나 사소한 일로 아침 시간을 낭비할 수 없다. 고정 일과 생산성 방침에 따라 일하는 시간을 엄격하게 제한하면 일정을 명확하게 짜야 한다. 이런 제한이 없으면 느슨한 습관을 갖기 쉽다.

　요컨대 톰처럼 과부하에 시달리지 않고도 나와 나그팔이 학계에서 성공한 데는 두 가지 이유가 있다. 첫째, 우리는 일하는 시간을 고정하는 방침에 따라 비대칭적으로 과제를 걸러 냈다. 딥 워크를 유지하면서 피상적 작업을 가차 없이 제거하는 일은 우리가 창출하는 새로운 가치를 줄이지 않고도 시간적 여유를 제공했다. 심지어 이 일은 딥 워크에 기울일 기운까지 제공하여 복잡한 일과를 따를 때보다 더 높은 생산성을 발휘하도록 해 주었다. 둘째, 시간적 제약은 일과를 조직하는 일을 더욱 세심하게 생각하도록 만들어서 더 긴 시간을 체계 없이 일하는 것보다 더 많은 가치를 창출하는 데 도움을 주었다.

　이 전략이 제시하는 핵심적인 주장은 대다수 지식 노동 분야에 같은 혜택이 적용된다는 것이다. 즉 교수가 아니라도 고정 일과 생산성 방침은 강력한 혜택을 가져올 수 있다. 대다수 지식 노동 분야에서는 커피를 마시자는 제안을 수락하거나, 갑작스러운 통화에 동의하는 것처럼 따로 놓고 보면 무해한 피상적 작업을 거절하기 어렵다. 그러나 고정 일과 생산성 방침을 따르기로 작정하면 시간을 귀하게 보는 마음가짐을 갖게 된다. 그래서 딥 워크가 아닌 모든 과제는 잠재적으로 해로울 수 있다고 의심한다. 또한 요청을 거절하는 것이 기본적인 대응이 되고, 당신의 시간과 주의를 얻기 위한 관문이 엄청나게 높아지며, 효율적으로 난관을 넘어서기 위한 노력을 펼치기 시작한다. 그리고 회사의 업무 문화가 엄격하다고 생각했지만 실은 유연하다는 사실을 알게 될 수도 있다. 가령 업무 시간이 지난 후 상사에게서 이메일을 받는 일이 흔하다. 새로운 방침에 따라 다음 날 아침까지 답신을 보내지 않으면 대개 문제가 생길 것이라고 생각한다. 상사가 당연히 답신을 기대하리라고 짐작하기 때문이다. 그러나 상사가 저녁에 이메일 수신함을 정리하게 되었다고 해서 즉각 답신을 기대하는 것은 아니다. 우리의 전략은 이 사실을 곧 깨닫게 해 줄 것이다.

다시 말해서 고정 일과 생산성은 쉽게 적용할 수 있으면서도 폭넓은 영향력을 지닌 메타 습관을 만드는 방침이다. 딥 워크에 초점을 맞추기 위한 조치를 하나 고른다면 이 방침을 높은 우선순위로 고려해야 한다. 일과를 인위적으로 제한하는 일이 성공을 부른다는 말을 아직 믿지 못하겠다면 주창자인 라디카 나그팔의 사례를 다시 한 번 살필 것을 촉구한다. 우연하게도 톰이 온라인에서 젊은 교수로서 감당해야 하는 업무 부담에 따른 고충을 털어놓던 시기에 나그팔은 고정된 일과에도 불구하고 학자로서 거둔 여러 성과 중 하나를 자축했다. 바로《사이언스》의 표지에 연구 결과가 소개된 것이었다.[11]

연락하기
어려운 사람이 되라

이메일을 고려하지 않고서는 피상적 작업에 대해 온전하게 논의할수 없다. 피상적 작업을 초래하는 이 보편적인 요소는 대다수 지식 노동자의 주의를 사로잡는 면에서 특히 해롭다. **구체적으로 수신자가 명시된 방해 요소를 꾸준히 보내기 때문이다.** 어디서나 이메일로 연락하는 것이 업무 습관에 너무나 깊이 자리 잡은 나머지 그 역할에 대해 어떤관점을 제시하기도 어려워졌다. 존 프리먼이 2009년에 펴낸『이메일의폭정』에서 경고한 대로 이메일이 부상하면서 "왜 이메일이 우리에게 아주 나쁜지 신중하고 복합적인 방식으로 설명하는 능력, 불평하고, 저항하며, 관리 가능한 방식으로 일과를 재설계하는 능력이 서서히 약화되고 있다."[12] 이메일은 기정사실이 된 것처럼 보인다. 저항은 헛된 것처럼느껴진다.

우리의 전략은 이런 운명론에 맞선다. 이메일을 피할 수 없다고 해서 정신을 다스리는 모든 권한을 넘겨줄 필요는 없다. 지금부터 이메일이 시간과 주의를 빼앗는 양상을 다시 감독하고, 프리먼이 지적한 자율성의 쇠퇴를 막기 위한 세 가지 조언을 제시하겠다. 저항은 헛되지 않다. 우리는 이메일에 대한 통제권을 생각보다 많이 갖고 있다.

조언1 이메일 발신자에게 필터를 건다

대다수 논픽션 작가들은 접촉하기 쉽다. 홈페이지에 이메일 주소를 기재하고 요구나 제안이 있으면 알려 달라고 요청하기 때문이다. 다수는 모호하면서도 중시되는 독자 '공동체'를 구축하는 데 필요한 요소로 이런 피드백을 권장한다. 그러나 나는 생각이 다르다.

내 홈페이지의 연락처에는 범용 이메일 주소가 없다. 대신 용건에 따라 연락할 수 있는 사람들의 명단이 나와 있다. 가령 저작권 문제는 출판 대리인에게 연락하면 되고, 강연 요청은 강연 대리인에게 연락하면 된다. 나에게 연락하고 싶은 경우에는 다음과 같은 조건이 붙으며, 답신을 기대할 수 없는 전용 이메일 주소만 제공한다.[13]

> 저의 삶을 더욱 흥미롭게 만들 제안이나 기회 혹은 소개할 대상이 있으면 interesting@calnewport.com으로 연락하세요. 위에 언급한 이유에 따라 일정 및 관심사와 잘 맞는 제안에만 답신을 보냅니다.

나는 이 방식을 **발신자 필터**라고 부른다. 나를 접촉하기 전에 스스로 내용을 거르도록 요청하기 때문이다. 발신자 필터는 수신함을 정리하는 시간을 크게 줄여 주었다. 이전에는 홈페이지에 범용 이메일 주소를 기재했다. 당연히 학업이나 경력과 관련된 구체적인(그리고 종종 상당히 복잡한) 문제에 대한 조언을 구하는 긴 이메일들을 많이 받았다. 다른 사람을 돕는 일은 좋지만 양이 너무 많았다. 이런 이메일을 쓰는 데는 오랜 시간이 걸리지 않는다. 그러나 내 입장에서 답하려면 많은 설명과 작문이 필요하다. 발신자 필터는 이런 소통을 상당수 제거했다. 또한 그렇게 함으로써 수신함에 들어오는 이메일의 수도 크게 줄였다. 덕분에 독자들을 돕는 데 쓸 기운을 지금은 최대한의 영향력을 발휘할 수 있도록 신중하게 선택한 환경으로 돌리고 있다. 가령 세상의 모든 학생들로부터 질문을 받는 대신 소수의 학생들을 대상으로 더욱 실질적이고 효과적인 조언을 제공한다.

발신자 필터가 제공하는 다른 혜택은 기대치를 조정하는 것이다. 위에 나온 안내문에서 가장 중요한 대목은 '일정 및 관심사와 잘 맞는 제안에만 답신을 보낸다.'라는 것이다. 이 내용은 사소해 보이지만 발신자가 내게 보낼 메시지를 생각하는 양상에 큰 영향을 미친다. 이메일을 둘러싼 일반적인 관습은 유명인이 아닌 이상 이메일을 받으면 답신을 보내야 하는 것이다. 그래서 대다수 사람들에게 이메일로 가득한 수신함은 상당한 의무감을 안긴다.

그 대신 기대치를 낮춰서 답신이 없을 수도 있음을 알리면 상황이 바뀐다. 수신함은 시간이 날 때 들여다보고 참여할 만한 가치가 있는 기회를 찾는 원천이 된다. 읽지 않은 이메일들이 더 이상 의무감을 안기지도 않는다. 원한다면 전부 무시해도 나쁜 일이 일어나지 않는다. 이런 상황은 심리적 자유를 준다.

발신자 필터 방식을 처음 시도할 때는 나의 시간이 독자들의 시간보다 중요하다고 잘난 척하는 것처럼 비칠까 봐, 그리고 사람들이 화낼까 봐 걱정했다. 그러나 걱정하던 일은 일어나지 않았다. 대다수 사람들은 수신하는 이메일을 통제할 권리가 있다는 생각을 쉽게 받아들였다. 자신도 같은 권리를 바라기 때문이었다. 더욱 중요한 사실은 사람들이 명확성을 중시한다는 것이다. 애초에 기대를 하지 않으면 대다수 사람들은 답신을 받지 못해도 신경 쓰지 않는다.(대개 저술가 같은 준유명인은 사람들이 자신의 답장을 바라는 정도를 과대평가한다.)

이처럼 기대치를 낮춰 두면 답신의 가치가 높아지기도 한다. 가령 한 온라인 잡지의 편집자는 내게 원고를 요청하는 이메일을 보냈지만 안내문을 보고 답신을 기대하지 않았다. 그래서 내가 보낸 답신은 기분 좋은 뜻밖의 소식이 되었다. 다음은 그녀가 나와 나눈 교류에 대해 쓴 글이다.

> 그래서 칼에게 글을 써 달라고 요청하는 이메일을 보낼 때 어느 정도 기대치가 정해졌다. 안내문에는 블로그에 기고하고 싶다는 내용이 없었기 때문에 답신을 받지 못해도 섭섭하지 않았을 것이다. 그런데 그가 답신을 보내니 엄청나게 기뻤다.[14]

내가 쓰는 발신자 필터는 포괄적인 전략의 한 사례일 뿐이다. 컨설턴트이자 클라우드 펀딩 전문가인 클레이 허버트Clay Herbert의 경우를 보자. 그는 창업자들로부터 유익한 조언을 구하는 이메일을 많이 받는다. 발신자 필터를 다룬 《포브스》의 기사가 밝힌 바에 따르면 "그는 도움을 구하는 사람의 수가 감당할 수 있는 수준을 넘어서자 일련의 필터를 만들었다."[15]

허버트가 만든 필터는 나와 비슷한 동기에서 나왔지만 다른 형태를 지닌다. 그와 접촉하려면 우선 자주 묻는 질문과 답변을 보고 이미 답변이 제시된 질문이 아닌지 확인해야 한다.(필터를 만들기 전에는 많은 이메일이 이런 경우에 속했다.) 이 단계를 지난 다음에는 허버트가 자신의 전문 분야와 특별히 연관성을 지니는지 추가로 살필 수 있도록 설문지를 작성해야 한다. 이 단계를 지난 후에도 연락하려면 소액의 수수료를 지불해야 한다. 그 목적은 부가 수입을 올리는 것이 아니라 진지하게 조언을 듣고 실행에 옮길 사람을 고르는 것이다. 이처럼 까다롭게 필터를 설정해도 여전히 허버트는 사람들을 도울 수 있고 흥미로운 기회를 얻는다. 동시에 수신하는 이메일도 쉽게 처리할 수 있는 수준으로 줄어들었다.

다른 사례로 '리얼 맨 스타일Real Man Style'이라는 인기 블로그를 운영하는 안토니오 센테노Antonio Centeno가 있다. 센테노의 발신자 필터는 두 가지 단계를 거친다.[16] 질문이 있을 때는 해당 게시판으로 보내진다. 센테노는 일대일 대화로 같은 질문에 계속 답하는 것은 시간 낭비라고 생각한다. 이 단계를 지난 다음에는 체크 박스를 눌러서 다음 세 가지 약속을 해야 한다.

- 10분만 구글로 검색하면 알 수 있는 질문을 하지 않겠습니다.
- 무관한 사업을 홍보하려고 마구잡이로 일반적인 요청을 붙여 넣지 않겠습니다.
- 23시간 안에 답신을 받으면 모르는 사람에게 좋은 일을 하겠습니다.

이 약속들을 하기 전에는 내용을 적을 수 있는 상자가 뜨지 않는다. 요컨대 이메일을 뒷받침하는 기술은 혁신적이지만 이 기술을 활용하는 사회적 관습은 아직 저개발 상태다. 목적이나 발신자와 무관하게 모든 메시지가 구별 없이 같은 수신함에 들어오고 (시기적절하게) 답신을 받을 가치를 지닌다는 것은 말도 안 되게 비생산적이다. 발신자 필터는 상황을 개선하기 위한 작지만 유용한 단계이며, 적기가 도래한 아이디어다. 적어도 이메일을 많이 받고, 접근성을 통제할 수 있는 여러 창업사와 프리랜서들에게는 그렇다.(대규모 조직의 부서 간 소통에서도 비슷한 규칙을 적용하기를 원하지만 2장에서 제시한 이유 때문에 그렇게 되기는 요원할 것이다.) 여건이 된다면 시간과 주의에 대한 통제권을 되찾을 수 있는 방법으로 발신자 필터를 고려하라.

조언 2 이메일을 하나에 더 많은 일을 담는다

다음에 나오는 일반적인 이메일들을 보라.

- 이메일 1: "지난주에 만나서 반가웠습니다. 그때 논의한 몇 가지 문제에 대한 후속 논의를 하고 싶습니다. 커피라도 한 잔 하시겠습니까?"
- 이메일 2: "지난번 제가 방문했을 때 연구와 관련하여 논의한 문제를 처리해야 합니다. 어디까지 진행되었는지 알려 주시겠습니까?"
- 이메일 3: "우리가 논의한 글을 작성했어요. 첨부했으니 보고 의견을 주세요."

이 세 가지 사례는 대다수 지식 노동자들에게 낯익을 것이다. 수신함에 들어오는 많은 이메일들을 대표하기 때문이다. 이런 이메일은 생산성을 저해하는 위험한 지뢰와 같아서 어떻게 답하느냐에 따라 뒤이은 논의에 소모될 시간과 주의의 양이 크게 달라진다.

특히 이렇게 질문을 던지는 이메일은 서둘러 답신을 보내서 (일시적으로) 수신함에서 없애고 싶은 본능을 불러일으킨다. 빠른 답신은 단기적으로 작은 안도감을 제공한다. 메시지가 수반하는 책임을 발신자에게 되돌리기 때문이다. 그러나 이 안도감은 오래가지 못한다. 결과적으로는 서로가 책임을 계속 떠넘기며 시간과 주의를 낭비하게 된다. 이런 질문을 받으면 답하기 전에 잠시 시간을 갖고 다음과 같은 핵심 내용을 정리하는 것이 좋다.

이 메시지가 언급하는 프로젝트는 무엇이고, (소통 면에서) 가장 효율적으로 해당 프로젝트를 성공시키는 절차는 무엇인가?

이 질문에 대한 답을 구한 다음 절차를 설명하고, 현재 단계를 제시하며, 다음 단계를 강조하라. 이른바 이 절차 중심 접근법은 앞으로 받을 이메일과 그에 따른 정신적 혼란을 줄이기 위한 것이다.

이 절차가 통하는 이유를 알기 위해 앞선 이메일들을 절차 중심 접근법으로 대응하는 사례를 보자.

- 이메일 1에 대한 답신: "커피 좋습니다. 캠퍼스 내 스타벅스에서 만나죠. 다음 주에 가능한 날짜와 시간은 다음과 같습니다. 날짜와 시간이 적당한지 알려 주세요. 답신을 받으면 약속이 확

정된 것으로 알겠습니다. 맞는 날짜와 시간이 없으면 다음 번호
로 전화하세요. 그때 다시 만날 시간을 잡아 보죠. 답신 기다리
겠습니다."

• 이메일 2에 대한 답신: "이 문제를 처리해야 한다는 데 동의합
니다. 다음은 제가 제안하는 내용입니다.

다음 주에 기억나는 대로 우리가 논의한 내용을 이메일로 보내
주세요. 그러면 공유 폴더를 만들어서 내가 기억하는 내용과
함께 당신의 이메일을 정리한 문서를 올리겠습니다. 다음 단계
로 취할 만한 두세 가지 조치도 제시하겠습니다.

그다음 두어 주 동안 이 조치들을 취해 보고 다시 점검하죠. 지
금부터 한 달 동안 이 일을 논의할 통화 일정을 잡았으면 합니
다. 통화 가능한 날짜와 시간은 다음과 같습니다. 답신을 보낼
때 적당한 날짜와 시간을 알려 주세요. 그러면 통화 약속이 정
해진 것으로 알겠습니다. 이 문제를 함께 해결하게 되기를 기대
합니다."

• 이메일 3에 대한 답신: "연락 줘서 고마워요. 원고를 읽고 금요
일(10일)에 의견을 단 편집본을 보낼게요. 편집본에는 개선했으
면 하는 부분에 의견을 달게요. 내용을 다듬은 다음에 최종 원
고를 보내 줘요. 다른 문제가 없으면 편집본을 받은 후에 따로
답신을 보내지 않아도 됩니다."

이 사례들을 만들 때 나는 먼저 메시지가 가리키는 프로젝트를 파악했다. 여기서 '프로젝트'라는 개념은 느슨하게 적용된다. 그래서 연구를 진척시키는 일(사례 2)처럼 중대한 과제는 물론이거니와 커피 약속을 잡는 일(사례 1)처럼 사소한 과제도 포괄한다. 프로젝트를 파악한 다음에는 현재 상태에서 최소한의 메시지만 나누면서 원하는 결과에 이를 수 있는 절차를 생각했다. 최종 단계는 해당 절차와 현재 위치를 분명하게 제시하는 것이었다. 이 경우는 답신을 예로 들었지만 처음 이메일을 쓸 때도 같은 접근법을 취할 수 있다.

절차 중심 접근법은 이메일이 시간과 주의에 미치는 악영향을 크게 줄일 수 있다. 거기에는 두 가지 측면이 있다. 첫째, 수신함에 들어오는 이메일의 양을 (때로 상당수) 줄여 준다.(신중하게 답신을 쓰지 않으면 커피 약속도 며칠에 걸쳐 대여섯 통의 이메일이 오가는 일로 쉽게 커질 수 있다.) 그에 따라 수신함을 정리하는 데 들이는 시간과 지력이 줄어든다.

둘째, 데이비드 앨런의 표현을 빌리면 좋은 절차 중심 메시지는 당면 과제와 관련하여 즉시 "매듭을 짓는다." 당신이 보내거나 받은 이메일로 시작된 프로젝트는 주의를 끌어당기며, 결국에는 해결해야 하는 "미결 과제"로 머릿속에 남는다. 절차 중심 접근법은 생기자마자 바로 매듭을 짓는다. 전체 절차를 제시하고, 과제 목록과 일정에 자기 몫을 추가하며, 상대방이 보조를 맞추도록 만들면 프로젝트에 빼앗긴 머릿속 지분을 되찾을 수 있다. 머릿속이 덜 어수선할수록 깊은 생각에 동원할 정신적 자원이 늘어난다.

절차 중심 메시지는 언뜻 자연스러워 보이지 않는다. 무엇보다 쓰기 전에 내용을 생각해야 한다. 그래서 당장은 시간을 더 들이는 것처

럼 느껴진다. 그러나 추가로 들이는 2~3분이 나중에 불필요한 메시지
를 읽고 답하느라 소비할 훨씬 많은 시간을 절약해 준다는 사실을 기억
해야 한다.

다른 문제는 부자연스럽고 지나치게 기술적으로 보인다는 것이다.
사회적 관습에 따른 대화체는 절차 중심 소통에서 흔히 쓰는 체계적인
일징 내시 설정 구조와 충돌한다. 이 점이 걸린다면 대화체로 긴 서두
를 붙일 것을 권한다. 아예 줄을 그어서 절차 중심 내용을 대화체 서두
와 분리하거나 '다음 단계에 대한 제안'이라는 소제목을 달아서 기술적
인 성격에 맞도록 맥락을 조성할 수도 있다.

끝으로 절차 중심 접근법은 이런 사소한 문제들을 극복하고도 취
할 만한 가치를 지닌다. 수신함을 오가는 메시지에 담기는 실질적인 내
용을 미리 생각하면 이메일이 정말로 중요한 일을 하는 능력에 미치는
악영향을 크게 줄일 수 있다.

조언 3 회신하지 않는다

나는 MIT 대학원에 다닐 때 유명한 학자들과 교류할 기회를 얻었
다. 그 과정에서 다수가 흥미롭고도 다소 드문 방식으로 이메일을 처리
한다는 사실을 알았다. 이메일을 받았을 때 그들이 하는 기본적인 행
동은 답하지 않는 것이었다.

시간이 지나면서 나는 이 행동을 이끄는 철학이 무엇인지 알게 되
었다. 그들은 수신자가 답신을 쓸 가치가 있다고 생각하게 만들 책임이
발신자에게 있다고 생각했다. 그래서 설득력이 부족하고 필요한 노력을
충분히 최소화하지 못하면 답신을 보내지 않았다.

가령 다음과 같은 이메일은 답신을 받지 못할 가능성이 높다.

> 교수님, 안녕하세요. X 문제를 논의하기 위해 언제 한 번 연구실
> 에 들르고 싶습니다. 시간이 되실까요?

이 메시지에 답하려면 너무 많은 일이 필요하다.("시간이 되실까요?"
는 바로 답하기에 너무 모호하다.) 또한 발신자와 나눌 대화가 시간을 들일
가치가 있는지 설득하는 내용이 없다. 다음은 이런 문제를 고려하여 답
신을 받을 가능성이 높아지도록 고친 내용이다.

> 교수님, 안녕하세요. 저는 지도 교수인 Y 교수님과 함께 X 문
> 제와 유사한 프로젝트를 진행하고 있습니다. 목요일 퇴근 시간
> 15분 전에 교수님의 연구실에 들러서 제가 연구하는 내용을
> 자세히 설명하고 교수님의 현재 프로젝트에 도움이 될지 알고
> 싶은데 괜찮을까요?

이 메시지는 앞선 사례와 달리 왜 만나야 하는지 분명하게 설명하
며, 수신자가 답신을 쓰는 데 필요한 노력을 최소화한다.

이 조언을 따르려면 환경에 맞게 타당한 한도 내에서 이메일을 선
별해야 한다. 이때 다음 세 가지 규칙을 기준으로 삼을 수 있다.

이메일 분류법: 다음 사항에 해당하는 이메일에는 답하지 마라.
- 내용이 모호하거나 적절한 답신을 쓰기 어렵다.

- 관심을 불러일으키는 질문이나 제안이 아니다.
- 답신을 쓴다고 해서 좋은 일이 생길 것도 아니고, 쓰지 않는 다고 해서 나쁜 일이 생길 것도 아니다.

모든 경우에는 여러 명백한 예외가 있다. 관심 없는 프로젝트를 모호하게 다룬 메시지라도 사장이 보냈다면 답신을 써야 한다. 그러나 이런 예외 말고는 '답장'을 누르기 전에 더욱 엄격한 기준을 적용해야 한다.

이 조언은 현재 이메일과 관련된 관습을 깨기 때문에 불편하게 느껴질 수도 있다. 관습에 따르려면 메시지의 의미나 적절성과 무관하게 답신을 보내야 한다. 또한 답신을 보내지 않을 때 생기는 나쁜 일들을 피할 길도 없다. 최소한 어떤 사람들은 어리둥절해하거나 화를 낼 것이다. 특히 이메일을 나누는 일반적인 관습이 도전받거나 무시당하는 것을 본 적이 없는 경우에는 더욱 그렇다. 요점은 그래도 괜찮다는 것이다. 저술가인 팀 페리스는 블로그에 올린 글에서 이렇게 말했다. "사소한 나쁜 일들이 일어나도록 내버려 두는 습관을 길러라. 그렇지 않으면 인생을 바꾸는 중대한 일을 할 시간을 결코 찾지 못한다."[17] MIT 교수들이 발견한 바에 따르면 사람들은 새로운 의사소통 규칙에 맞춰서 기대치를 신속하게 조정한다. 그러니 크게 걱정하지 않아도 된다. 급하게 쓴 메시지에 답신을 받지 못한 것이 인생의 중대사일 리 없다.

이 방식이 수반하는 꺼림칙한 기분을 극복하면 보상을 누릴 수 있다. 이메일 과부하와 관련하여 흔히 하는 두 가지 말이 있다. 하나는 이메일을 보내면 더 많은 이메일이 오게 된다는 것이다. 다른 하나는 모호하거나 무관한 이메일과 씨름하는 일이 스트레스를 일으키는 주요 원인이라는 것이다. 앞서 제시하는 접근법은 두 가지 문제에 모두 대응한다. 즉 더 적은 이메일을 보내고 처리하기 어려운 이메일은 무시한다. 또한 그렇게 함으로써 시간과 주의에 미치는 메일 수신함의 영향력을 크게 약화시킨다.

맺음말

　마이크로소프트의 설립 과정에 대한 이야기는 너무나 많이 회자되어 이제는 전설의 반열에 올랐다. 1974년 겨울, 젊은 하버드대 학생이었던 빌 게이츠는《파퓰러 일렉트로닉스*Popular Electronics*》의 표지에서 세계 최초의 개인용 컴퓨터인 알테어Altair를 보았다. 그는 이 기계에서 작동할 소프트웨어를 만드는 것이 좋은 기회가 되리라는 사실을 깨달았다. 그래서 만사를 제쳐 두고 폴 앨런Paul Allen, 몬티 데이비도프Monte Davidoff의 도움을 받아 8주 동안 알테어를 위한 베이직 프로그래밍 언어를 만들었다. 이 이야기는 종종 게이츠의 통찰력과 과단성을 말해 주는 사례로 인용된다. 그러나 근래에 나온 인터뷰는 이 이야기가 행복한 결말을 맺는 데 결정적 역할을 한 게이츠의 또 다른 특성을 드러냈다. 바로 타고난 몰입 능력이다.

월터 아이작슨이 《하버드 가제트_Harvard Gazette_》 2013년 9월호에서 밝힌 바에 따르면 게이츠는 이 두 달 동안 코드를 짜다가 키보드 위에 쓰러져 잠들 만큼 집중적으로 일했다. 그는 이렇게 한두 시간을 잔 후 일어나 그 자리에서 다시 작업을 이어 갔다. 폴 앨런은 지금도 게이츠의 집중력에 감탄하며 "신동 수준의 능력"[1]이라고 표현한다. 아이작슨은 나중에 펴낸 『이노베이터_The Innovators_』에서 게이츠의 특별한 몰입 능력을 이렇게 설명했다. "게이츠와 앨런의 차이는 바로 집중력에 있었다. 앨런은 여러 아이디어와 관심사를 오갔지만 게이츠는 순차적으로 한 가지 문제에 집착했다."[2]

이 이야기에서 우리는 딥 워크를 뒷받침하는 가장 강력한 논거를 접한다. 빠르게 변하는 정보 시대의 와중에는 이도 저도 아닌 투덜거림에 머무르기 쉽다. 변화에 인색한 불평꾼들은 사람들이 휴대전화에 매달리는 모습을 다소 거북해하면서 느긋하게 집중할 수 있던 시대를 그리워한다. 반면 디지털 힙스터들은 이런 향수를 고루하고 시대착오적인 태도로 여기며, 네트워크 접속의 증가가 유토피아의 토대가 될 것이라고 믿는다. 마셜 맥루언은 '미디어는 메시지'라고 주장했다지만 현재 우리가 나누는 논의는 '미디어는 도덕'이라고 암시하는 듯하다. 페이스북이 이끄는 미래에 동참하든지 아니면 그 미래를 몰락으로 간주하든지.

머리말에서 강조한 대로 나는 이 논쟁에 관심이 없다. 딥 워크에 헌신하는 것은 도덕적 입장이 아니며 철학적 선언도 아니다. 다만 집중력이야말로 가치 있는 일을 해내는 능력이라는 실용적인 깨달음일 따름이다. 다시 말해서 딥 워크가 중요한 이유는 산만함이 나쁘기 때문이 아니라 빌 게이츠가 한 학기가 채 안 되는 기간에 10억 달러 규모의 산업을 창출할 수 있었기 때문이다.

이 사실은 내가 학자로서 거듭 익히는 교훈이기도 하다. 나는 딥 워크에 10년 넘게 헌신해 왔지만 지금도 그 힘에 자주 놀란다. 처음으로 딥 워크의 중요성을 깨닫고 우선시한 대학원 시절에는 그 덕분에 해마다 논문 두 편(대학원생으로서는 대단한 양)을 쓸 수 있었다. (역시 대학원생으로서는 드물게) 주중 5시 이후와 주말에는 작업을 거의 하지 않았는데도 말이다.

그러나 교수직을 준비하면서부터 걱정이 들기 시작했다. 대학원생과 박사후 연구원 시절에는 최소한의 시간만 계획하고 대다수 시간은 원하는 대로 보냈다. 교수가 되면 이런 호사를 누릴 수 없다는 사실은 자명했다. 문제는 더 빡빡해진 일정에 딥 워크를 충분히 접목하여 생산성을 유지할 수 있을지 자신이 없었다는 것이다. 나는 가만히 앉아 불안해하기보다 행동에 나서기로 결심했다. 그래서 딥 워크 능력을 강화하기 위한 계획을 세웠다.

이 훈련은 MIT에서 보낸 마지막 2년 동안 진행되었다. 당시 나는 교수 자리를 막 찾기 시작한 박사후 연구원이었다. 주된 전술은 일과를 인위적으로 제약하여 교수가 되었을 때처럼 자유 시간을 줄이는 것이었다. 밤에는 일하지 않는다는 규칙에 덧붙여 점심때는 달리기를 한 다음 집으로 가서 점심을 먹었다. 여기에 더해 네 번째 책 『열정의 배신*So Good They Can't Ignore You*』[3] 출판 계약을 맺었다. 당연히 시간이 빠듯할 수밖에 없었다.

나는 새로운 제약을 보완하기 위해 몰입 능력을 연마했다. 우선 딥 워크를 위한 시간을 더욱 신중하게 정하고 갑작스러운 일이 생겨도 지

켰다. 또한 길에서 보내는 많은 시간 동안 생각을 풀어 나가는 능력을
개발했다.(이 능력은 생산성을 발휘하는 데 큰 도움이 되었다.) 그리고 집중할
수 있도록 외부와 단절된 장소를 찾는 데 집착했다. 가령 여름 동안에
는 종종 바커 공학 도서관의 반구형 지붕 아래서 일했다. 동굴 같은 이
곳은 느낌이 좋았지만 학기 중에는 너무 붐볐다. 겨울에는 더욱 으슥한
곳을 찾다가 작지만 잘 꾸며진 루이스 음악 박물관에 정착했다. 한번은
증명을 풀기 위한 용도로 격자가 그려진 50달러짜리 고급 연구용 노트
를 산 적도 있었다. 비싼 노트를 쓰면 더 신중하게 생각하지 않을까 해
서였다.

　놀랍게도 몰입을 위한 이 모든 노력은 좋은 효과를 발휘했다. 실
제로 2011년 가을에 조지타운대 컴퓨터공학과 교수 자리를 얻은 후 일
이 크게 늘었다. 나는 미리 대비를 해 둔 상태였다. 그래서 생산성을 유
지하는 정도가 아니라 향상시켰다. 일이 없던 대학원생 시절에도 1년에
논문 두 편을 썼지만 일이 많은 교수 시절에 평균 네 편을 쓴 것이다.[4]

　이 정도만 해도 충분히 인상적이었다. 그러나 곧 나는 딥 워크로
낼 수 있는 한계치에 아직 이르지 않았다는 사실을 깨달았다. 이 깨달
음은 교수 3년 차에 찾아왔다. 2013년 가을부터 2014년 여름에 걸친
이 시기에 나는 딥 워크 습관에 다시 주목하여 개선할 여지를 찾았다.
주된 이유는 지금 여러분이 읽고 있는 이 책을 쓰기 위해서였다. 책의
대부분은 이 시기에 쓰였다. 물론 7만 단어 분량의 책을 쓰는 일은 이
미 바쁜 일과에 갑작스레 새로운 제약을 가했지만, 나는 학자로서의 생
산성에도 타격을 입고 싶지 않았다. 또 다른 이유는 종신 재직권 심사
가 임박했기 때문이었다. 심사를 신청하기 전까지 논문을 발표할 수 있

는 기간은 1, 2년뿐이었다. 다시 말해서 나의 능력을 증명해야 할 시기였다.(특히 심사를 받기 전 마지막 해에 둘째 아이를 가질 생각이었기 때문에 더욱 그랬다.) 마지막 이유는 개인적이며, (솔직히 인정하자면) 약간 별나다. 당시 나는 여러 동료들이 받던 지원금을 신청했지만 떨어졌다. 속상하고 창피한 일이었다. 그래도 불평하거나 자책하는 대신 논문의 양을 늘리고 질을 높여서 받지 못한 지원금을 보상하겠다고 결심했다. 이 지원금은 받지 못했지만 결과물로 나의 역량을 보여 주고 싶었다.

나는 이미 딥 워크에 능숙했다. 그러나 이 세 가지 힘이 나를 한계까지 밀어붙였다. 나는 시간을 잡아먹는 요청을 냉정하게 거절하고, 연구실을 벗어나 고립된 곳에서 더 많이 일하기 시작했다. 또한 눈에 잘 띄는 곳에 딥 워크를 한 시간을 기록해 두고 빠르게 늘어나지 않으면 속상해했다. 아마도 가장 영향력이 컸던 변화는 개를 산책시키는 중이든, 통근하는 중이든 시간이 날 때마다 머릿속에서 문제를 푸는 MIT 시절의 습관을 되살린 것이었다. 이전에는 기한이 임박해야만 딥 워크를 하는 시간을 늘렸지만 그때는 가차 없었다. 기한이 임박하든 아니든 거의 매일 머릿속에서 연구 결과와 씨름했다. 또한 지하철을 타고 가거나 눈을 치우는 동안 증명을 풀었고, 주말에 아들이 낮잠을 자는 동안 마당을 거닐면서 생각을 했으며, 차가 밀리는 동안 나를 괴롭히던 문제들을 체계적으로 해결했다.

그렇게 1년이 지나면서 나는 딥 워크를 멈추지 않고 숨 쉬듯 하게 되었다. 이런 변신은 뜻하지 않은 결과를 불러왔다. 책을 쓰고 첫째 아들이 돌보기 힘든 두 살이 되던 해에 평소보다 두 배나 많은 아홉 편의 논문을 쓴 것이다. 저녁에는 일하지 않는다는 원칙을 지키면서 말이다.

우선 이렇게 극단적으로 딥 워크에 매달리는 일은 약간 심하다는 사실을 인정한다. 사실 정신적으로도 피곤해서 앞으로는 강도를 낮춰야 할 것이다. 그러나 이 경험은 딥 워크가 흔히 생각하는 것보다 **훨씬 강력한 힘을 발휘한다**는 결론을 뒷받침한다. 빌 게이츠가 뜻하지 않은 기회를 최대한 살려서 새로운 산업을 일으키고, 내가 책을 쓰면서 연간 빌표 논문을 두 배로 늘릴 수 있었던 것은 딥 워크에 대한 헌신 덕분이었다. 장담하건대 산만한 대중을 떠나 집중하는 소수의 대열에 합류하는 일은 인생을 바꾸는 경험이 될 것이다.

물론 모두가 몰입하는 삶을 살 수 있는 것은 아니다. 그러려면 노력을 통해 습관을 뜯어고쳐야 한다. 많은 사람들은 신속한 이메일 교류와 소셜 미디어 활동에 따른 인위적인 분주함을 편안하게 느낀다. 그러나 몰입하는 삶을 살려면 이런 일들을 대부분 등져야 한다. 또한 가능한 최선의 성과를 내려는 노력을 둘러싼 불안이 있을 수 있다. 최선을 다한 결과가 (아직은) 그렇게 뛰어나지 않을 가능성에 직면해야 하기 때문이다. 루스벨트처럼 링에 올라 능력과 씨름하기보다 우리의 문화에 대해 한마디 말을 얹는 편이 안전한 법이다.

그러나 이런 편안함과 불안을 뿌리치고 온전한 지적 역량을 발휘하여 중요한 성과를 이루려 노력하면 앞서 그 길을 간 다른 사람들처럼 몰입이 생산성과 의미로 가득한 삶을 만든다는 사실을 알게 될 것이다. 1부에서 "나는 집중하는 삶을 살 것이다. 그것이 최선의 삶이기 때문이다."[5]라는 위니프리드 갤러거의 말을 인용했다. 나는 이 말에 동의한다. 빌 게이츠도 동의할 것이다. 그리고 이 책을 읽은 지금 당신도 동의하기를 바란다.

주

머리말

1 Carl Jung, *Memories, Dreams, Reflections*, Trans. Richard Winston(New York: Pantheon, 1963).

2 Ibid.

3 해당 구절 및 예술가들의 습관에 대한 다른 정보는 다음 출처에서 찾을 수 있다. Mason Currey, *Daily Rituals: How Artists Work*(New York: Knopf, 2013).

4 다음에 나오는 융의 생애와 연구를 담은 연대표도 그의 경력에서 딥 워크의 역할을 이해하는 데 유용했다. Charles Cowgill, "Carl Jung,"(1997. 5) http://www.muskingum.edu/~psych/psycweb/history/jung.htm.

5 주요 인물들의 딥 워크에 대한 자료는 다음 출처에서 얻었다.

• 몽테뉴: Sarah Bakewell, *How to Live: Or A Life of Montaigne in One Question and Twenty Attempts at an Answer*(New York: Other Press, 2010).

• 마크 트웨인: Mason Currey, *Daily Rituals*.

• 우디 앨런: 로버트 웨이드(Robert Weide) 감독, 「우디 앨런: 다큐멘터리 (Woody Allen: A Documentary)」(2013).

• 피터 힉스: Ian Sample, "Peter Higgs Proves as Elusive as Higgs Boson after Nobel Success," *Guardian*(2013. 10. 9), http://www.theguardian.com/science/2013/oct/08/nobel-laureate-peter-higgs-boson-elusive.

• 조앤 롤링: https://twitter.com/jk_rowling.

• 빌 게이츠: Robert Guth, "In Secret Hideaway, Bill Gates Ponders Microsoft's Future," *Wall Street Journal*(2005. 3. 28), http://online.wsj.com/news/articles/SB111196625830690477.

• 닐 스티븐슨: 인터넷 아카이브에 기록된 구 홈페이지(2003년 12월 기준). http://web.archive.org/web/20031207060405/http://www.well.com/~neal/badcorrespondent.html.

6 Michael Chui, et al., "The Social Economy: Unlocking Value and Productivity Through Social Technologies,"(McKinsey Global Institute,

2012. 7) http://www.mckinsey.com/insights/high_tech_telecoms_internet/
the_social_economy.

7   Nicholas Carr, "Is Google Making Us Stupid?", *The Atlantic Monthly*(2008.
7~8), http://www.theatlantic.com/magazine/archive/2008/07/is-google-
making-us-stupid/306868. 카는 『생각하지 않는 사람들』의 페이퍼백판에서 집
필을 끝내기 위해 오두막으로 옮겨야 했다고 밝혔다.

8   Eric Barker, "Stay Focused: 5 Ways to Increase Your Attention Span," *Barking
Up the Wrong Tree*(2013. 9. 18), http://www.bakadesuyo.com/2013/09/stay-
focused.

1부 왜 딥 워크인가

1 대체 불가능한 전문가가 되는 법

1   Marc Tracy, "Nate Silver Is a One-Man Traffic Machine for the Times," *New
Republic*(2012. 11. 6), http://www.newrepublic.com/article/109714/nate-
silvers-fivethirtyeight-blog-drawing-massive-traffic-new-york-times.

2   Mike Allen, "How ESPN and ABC Landed Nate Silver," Politico(2013. 7.
22), http://www.politico.com/blogs/media/2013/07/how-espn-and-abc-
landed-nate-silver-168888.html.

3   Sean M. Davis, "Is Nate Silver's Value at Risk?", Daily Caller(2012.
11. 1), http://dailycaller.com/2012/11/01/is-nate-silvers-value-at-
risk; Gary Marcus, Ernest Davis, "What Nate Silver Gets Wrong," *The
New Yorker*(2013. 1. 25), http://www.newyorker.com/online/blogs/
books/2013/01/what-nate-silver-gets-wrong.html.

4   데이비드 하이네마이어 핸슨에 대한 정보는 다음 웹 사이트에서 얻었다.
    • http://david.heinemeierhansson.com.
    • Oliver Lindberg, "The Secrets Behind 37signals' Success,"
TechRadar(2010. 9. 6), http://www.techradar.com/us/news/internet/the-
secrets-behind-37signals-success-712499.
    • "OAK Racing," Wikipedia, http://en.wikipedia.org/wiki/OAK_Racing.

5 존 도어에 대한 자세한 기사는 "John Doerr," Forbes, http://www.forbes.com/profile/john-doerr.

6 2014년 4월 10일 기준으로 포브스닷컴의 프로필 페이지에 따르면 존 도어의 자산은 33억 달러다. http://www.forbes.com/profile/john-doerr.

7 Erik Brynjolfsson, Andrew McAfee, *Race Against the Machine: How the Digital Revolution Is Accelerating Innovation, Driving Productivity, and Irreversibly Transforming Employment and the Economy*(Cambridge, MA: Digital Frontier Press, 2011), p. 9.

8 Ibid., p. 9.

9 Tyler Cowen, *Average Is Over*(New York: Penguin, 2013), p. 1.

10 Sherwin Rosen, "The Economics of Superstars," *The American Economic Review* 71.5(1981. 12), pp. 845~858.

11 Ibid., p. 846.

12 인스타그램 사례와 노동 및 가치의 불일치에 대한 내용은 재런 래니어의 글과 강연을 참고했다.

13 네이트 실버가 활용하는 도구들에 대한 세부 정보는 다음 자료에서 얻었다.

• Walter Hickey, "How to Become Nate Silver in 9 Simple Steps," Business Insider(2012. 11. 14), http://www.businessinsider.com/how-nate-silver-and-fivethirtyeight-works-2012-11.

• Nate Silver, "IAmA Blogger for FiveThirtyEight at The New York Times. Ask Me Anything," Reddit, http://www.reddit.com/r/IAmA/comments/166yeo/iama_blogger_for_fivethirtyeight_at_the_new_york.

• "Why Use Stata," www.stata.com/why-use-stata.

14 이 예는 업계와 (특히) 학계에서 인기 있는 오픈 소스 데이터베이스 시스템인 postgreSQL의 명령어다. 실버가 어떤 시스템을 쓰는지는 모르지만 분명히 사례에 나온 것과 비슷한 SQL 언어가 필요할 것이다.

15 Antonin-Dalmace Sertillanges, *The Intellectual Life: Its Spirits, Conditions, Methods*, Trans. Mary Ryan(Ireland: Mercier Press, 1948), p. 95.

16 Ibid., p. 13.

17 앤더스 에릭슨은 의식적 훈련의 개념에 대한 연구를 선도하는 학자다. 그의 연구 관련 웹 사이트에 이 개념이 잘 설명되어 있다. http://www.psy.fsu.edu/faculty/ericsson/ericsson.exp.perf.html.

18 의식적 훈련에 대한 세부 내용은 다음 주요 논문에서 얻었다. K. Anders Ericsson, R. T. Krampe, C. Tesch-Römer, "The Role of Deliberate Practice in the Acquisition of Expert Performance," *Psychological Review* 100.3(1993), pp. 363~406.

19 Ibid., p. 13.

20 말콤 글래드웰(Malcolm Gladwell)이 2008년 베스트셀러인 『아웃라이어 (*Outliers: The Story of Success*)』에서 의식적 훈련이라는 개념을 대중화한 이후 (대체로 글래드웰이 한 말은 모조리 의심하는 집단인) 심리학계에서는 이 가설에 흠집을 내려는 연구들이 유행했다. 그러나 이 연구들은 대부분 의식적 훈련의 필요성을 부정하기보다 전문가급 능력을 발휘하는 데 영향을 미치는 다른 요소들을 파악하려고 시도했다. 에릭슨은 《인텔리전스(*Intelligence*)》 45호 (2014: 81-103)에 발표한 「전문가급 능력이 특별하며, 일반 대중의 능력에 대한 연구를 통해 추론할 수 없는 이유: 비판에 대한 반론(Why Expert Performance Is Special and Cannot Be Extrapolated from Studies of Performance in the General Population: A Response to Criticisms)」이라는 논문에서 이 연구들의 논지를 반박했다. 그는 이 연구들이 특정 분야에서 평균과 평균 이상의 차이를 전문가와 비전문가의 차이로 추정할 수 있다고 가정하기 때문에 무엇보다 실험 방식이 잘못 설계되었다고 주장한다.

21 Sertillanges, *The Intellectual Life*, p. 95.

22 Ericsson, Krampe, Tesch-Romer, "The Role of Deliberate Practice in the Acquisition of Expert Performance," p. 368.

23 『탤런트 코드』에서 전문가의 능력에 대한 신경생물학적 설명을 확인할 수 있다.

24 코일의 웹 사이트에는 수초화를 다룬 뛰어난 슬라이드쇼가 올라와 있다. "Want to Be a Superstar Athlete? Build More Myelin," *The Talent Code*, www.thetalentcode.com/myelin.

25 의식적 훈련에 대해서는 다음 두 책이 좋은 대중적 개요를 제공한다.
• Geoffrey Colvin, *Talent Is Overrated: What Really Separates World-Class Performers from Everybody Else*(New York: Portfolio, 2008).
• Daniel Coyle, *The Talent Code: Greatness Isn't Born. It's Grown. Here's How*(New York: Bantam, 2009).

26 애덤 그랜트에 대한 추가 정보와 기록 그리고 (30쪽에 이르는) 이력서는 연구용 홈페이지에서 찾을 수 있다. https://mgmt.wharton.upenn.edu/profile/1323.

27 Adam Grant, *Give and Take: Why Helping Others Drives Our Success*(New York: Viking Adult, 2013).

28 애덤 그랜트의 책을 소개한 기사는 다음과 같다. Susan Dominus, "The Saintly Way to Succedd," *New York Times Magazine*(2013. 3. 31: MM20).

29 Cal Newport, *How to Become a Straight-A Student: The Unconventional Strategies Used by Real College Students to Score High While Studying Less*(New York: Three Rivers Press, 2006).

30 Sophie Leroy, "Why Is It So Hard to Do My Work? The Challenge of Attention Residue When Switching Between Work Tasks," *Organizational Behavior and Human Decision Processes* 109(2009), pp. 168~181.

31 Eric Savitz, "Jack Dorsey: Leadership Secrets of Twitter and Square," Forbes(2012. 10. 17), http://www.forbes.com/sites/ericsavitz/2012/10/17/jack-dorsey-the-leadership-secrets-of-twitter-and-square/3.

32 Ibid.

33 http://www.forbes.com/profile/jack-dorsey.

34 2013년 10월에 《허핑턴 포스트 라이브》에서 가진 인터뷰에서 한 말이다. 다음 주소에서 이 말이 나오는 동영상을 확인할 수 있다. http://www.kirotv.com/videos/techonology/how-long-can-vimeo-ceo-kerry-trainor-go-without/vCCBLd.

2 몰입과 집중을 방해하는 세상

1 Rose Hoare, "Do Open Plan Offices Lead to Better Work or Closed Minds?", CNN(2012. 10. 4), http://edition.cnn.com/2012/10/04/business/global-office-open-plan.

2 Eric Savitz, "Jack Dorsey: Leadership Secrets of Twitter and Square," Forbes(2012. 10. 17), http://www.forbes.com/sites/ericsavitz/2012/10/17/jack-dorsey-the-leadership-secrets-of-twitter-and-square/3.

3 David Strom, "I.M. Generation Is Changing the Way Business Talks," *New York Times*(2006. 4. 5), http://www.nytimes.com/2006/04/05/technology/techspecial4/05message.html.

4 홀에 대한 추가 정보는 Hall.com 및 다음 기사에서 얻을 수 있다. Alexia Tsotsis, "Hall.com Raises 「580K from Founder's Collective and Others to Transform Realtime Collaboration," TechCrunch(2011. 10. 16), http://techcrunch.com/2011/10/16/hall-com-raises-580K-from-founders-collective-and-others-to-transform-realtime-collaboration.

5 트위터를 쓰는 《뉴욕 타임스》 직원들의 최신 명단은 다음과 같다. https://twitter.com/nytimes/nyt-journalists/members,

6 이 틀은 2013년 9월 13일에 '조너선 프랜즌: 현대 세계의 문제점(Jonathan Franzen: What's Wrong with the Modern World)'이라는 제목으로 《가디언》 온라인판에 실렸으나 이후 '법률적' 이유로 삭제되었다.

7 다음은 케이티 월드먼(Katy Waldman)이 2013년 10월 4일에 '인터넷에 맞서는 조너선 프랜즌의 외로운 전쟁이 계속되고 있다(Jonathan Franzen's Lonely War on the Internet Continues)'라는 제목으로 《슬레이트》에 실은 글의 주소다. URL을 보면 알 수 있겠지만 원래 제목은 더 거칠었다. http://www.slate.com/blogs/future_tense/2013/10/04/jonathan_franzen_says_twitter_is_a_coercive_development_is_grumpy_and_out.html.

8 Jennifer Weiner, "What Jonathan Franzen Misunderstands About Me," *New Republic*(2013. 9. 18), http://www.newrepublic.com/article/114762/jennifer-weiner-responds-jonathan-franzen.

9 Julian Treasure, "Sound News: More Damaging Evidence on Open Plan Offices," Sound Agency(2011. 11. 16), http://www.thesoundagency.com/2011/sound-news/more-damaging-evidence-on-open-plan-offices.

10 Ibid.

11 Gloria Mark, Victor M. Gonzalez, Justin Harris. "No Task Left Behind? Examining the Nature of Fragmented Work," *Proceedings of the SIGCHI Conference on Human Factors in Computing Systems*(New York: ACM, 2005).

12 George Packer, "Stop the World," *The New Yorker*(2010. 1. 29), http://www.newyorker.com/online/blogs/georgepacker/2010/01/stop-the-world.html.

13 Tom Cochran, "Email Is Not Free," *Harvard Business Review*(2013. 4. 8), http://blogs.hbr.org/2013/04/email-is-not-free/.

14 Thomas Piketty, *Capital in the Twenty-First Century*(Belknap Press, 2014), p. 509.

15 Jim Manzi. "Piketty's Can Opener," *National Review*(2014. 7. 7), http://www.nationalreview.com/corner/382084/pikettys-can-opener-jim-manzi. 나는 피케티의 저서를 세심하게 비판적으로 다룬 이 서평에서 피케티가 한 말들을 처음 접했다.

16 Leslie A. Perlow, Jessica L. Porter. "Making Time Off Predictable-and Required," *Harvard Business Review*(2009. 10), https://hbr.org/2009/10/making-time-off-predictable-and-required.

17 David Allen. *Getting Things Done*(New York: Viking, 2001).

18 http://gettingthingsdone.com/pdfs/tt_workflow_chart.pdf.

19 (간단히 말해서) h지수는 논문을 발표한 횟수와 인용된 횟수에 대한 규칙을 충족하는 최대치 x다. 그래서 얼마나 많은 논문을 썼고, 얼마나 많이 인용되었는지 말해 준다. 단지 수준이 낮은 논문을 많이 발표하거나 많이 인용되었더라도 논문을 적게 쓰면 높은 지수를 얻을 수 없다. 이 척도는 경력이 쌓이면 높아지는 경향이 있다. 그래서 많은 분야에서는 경력상의 특정한 지점과 h지수를 연계한다.

20 리처드 파인만이 1981년에 BBC의 「호라이즌(Horizon)」에 출연하여 가진 인터뷰 중 28분 20초에 나오는 발언.(이 인터뷰는 미국에서 「노바(NOVA)」 시리즈의 한 편으로 방송되었다.) 내가 이 책을 쓰기 위해 자료를 조사하는 과정에서 본 유튜브 영상은 저작권을 침해했다는 BBC 측의 문제 제기 때문에 삭제되었다.(https://www.youtube.com/watch?v=BGaw9qe7DEE) 다만 다음 출처에서 내용을 확인할 수 있다. http://articles.latimes.com/1988-02-16/news/mn-42968_1_nobel-prize/2; http://calnewport.com/blog/2014/04/20/richard-feynman-didnt-win-a-nobel-by-responding-promptly-to-e-mails; http://www.worldcat.org/wcpa/servlet/DCARead?standardNo=0738201081&standardNoType=1&excerpt=true.

21 Matthew Crawford. *Shop Class as Soulcraft*(Penguin, 2009), p. 9.

22 이 비유적 개념은 데이비드 앨런의 업무 관리 체계를 논의할 때 자주 쓰인다. Merlin Mann, "Podcast: Interview with GTD's David Allen on Procrastination," 43 Folders(2007. 8. 19), http://www.43folders.com/2006/10/10/productive-talk-procrastination; Wayne Schuller, "The Power of Cranking Widgets,"(2008. 4. 9) http://schuller.id.au/2008/04/09/the-power-of-cranking-widgets-gtd-times; Leo Babauta, "Cranking

Widgets: Turn Your Work into Stress-free Productivity," Zen Habits(2007. 3.
6), http://zenhabits.net/cranking-widgets-turn-your-work-into.

23 Nicholas Carlson, "How Marissa Mayer Figured Out Work-At-Home
Yahoos Were Slacking Off," Business Insider(2013. 3. 2), http://www.
businessinsider.com/how-marissa-mayer-figured-out-work-at-home-yahoos-
were-slacking-off-2013-3.

24 Alissa J. Rubin, Maïa de la Baume, "Claims of French Complicity in
Rwanda's Genocide Rekindle Mutual Resentment," New York Times(2014.
4. 8), http://www.nytimes.com/2014/04/09/world/africa/claims-of-
french-complicity-in-rwandas-genocide-rekindle-mutual-resentment.
html?ref=alissajohannsenrubin.

25 앨리사 루빈의 트위터 계정은 @Alissanyt다. 그녀가 트위터 활동에 대한 압박
을 받는다는 구체적인 증거는 없다. 그러나 정황상 추측할 수 있는 근거들은
있다. 가령 트위터 계정에 'nyt'가 들어 있고, 《뉴욕 타임스》는 직원들에게 소
셜 미디어 사용법을 교육하는 데스크가 있다.(https://www.mediabistro.com.
alltwitter/new-york-times-social-media-desk_b53783) 그 결과 800여 명의
직원들이 트위터를 쓰고 있다. https://twitter.com/nytimes/nyt-journalists/
members.

26 Neil Postman, Technopoly: The Surrender of Culture to Technology(New York:
Vintage Books, 1993).

27 Ibid., p. 48.

28 Evegeny Morozov, To Save Everything, Click Here(New York: Public Affairs,
2013), p. 25.

3 집중하는 삶이 최선의 삶이다

1 다음 홈페이지에서 선언서와 함께 퍼러의 약력 및 사업 개요를 확인할 수 있다.
http://www.doorcountyforgeworks.com.

2 2013년 9월 25일에 첫 방송이 나간 PBS 다큐멘터리 시리즈 「노바(NOVA)」중
에서 「바이킹 검의 비밀(Secrets of the Viking Swords)」 편에 나오는 내용. 해
당 편에 대한 자세한 정보 및 온라인 스트리밍은 다음 링크를 참고할 것. http://

www.pbs.org/wgbh/nova/ancient/secrets-viking-sword.html.

3   Crawford, *Shop Class as Soulcraft*, p. 15.

4   http://www.doorcountyforgeworks.com.

5   Winifred Gallagher, *Rapt: Attention and the Focused Life*(New York: Penguin, 2009), p. 3.

6   Ibid., p. 2.

7   Ibid., p. 1.

8   Ibid., p. 48.

9   Ibid., p. 49.

10   『몰입, 생각의 재발견』에 긍정성에 대한 바버라 프레드릭슨의 연구 결과(48~49쪽) 가 잘 정리되어 있기는 하지만 2009년에 펴낸 『긍정의 발견(*Positivity*)』에서 더 자 세한 내용을 확인할 수 있다.

11   로라 카스텐슨의 연구 결과는 50~51쪽에 소개되어 있다. 더 자세한 내용 은 다음 논문을 참고할 것. Laura L. Carstensen, Joseph A. Mikels. "At the Intersection of Emotion and Cognition: Aging and the Positivity Effect," *Current Directions in Psychological Science* 14.3(2005), pp. 117~121.

12   Mihaly Csikszentmihalyi, *Flow: The Psychology of Optimal Experience* (Harper&Row Publishers, 1990), p. 71.

13   Gallagher, *Rapt*, p. 13.

14   Ibid., p. 14.

15   Reed Larson, Mihaly Csikszentmihalyi, "The Experience Sampling Method," *New Directions for Methodology of Social & Behavioral Science.* 15(1983), pp. 41~56. 위키피디아에서도 간단하게 정리한 내용을 확인할 수 있 다. http://en.wikipedia.org/wiki/Experience_sampling_method.

16   Csikszenmihalyi, *Flow*, p. 3.

17   Ibid., p. 162.

18   Ibid., p. 157.

19   Hubert Drefus, Sean Dorrance Kelly, *All Things Shining: Reading the Western Classics to Find Meaning in a Secular Age*(Free Press, 2011), p. xi.

20   Ibid., p. 204.

21   Ibid., p. 210.

22   Ibid., p. 209.

23 THNKR 인터뷰. https://www.youtube.com/watch?v=DBXZWB_dNsw.

24 Andrew Hunt, David Thomas, *The Pragmatic Programmer: From Journeyman to Master*(Addison-Wesley Professional, 1999).

25 Gallagher, *Rapt*, p. 14.

2부 딥 워크를 실행하는 네 가지 규칙

규칙 1 몰두하라

1 W. Hofmann, R. Baumeister, G. Förster, K. Vohs, "Everyday Temptations: An Experience Sampling Study of Desire, Conflict and Self-Control," *Journal of Personality and Social Psychology* 102.6(2012), pp. 1318~1335.

2 Roy F. Baumeister, John Tierney, *Willpower: Rediscovering the Greatest Human Strength*(New York: Penguin Press, 2011), p. 3.

3 Ibid., p. 4.

4 R. Baumeister, E. Bratlavsky, M. Muraven, D. M. Tice, "Ego Depletion: Is the Active Self a Limited Resource?", *Journal of Personality and Social Psychology* 74(1998), pp. 1252~1265.

5 http://www-cs-faculty.stanford.edu/~uno/email.html.

6 http://web.archive.org/web/20031231203738/http://www.well.com/~neal.

7 http://web.archive.org/web/20031207060405/http://www.well.com/~neal/badcorrespondent/html.

8 Neal Stephenson, *Anathem*(New York: William Morrow, 2008).

9 『파문』과 집중 및 산만성 문제의 연관성에 대한 자세한 내용은 다음 자료를 참고할 것. "Interview with Neal Stephenson," GoodReads.com(2008. 9), http://www.goodreads.com/interviews/show/14.Neal_Stephenson.

10 http://www.lifehacker.com/281626/jerry-seinfelds-productivity-secret.

11 Christopher Hitchens, "Touch of Evil," *London Review of Books*(1992. 10. 22), http://www.lrb.co.uk/v14/n20/christopher-hitchens-touch-of-evil.

12 Walter Isaacson, Evan Thomas, *The Wise Men: Six Friends and the World They Made*(Simon and Schuster Reissue Edition, 2012). 초판은 1986년에 발행되

었으며, 최근에 아이작슨의 책이 인기를 끌면서 양장본으로 재판이 나왔다.

13 사이먼 앤드 슈스터(Simon and Schuster)의 공식 홈페이지에 올라온 책 소개
    에 나온 내용. http://books.simonandschuster.com/The-Wise-Men/Walter-
    Isaacson/9781476728827.

14 Jonathan Darman, "The Marathon Man," *Newsweek*(2009. 2. 16). 이 기사
    는 메이슨 커리의 《데일리 루틴(*Daily Routines*)》 블로그에 올라온 다음 글을 통
    해 접했다. http://dailyroutines.typepad.com/daily_routines/2009/02/robert-
    caro.html.

15 http://dailyroutines.typepad.com/daily_routines/2008/12/charles-darwin.
    html. 이 글은 커리가 찰스 다윈 전집 웹 사이트에서 접한 R. B. 프리먼(R. B.
    Freeman)의 『찰스 다윈: 편람(*Charles Darwin: A Companion*)』을 참고한 것이다.

16 Mason Currey, "Daily Rituals," *Slate*(2013. 5. 16), http://www.slate.com/
    articles/culturebox/features/2013/daily_rituals/john_updike_william_
    faulkner_chuck_close_they_didn_t_wait_for_inspiration.html.

17 David Brooks, "The Good Order," *New York Times*(2014. 9. 25), http://www.
    nytimes.com/2014/09/26/opinion/david-brooks-routine-creativity-and-
    president-obamas-un-speech.html?_r=1.

18 Frédérick Gros, *A Philosophy of Walking*, Trans. John Howe(Verso Books,
    2014).

19 2010년에 오프라 윈프리와 나눈 인터뷰에서 말한 내용이다. http://www.
    harrypotterspage.com/2010/10/03/transcript-of-oprah-interview-with-j-k-
    rowling.

20 Simon Johnson, "Harry Potter Fans Pay £1,000 a Night to Stay in Hotel
    Room Where JK Rowling Finished Series," *Telegraph*(2008. 7. 20), http://
    www.telegraph.co.uk/news/celebritynews/2437835/Harry-Potter-fans-pay-
    1000-a-night-to-stay-in-hotel-room-where-JK-Rowling-finished-series.
    html.

21 Robert A. Guth, "In Secret Hideaway, Bill Gates Ponders Microsoft's
    Future," *Wall Street Journal*(2005. 3. 28), http://online.wsj.com/news/articles/
    SB111196625830690477?mg=reno64-wsj.

22 Robert Birnbaum, "Alan Lightman," Identity Theory(2000. 11. 16), http://
    www.identitytheory.com/alan-lightman.

딥 워크

23 Michael Pollan, *A Place of My Own: The Education of an Amateur Builder*(New York: Random House, 1997).

24 접합 트랜지스터를 발명하기 위한 쇼클리의 노력에 대한 자세한 내용은 다음 자료를 참고할 것. "Shockley Invents the Junction Transistor," PBS, http://www.pbs.org/transistor/background1/events/junctinv.html.

25 "Where's Your Home?"(2014. 7. 2), http://shankman.com/where-s-your-home.

20 Dyan Machan, "Why Some Entrepreneurs Call ADHD a Superpower," MarketWatch(2011. 7. 12), http://www.marketwatch.com/story/entrepreneurs-superpower-for-some-its-adhd-1310052627559.

27 Mark Prigg, "Now That's an Open Plan Office," *Daily Mail*(2014. 3), http://www.dailymail.co.uk/sciencetech/article-2584738/Now-THATS-open-plan-office-New-pictures-reveal-Facebooks-hacker-campus-house-10-000-workers-ONE-room.html.

28 Venessa Wong, "Ending the Tyranny of the Open-Plan Office," *Bloomberg Businessweek*(2013. 7), http://www.bloomberg.com/articles/2013-07-01/ending-the-tyranny-of-the-open-plan-office. 이 기사는 개방형 사무실이 생산성에 입히는 피해에 대해 더 많은 배경 자료를 제공한다.

29 Maria Konnikova, "The Open-Office Trap," *The New Yorker*(2014. 1. 7), http://www.newyorker.com/business/currency/the-open-office-trap.

30 Seth Stevenson, "The Boss with No Office," *Slate*(2014. 5. 4), http://www.slate.com/articles/business/psychology_of_management/2014/05/open_plan_offices_the_new_trend_in_workplace_design.1.html.

31 Eric Savitz, "Jack Dorsey: Leadership Secrets of Twitter and Square," Forbes(2012. 10. 17), http://www.forbes.com/sites/ericsavitz/2012/10/17/jack-dorsey-the-leadership-secrets-of-twitter-and-square/3.

32 다음 기사는 이 인용구 그리고 빌딩 20에 대한 일반적인 배경 및 발명 내역과 함께 저자의 직접적인 경험을 담고 있다. Jonah Lehrer, "Groupthink," *The New Yorker*(2012. 1. 30), http://www.newyorker.com/magazine/2012/30/groupthink.

33 Jon Gertner, "True Innovation," *New York Times*(2012. 2. 25), http://www.nytimes.com/2012/02/26/opinion/sunday/innovation-and-the-bell-labs-

miracle.html.

34 PBS의 홈페이지에서 트랜지스터의 발명 과정을 잘 요약한 "Transistorized!"를 찾을 수 있다. http://www.pbs.org/transistor/album1. 더욱 자세한 내용은 월터 아이작슨이 2014년에 펴낸 『이노베이터(*The Innovators*)』(New York: Simon and Schuster, 2014) 7장에서 볼 수 있다.

35 Chris McChesney, Sean Covey, Jim Huling, *The 4 Disciplines of Execution*(New York: Simon and Schuster, 2004), p. xix~xx.

36 클레이튼 크리스텐슨은 《하버드 비즈니스 리뷰》 2010년 7·8월호에 실은 「삶을 어떻게 측정하겠습니까(How Will You Measure Your Life?)」에서 앤디 그로브에 대한 이야기를 더 많이 들려준다. 이 글은 나중에 같은 제목의 책으로 확장되었다. http://hbr.org/2010/07/how-will-you-measure-your-life/ar/1.

37 *The 4 Disciplines of Execution*, p.10.

38 David Brooks, "The Art of Focus," *New York Times*(2013. 6. 3), http://www.nytimes.com/2014/06/03/opinion/brooks-the-art-of-focus.html?hp&rref=opinion&_r=2.

39 *The 4 Disciplines of Execution*, p. 12.

40 Ibid., p. 12.

41 나의 블로그에서 '시간 집계' 방법을 담은 이미지를 볼 수 있다. "Deep Habits: Should You Track Hours or Milestones?"(2014. 3. 23), http://calnewport.com/blog/2014/03/23/deep-habits-should-you-track-hours-or-milestones.

42 *The 4 Discipline of Execution*, p. 13.

43 Ibid., p. 13.

44 Tim Kreider, "The Busy Trap," *New York Times*(2013. 6. 30), http://opinionator.blogs.nytimes.com/2012/06/30/the-busy-trap.

45 Ibid.

46 휴식기의 가치를 뒷받침하기 위해 인용한 (전부는 아니지만) 대다수 연구 결과는 해당 주제를 자세히 다룬 《사이언티픽 아메리칸》의 다음 기사를 통해 처음 접했다. Ferris Jabr, "Why Your Brain Needs More Downtime," *Scientific American*(2013. 10. 15), http://www.scientificamerican.com/article/mental-downtime.

47 Ap Dijksterhuis, Maarten W. Bos, Loran F. Nordgren, Rick B. van Baaren, "On Making the Right Choice: The Deliberation-Without-Attention Effect,"

Science 311.5763(2006), pp. 1005~1007.

48 구글 스칼러로 확인한 바에 따르면 2014년 11월 현재 400회 넘게 인용되었다.

49 Marc Berman, John Jonides, Stephen Kaplan, "The Cognitive Benefits of Interacting with Nature," *Psychological Science* 19.12(2008), pp. 1207~1212.

50 Rachel Kaplan, Stephen Kaplan, *The Experience of Nature: A Psychological Perspective*(Cambridge: Cambridge University Press, 1989).

51 (인용 출처인) 다음 온라인 자료를 통해 해당 연구가 주의 회복 이론에 대한 더 욱 폭넓은 설명을 접할 수 있다. Marc Berman, "Berman on the Brain: How to Boost Your Focus," *Huffington Post*(2012. 2. 2), http://www.huffingtonpost. ca/marc-berman/attention-restoration-theory-nature_b_1242261.html.

52 K. Anders Ericsson, R. T. Krampe, C. Tesch-Römer, "The Role of Deliberate Practice in the Acquisition of Expert Performance," *Psychological Review* 100.3(1993), pp. 363~406.

53 E. J. Masicampo, Roy F. Baumeister, "Consider It Done! Plan Making Can Eliminate the Cognitive Effects of Unfulfilled Goals," *Journals of Personality and Social Psychology* 101.4(2011).

54 Ibid., p. 667.

규칙 2 무료함을 받아들여라

1 이 추정치는 애덤 말린과 나눈 서신 및 다음 기사를 참고했다. Shmuel Rosner, "A Page a Day," *New York Times*(2012. 8. 1), http://latitude.blogs.nytimes. com/2012/08/01/considering-seven-and-a-half-years-of-daily-talmud-study.

2 2013년 5월 10일에 NPR의 「토크 오브 더 네이션: 사이언스 프라이데이 (*Talk of the Nation: Science Friday*)」에서 가진 인터뷰. 다음 출처에서 오디 오와 기록을 찾을 수 있다. "The Myth of Multitasking," http://www.npr. org/2013/05/10/182861382/the-myth-of-multitasking. 비극적이게도 나스는 이 인터뷰를 한 지 6개월 후에 예기치 못한 죽음을 맞았다.

3 William Powers, *Hamlet's Blackberry: Building a Good Life in a Digital Age*(New York: Harper, 2010).

4 "Author Disconnects from Communication Devices to Reconnect with Life," *PBS NewsHour*(2010. 8. 16), http://www.pbs.org/newshour/bb/science-july-dec10-hamlets_08-16.

5 Edmund Morris, *The Rise of Theodore Roosevelt*(New York: Random House, 2001), p. 64.

6 하버드 재학 시절 루스벨트의 공부 습관에 대한 전반적인 정보는 에드먼드 모리스가 쓴 훌륭한 전기에서 얻었다. 특히 61~65쪽에는 루스벨트가 했던 여러 활동의 목록과 어머니에게 보낸 편지에서 공부 습관을 설명하는 대목이 실려 있다. 공부 시간이 일과의 4분의 1에 불과하다는 내용은 64쪽에 나온다.

7 Morris, *The Rise of Theodore Roosevelt*, 미주 37번.

8 Ibid., p. 67. 사실 이 평가는 간접적인 것이다. 실제로는 책이 나온 후 루스벨트의 아버지가 그렇게 느꼈으리라고 모리스가 짐작한 내용이다.

9 Ibid., p. 64.

10 킬로프의 발언은 서신에서 나온 것이다. 또한 일부 배경은 다음에 나오는 온라인 약력을 참고했다. http://mentalathlete.wordpress.com/about; Thi Pham, "In Melbourne, Memory Athletes Open Up Shop," ZDNet(2013. 8. 21), http://www.smartplanet.com/blog/global-observer/in-melbourne-memory-athletes-open-up-shop. 킬로프가 입상한 두 번의 대회에서 거둔 성적(기억 묘기)에 대한 자세한 내용은 세계 기억력 통계 사이트를 참고할 것. http://www.world-memory-statistics.com/competitor.php?id=1102.

11 Joshua Foer, *Moonwalking with Einstein: The Art and Science of Remembering Everything*(New York: Penquin, 2011).

12 Benedict Carey, "Remembering, as an Extreme Sport," *New York Times* Well Blog(2014. 5. 19).

13 여기 제시하는 단계를 설명하는 화이트의 글은 다음 출처에서 확인할 수 있다. Ron White, "How to Memorize a Deck of Cards with Superhuman Speed," 기고 포스트, *The Art of Manliness*(2012. 6. 1), http://www.artofmanliness.com/2012/06/01/how-to-memorize-a-deck-of-cards.

14 암기력과 일반적인 사고력의 흥미로운 연관성에 대해서는 1966년에 출판된 프랜시스 예이츠(Frances A. Yates)의 『기억술(*The Art of Memory*)』을 참고할 것. 가장 쉽게 구할 수 있는 버전은 2001년에 시카고 대학교 출판부에서 낸 멋진 재판본이다.

규칙 3 소셜 미디어를 끊어라

1 이 단락에 나오는 인용구와 실험에 대한 일반적인 정보는 《패스트 컴퍼니》 2013년
   8월호에 배러툰데이 서스턴이 실은 「단절(UnPlug)」이라는 글에서 나왔다.
   http://www.fastcompany.com/3012521/unplug/baratunde-thurston-leaves-
   the-internet.

2 2014년 3월 13일에 트위터 계정 @Baratunde를 통해 확인한 기신이다.

3 2013년 가을에 블로그에 올린 다음 두 글의 댓글란에서 가져온 내용이다.
   • "Why I'm (Still) Not Going to Join Facebook: Four Arguments That
   Failed to Convince Me," http://calnewport.com/blog/2013/10/03/why-im-
   still-not-going-to-join-facebook-four-arguments-that-failed-to-convince-
   me.
   • "Why I Never Joined Facebook," http://calnewport.com/blog/2013/09/18/
   why-i-never-joined-facebook.

4 http://smithmeadows.com.

5 2013년 5월 뉴욕에서 열린 2013년 전미 도서 박람회의 일환인 국제 디지털 출판 포
   럼에서 한 말이다. 다음 출처에서 그가 한 말을 정리한 내용과 영상을 볼 수 있
   다. "Malcolm Gladwell Attacks NYPL: 'Luxury Condos Would Look
   Wonderful There,'" *Huffington Post*(2013. 5. 29), http://www.huffingtonpost.
   com/2013/05/29/malcolm-gladwell-attacks-_n_3355041.html.

6 Nicole Allan, "Michael Lewis: What I Read," The Wire(2010. 3. 1),
   http://www.thewire.com/entertainment/2010/03/michael-lewis-what-i-
   read/20129.

7 David Carr, "Why Twitter Will Endure," *New York Times*(2010. 1), http://
   www.nytimes.com/2010/01/03/weekinreview/03carr.html.

8 George Packer, "Stop the World," *The New Yorker*(2010. 1. 29), http://www.
   newyorker.com/online/blogs/georgepacker/2010/01/stop-the-world.html.

9 핵심 소수의 법칙은 여러 출처에서 논의되었다. 리처드 코치(Richard Koch)
   가 1998년에 펴낸 『80/20 법칙(*The 80/20 Principle*)』(New York: Crown,
   1998)은 경영 시장에 이 개념을 재도입하는 데 도움을 주었다. 또한 팀 페리스
   (Tim Ferriss)가 2007년에 펴낸 베스트셀러 『나는 4시간만 일한다(*The 4-Hour
   Workweek*)』(New York: Crown, 2007)는 특히 기술 창업계에서 이 개념을 더

욱 보편화했다. 위키피디아의 '파레토의 법칙' 항목에 이 개념을 적용하는 다양한 분야가 잘 정리되어 있다.(나도 여기서 많은 사례를 가져왔다.) http://en.wikipedia.org/wiki/Pareto_principle.

10 Ryan Nicodemus, "Day 3: Packing Party," The Minimalists, http://www.theminimalists.com/21days/day3.

11 "Average Twitter User Is an American Woman with an iPhone and 208 Followers," *Telegraph*(2012. 10. 11), http://www.telegraph.co.uk/technology/news/9601327/Average-Twitter-user-is-an-American-woman-with-an-iPhone-and-208-followers.html. 이 통계치는 에누리해서 받아들여야 한다. 소수의 이용자에게 많은 팔로워가 있어서 평균치가 높아지기 때문이다. 아마도 중간값은 훨씬 낮을 것이다. 그러나 두 통계치 모두 그냥 시험 삼아 이용해 보거나 트윗을 읽으려고 가입한 사람들과 진지하게 팔로워를 늘리거나 트윗을 쓰려는 노력을 하지 않는 이용자들을 포함한다. 실제로 팔로워를 늘리거나 트윗을 쓰려는 사람들로 한정하면 팔로워 수가 늘어날 것이다.

12 Arnold Bennett, *How to Live on 24 Hours a Day*(1910), 4장. 인용구는 프로젝트 구텐베르크(Project Gutenberg)에서 HTML 형식으로 제공하는 무료 텍스트를 참고했다. http://www.gutenberg.org/files/2274/2274-h/2274-h.htm.

규칙 4 피상적 작업을 차단하라

1 "Workplace Experiments: A Month to Yourself," Signal v. Noise(2012. 5. 31), https://signalvnoise.com/posts/3186-workplace-experiments-a-month-to-yourself.

2 Tara Weiss, "Why a Four-Day Work Week Doesn't Work," Forbes(2008. 8. 18), www.forbes.com/2008/08/18/careers-leadership-work-leadership-cx_tw_0818workweek.html.

3 "Forbes Misses the Point of the 4-Day Work Week," Signal v. Noise(2008. 8. 20), https://signalvnoise.com/posts/1209-forbes-misses-the-point-of-the-4-day-work-week.

4 "Workplace Experiments," https://signalvnoise.com/posts/3186-workplace-experiments-a-month-to-yourself.

5   Jason Fried, "Why I Gave My Company a Month Off," Inc.(2012. 8. 22), http://www.inc.com/magazine/201209/jason-fried/why-company-a-month-off.html.

6   영국인들의 텔레비전 시청 습관에 대한 통계치는《가디언》에 실린 다음 기사에서 나왔다. Mona Chalabi, "Do We Spend More Time Online or Watching TV?", *Guardian*(2013. 10. 8), http://www.theguardian.com/politics/reality-check/2013/oct/08/spend-more-time-online-or-watching-tv-internet.

7   Laura Vanderkam, "Overestimating Our Overworking," *Wall Street Journal* (2009. 5. 29), http://online.wsj.com/news/articles/SB124355233998464405.

8   다음 블로그 글에 달린 6번 댓글. "Deep Habits: Plan Your Week in Advance," (2014. 8. 8) http://calnewport.com/blog/2014/08/08/deep-habits-plan-your-week-in-advance.

9   "The Awesomest 7-Year Postdoc or: How I Learned to Stop Worrying and Love the Tenure-Track Faculty Life," *Scientific American*(2013. 7. 21), http://blogs.scientificamerican.com/guest-blog/2013/07/21/the-awesomest=7-year-postdoc-or-how-i-learned-to-stop-worrying-and-love-the-tenure-track-faculty-life.

10 "The Fame Trap," Volatile and Decentralized(2014. 8. 4), http://matt-welsh.blogspot.com/2014/08/the-fame-trap.html.

11 http://www.sciencemag.org/content/343/6172.toc; *Science* 343.6172(2014. 2. 14), pp. 701~808.

12 John Freeman, *The Tyranny of E-mail: The Four-Thousand-Year Journey to Your Inbox*(New York: Scribner, 2009), p. 13.

13 http://calnewport.com/contact.

14 Jocelyn Glei, "Stop the Insanity: How to Crush Communication Overload," 99U, http://99u.com/articles/7002/stop-the-insanity-how-to-crush-communication-overload.

15 Michael Simmons, "Open Relationship Building: The 15-Minute Habit That Transform Your Network," Forbes(2014. 6. 24), http://www.forbes.com/sites/michaelsimmons/2014/06/24/open-relationship-buidling-the-15-minute-habit-that-transforms-your-network. 이 기사는 나의 발신자 필터도 소개했다.(사실 기사를 쓴 마이클 시몬스는 나의 오랜 친구로서 '발신자 필터'라

는 명칭을 내가 제안했다.)

16 http://www.realmenrealstyle.com/contact.

17 "The Art of Letting Bad Things Happen," The Tim Ferriss Experiment (2007. 10. 25), http://fourhourworkweek.com/2007/10/25/weapons-of-mass-distractions-and-the-art-of-letting-bad-things-happen.

맺음말

1 Walter Isaacson, "Dawn of a Revolution," *Harvard Gazette*(2013. 9), http://news.harvard.edu/gazette/story/2013/09/dawn-of-a-revolution.

2 Isaacson, *The Innovators*. 인용구는 Audible.com 오디오 버전의 2부 6장에서 9분 55초 지점이다. 빌 게이츠의 이야기는 주로 아이작슨이 쓴 '혁명의 여명(Dawn of a Revolution)'에서 가져왔다. 이 글은 『이노베이터』의 일부를 수정한 것이다. 또한 스티븐 마네스(Stephen Manes)가 1994년에 펴낸 뛰어난 전기 *Gates: How Microsoft's Mogul Reinvented an Industry-and Made Himself the Richest Man in America*(New York: Doubleday, 1992)에서도 일부 배경 정보를 얻었다.

3 Cal Newport, *So Good They Can't Ignore You: Why Skill Trumps Passion in the Quest for Work You Love*(New York: Business Plus, 2012).

4 나의 홈페이지에서 연도별로 정리한 논문 목록을 볼 수 있다. http://people.cs.georgetown.edu/~cnewport. 딥 워크에 몰두하던 해에 쓴 논문들은 2014년 항목에 나열되어 있다. 참고로 나 같은 이론 컴퓨터공학자들은 대개 학술지가 아니라 학술 대회에서 논문을 발표하며, 기여도 순이 아니라 알파벳 순으로 저자를 기재한다.

5 Gallagher, *Rapt*, p. 14.

옮긴이 **김태훈**

중앙대학교 문예창작과를 졸업하고 현재 번역 에이전시 하니브릿지에서 전문 번역가로 활동하고 있다. 옮긴 책으로『어떻게 원하는 것을 얻는가』,『인포메이션』,『최고의 설득』,『그 개는 무엇을 보았나』,『루키 스마트』,『야성적 충동』,『욕망의 경제학』,『강대국의 경제학』,『달러 제국의 몰락』외 다수가 있다.

딥 워크
강렬한 몰입, 최고의 성과

1판 1쇄 펴냄 2017년 4월 1일
1판 20쇄 펴냄 2022년 6월 20일
2판 1쇄 펴냄 2022년 10월 14일
2판 6쇄 펴냄 2024년 5월 29일

지은이   칼 뉴포트
옮긴이   김태훈
발행인   박근섭·박상준
펴낸곳   (주)민음사

출판등록   1966. 5. 19. 제16-490호
주소   서울시 강남구 도산대로 1길 62(신사동)
            강남출판문화센터 5층 (우편번호 06027)
대표전화   02-515-2000 | 팩시밀리 02-515-2007
홈페이지   www.minumsa.com

ISBN 978-89-374-3408-2 (03320)

* 잘못 만들어진 책은 구입처에서 교환해 드립니다.